최고의 SCM 전문 컨설팅 그룹 PwC PRTM의

SCM 전략과 실행

최고의 SCM 전문 컨설팅 그룹 PwC PRTM의

SCM 전략과 실행

쇼샨나 코헨 · 조지프 루셀 지음

PwC 컨설팅 옮김

서울 엠

Strategic Supply Chain Management

The Five Disciplines for Top Performance(Second Edition)

by Shoshanah Cohen and Joseph Roussel

차 례

표·그림 차례

STRATEGIC SUPPLY CHAIN MANAGEMENT

추천의 글

    기업 경영은 혁신의 연속이다. 경영자들은 항상 한정된 자원을 최대한 효율적으로 사용하기 위해 프로세스를 구축하고 혁신하려는 노력을 해 나간다. 하지만 개인의 의지와는 상관없이 점점 고도화되고 있는 세계 경제의 글로벌화와 디지털 커뮤니케이션이 기존의 패러다임을 바꾸는 상황에서 이러한 혁신의 과정은 점점 더 복잡해지고, 고려해야 하는 요인들도 더욱 다양해지고 있다.

    지속적인 성장을 위해서는 단순 제품이나 서비스 차원의 혁신이 아니라 새로운 비즈니스 생태계를 구축할 수 있는 '근본적인 혁신'을 실천해야 한다. 이러한 근본적인 혁신의 중심에 SCM이 있다. SCM 전략은 기업 성장의 기반이자 성공의 열쇠이다.

    글로벌 선진 기업들은 내부 역량을 강화하기 위한 노력뿐만 아니라, 외부 환경 변화에 대응할 수 있는 위기관리 방법으로 공급망의 탄력성을 높이기 위해 애쓰고 있다. 예기치 못한 자연재해, 글로벌 경제 위기, 협력업체의 도산 등의 위기 상황에 대처할 수 있는 새로운 SCM 체계를 구축하기 위해 노력하고 있다. 공급망을 기업의 차별화된 강점으로 만드는 일은 어려운 과정이다. 프로세스가 복잡하고 다양한 참여자들의 이해관계가 얽혀 있기 때문이다. 하지만 성공한다면 기업에 큰 가치를 가져다 줄 수 있는 기업의 핵심 역량이 될 수 있다.

이 책은 그러한 SCM 전략을 수립하고 실행하기 위한 방법들을 자세히 기술하고 있다. 특정 산업이나 사례에 국한되지 않고, 발생할 수 있는 다양한 상황에서 전체 SCM 전략을 어떻게 수립하고, 그에 따른 공급망의 구성을 어떻게 해야 하는지 여러 사례를 들어 설명한다. 또한, PwC SCM 전문가들의 인터뷰를 통해 글로벌 기업들이 다른 기업들과의 차별화를 위해 어떠한 노력을 하고 있는지 전략, 프로세스 구조, 조직, 파트너들과의 협업, 성과 관리, IT 기술에 대한 상세한 내용을 담고 있다.

이 책이 공급망 관리 혁신을 이루려는 많은 기업들과 어려운 환경 속에서 혁신을 이끌어나가야 하는 경영자들에게 도움이 될 수 있기를 간절히 바란다. 또한 공급망 운영을 책임지고 있는 실무 관리자들이 SCM 전략을 실행하는 데 도움이 되어 한국의 우수한 기업들이 더욱 경쟁력을 강화할 수 있기를 희망한다.

PwC 컨설팅 대표

류승우

옮긴이의 글

공급망 관리는 오래된 경영 혁신 기법이다. 그럼에도 최근까지 SCM 전략이 많은 기업들로부터 관심을 받고 있는 이유는 공급망 네트워크 최적화를 통한 경쟁 우위의 창출이 아직도 경영 혁신의 화두가 되고 있기 때문이다. 예전에는 공급망 효율화를 통해 원가 절감 측면에서 경쟁 우위를 확보하고자 했다면, 최근에는 더욱 복잡해지는 공급망 환경에서 네트워크 내 파트너와의 시너지 효과로 시장 변화에 유연하게 대응하면서 고객 가치를 창출해 경쟁 우위를 확보하는 것으로 그 방향이 변화해가고 있다.

이 책의 원서 제목은 Strategic Supply Chain Management로, 기업들이 경쟁 우위를 확보하기 위해 SCM 전략을 수립하는 방법부터 그 전략을 효과적으로 실행하기 위한 프로세스, KPI, 조직 등을 설계하는 방법까지 자세히 설명하고 있다. 특히 PwC PRTM 내 SCM 전문가들의 경험에 기반을 둔 인터뷰를 통해 다양한 산업군 내에서 발생하는 이슈가 무엇이었으며, 글로벌 선진 기업들이 이를 어떻게 해결해왔는지를 다양한 사례 제시로 좀 더 실질적인 이해를 돕는다. 효과적인 의미 전달을 위해 역자들은 최대한 직역을 피하고 한국에서 일반적으로 통용되는 용어와 어휘를 사용했으며, 생소한 용어를 그대로 사용해야 하는 경우 이해를 돕기 위해 주석으로 용어에 대한 설명을 기재했다.

지금까지 많은 업무를 통해 SCM 전략과 실행에 대해 함께 고민해온 PwC 컨설팅의 고객사들과 이 순간에도 혁신을 위해 불철주야 애쓰고 있는 국내의 많은 기업들에게 이 책이 SCM에 대한 새로운 시야를 제시하고, 더 나아가 실무에도 적용되어 한국 기업들이 더욱더 글로벌 경쟁력을 갖는 데 도움이 되기를 간절히 바란다.

마지막으로 이 책이 출간되기까지 지도해주신 안경태 회장님, 류승우 대표님, 이한목 부대표님, 신상희 전무님께 감사의 말씀을 드린다. 또한 번역에 애써주신 백종문 이사, 이미희·김세영·윤한상 선생님과 출판에 도움을 주신 서울엠의 조인순 씨에게도 감사를 드린다.

대표 역자
PwC 컨설팅 상무
문홍기

들어가며

　2005년 『최고의 SCM 전문 컨설팅 그룹 PwC PRTM의 SCM 전략과
실행Strategic Supply Chain Management』의 제1판을 출판할 당시, 공급망은 차별
화된 경쟁력의 핵심 요소라는 확신이 있었다. 물론 고객이 원하는 제품
과 서비스가 기업의 성공에 필수적이라는 점은 더 말할 필요도 없지만
기업의 지속적인 이익 창출을 통한 성장을 위해서는 공급망이 잘 관리되
어야 하기 때문이다. 이 책의 출간을 위해 진행된 PwC PMGPerformance
Measurement Group의 연구 결과는 공급망의 성과가 기업의 재무 성과와 직접
적으로 연결되어 있음을 다시 한 번 입증해주었다.

　제1판이 출판된 이후, 글로벌 경영 환경이 점점 악화되면서 공급망의
전략적 가치가 점차 높아지고 있다. 운전자본의 감소와 에너지 가격의
변동에 따라 경제 불안정성이 지속되고 천연 자원에 대한 경쟁은 날로
심화되고 있으며, 글로벌 기업들은 신흥 국가의 기업들과 경쟁해야 하고
글로벌 노동 임률의 증가는 기업들이 지금까지 추진해왔던 글로벌 사업
확대에 대해 다시 생각하게 한다. 게다가 자연재해는 더욱 빈번해졌고,
기업의 사회적 책임에 대한 요구는 갈수록 까다로워지고 있다. 이러한
환경 변화에 따라 공급망은 기업 성공에 결정적인 역할을 하는 동시에,

기업 구조를 더욱 취약하게 만드는 요인이 되기도 한다.

이에, 글로벌 기업들은 새로운 시각에서 차세대 공급망 관리 방안을 고민하고 있다. 공급망은 경영 관리에 최우선시되는 경향이 있으며 성공적인 공급망 관리 방안을 위해 노력하고 있다. 또한, 공급망과 직접적인 관련이 없는 부서의 경영진들도 공급망 관리에 많은 관심을 갖도록 강조한다.

이러한 움직임은 "공급망이란 무엇인가?"라는 질문을 다시 하게 한다. 공급망은 제품과 서비스를 생산해 고객에게 전달하기 위해 요구되는 물품·정보·재무의 흐름을 포함한 모든 활동을 망라하는 전사全社 핵심 프로세스로 정의된다. 이는 소비자, 거래처, 각 계층별 공급자와의 상호작용도 포함한다.

제2판에서는 공급망 관리에 대한 기본 개념과 유수의 기업들이 활용하고 있는 혁신적인 기법과 사례를 소개하고자 한다. 제1장부터 제5장을 구성하는 공급망 관리의 기본 원칙인 공급망 전략, 프로세스, 아키텍처architecture, 조직, 협업, 그리고 성과의 측정·관리에 이르기까지 각 장을 통해 순차적으로 다룰 것이다.

제6장은 PMG에서 진행한 다양한 산업의 벤치마킹bench-marking을 통해 공급망 관리 일류 기업들의 특징과 혁신 동향에 대해 논의할 것이다. 이는 계획, 구매, 제조, 배송 등 각 부문의 일류 기업들이 어떻게 지속적으로 혁신을 추진하는 동시에 공급망 전반의 복잡성을 관리해나갈 것인지를 포함한다.

제7장에서는 공급망이 기업의 중요한 전략적 자산이 되려면 공급망의

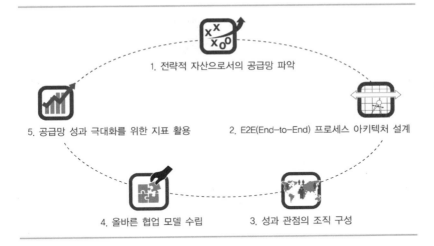

1. 전략적 자산으로서의 공급망 파악

5. 공급망 성과 극대화를 위한 지표 활용

2. E2E(End-to-End) 프로세스 아키텍처 설계

4. 올바른 협업 모델 수립

3. 성과 관점의 조직 구성

핵심 원칙을 어떻게 수행해야 하는지 설명할 것이다. 기업의 실제 사례를 통해 글로벌 각 지역으로 신속히 확장되고 있는 공급망 조직 관리에 초점을 맞추고, 성공적인 공급망 변화 관리에 대한 새로운 시각과 다양한 토론을 전개할 것이다.

기업의 내부 운영 모습을 확인하는 방법 중 공급망 관리 현황을 확인하는 것보다 훌륭한 방법은 아마 없을 것이다. 이에, 이 책에서는 각 산업 중 글로벌 선두업체인 바스프BASF, 에실로Essilor, 하이얼Haier, 카이저 퍼머넌트Kaiser Permanente, 레노버Lenovo, 슐룸베르거Schlumberger 등 여섯 기업의 동의를 얻어 내부 운영 모습을 공유함으로써, 이들이 어떻게 공급망 전략을 수립하고 관련 운영 원칙을 실행해 사업 전략을 추진했는지 보여주고자 한다.

제2판은 다양한 유형의 독자를 대상으로 저술하도록 노력했다. 차별화된 공급망 역량 강화의 새로운 아이디어를 얻고자 하는 공급망 운영 전문가, 본인의 담당 업무가 공급망에 어떤 영향을 미치는지 좀 더 명확히 이해하고자 하는 공급망 이외의 부서 관리자, 전사 관점에서 공급망 관리의 중요성을 깨닫고자 하는 고위 경영자, 실제 기업들이 공급망을 어떻게 운영하는지 알고 싶어 하는 경영학과 학생들이 이 책의 독자가 될 수 있으리라 생각한다.

이제 매일 반복되는 일상에서 벗어나 이 책을 시작해보기 바란다. 이 책을 통해 새로운 시각을 얻게 될 수도 있고, 타사의 성공 사례가 신선한 아이디어를 제공해줄 수도 있을 것이다. 공급망 관리의 초보자들은 이 분야에 빠져들지도 모르겠다. 결과는 각자 상이할지 몰라도, 이 책을 읽은 독자들 모두가 공급망이 지닌 전략적 잠재력에 대해 한층 깊게 이해하게 될 것이다.

제1장

첫 번째 원칙

SCM 전략과 사업 전략의 일치

Align your supply chain with your business strategy

경영진들은 사업 전략이 실제로 실행 가능한가에 대해 항상 고민한다. 실행 가능
한 사업 전략을 수립하는 것의 핵심은 바로 SCM 전략에 있다. 모든 운영 부문을
지원할 수 있을 만큼 견고하고, 이와 동시에 오늘날의 급변하는 시장 상황에 대응
할 수 있을 만큼 민첩한 SCM 전략을 수립하는 것은 사업 전략을 실행 가능하도록
하는 데 가장 중요한 요소로 작용한다. SCM 전략의 수립은 어렵고 까다로운 과정
이긴 하지만 제대로 접근만 한다면 공급망을 진정한 경쟁 우위의 원천으로 만들
수 있다.

경제는 저성장 기조에 빠져 있고, 수요는 점점 더 예측이 불가능해지
며, 원재료 같은 주요 물자들의 가격 변동이 더욱 극심해지고 있다는 사
실에 대해서는 거의 모두가 동의할 것이다. 경제학자들은 이렇게 계속되
는 경제적 불확실성을 "뉴노멀new normal"이라고 한다.[1] 경제를 지속적인
성장 국면으로 전환하기 위해서는 거시 경제 관점에서 다양한 영역에 대
한 조정이 필요하다. 또한, 기업들도 다방면에서 이러한 상황에 대응할
필요가 있다.

이러한 새로운 경제 질서하에 공급망은 글로벌 관점의 성장과 수익성
확보의 핵심 자산이 되었다. 하지만 여전히 대다수의 기업은 재고 수준

이 너무 높아지거나, 고객 불만족이 발생하거나 공급업체에 문제가 생겼을 때에만 공급망에 대해 고민하고 관심을 갖는다. 혹은 벤치마킹 분석 결과를 통해 산업 내 다른 기업들에 비해 자신들의 SCM 성과가 뒤처져 있다는 것을 인지하면 관심을 가질 수도 있다. 반면 최고 성과를 창출하는 기업들의 경우, 자신들의 경쟁 우위를 확보하기 위해 공급망을 적극 활용한다. 그들은 이제껏 달성했던 수준의 성과의 벽을 깨고 부가적인 가치를 창출할 수 있도록 공급망에 대한 새로운 방법을 지속적으로 모색한다. 더불어 공급망에 대한 지속적 개선을 통해 공급망 자체의 성과뿐만 아니라 전체 비즈니스 성과가 경쟁에서 한발 앞서 나아갈 수 있고, 그 상태를 유지할 수 있도록 노력한다.

전략적 공급망 관리에 필요한 여러 원칙들 가운데 가장 중요한 것은 SCM 전략이다. SCM 성과가 뛰어난 기업들은 SCM 전략을 전체 사업 전략과 일치시키는 것을 중요하게 여긴다. 프로세스와 조직, 협업관계, 성과 측정, 성과 관리와 같은 다른 모든 핵심 사항의 의사결정을 할 때, SCM 전략이 미치는 영향력이 지대하다는 것을 알기 때문이다.

SCM 전략을 수립하는 데에는 근본적으로 모순된 상황이 존재한다. 극변하는 경영 환경에 빠르게 대응해야 하지만 SCM 전략 전체를 실행하는 데 긴 시간이 소요되는 것이다. 이렇게 장·단기적 관점에서 서로 다르게 고려해야 할 사항들의 균형을 맞추는 것은 매우 어려운 일이다. 하지만 전략의 중심에 각 핵심 요소들을 적절히 배치한다면 문제가 발생했을 때 이를 즉각적으로 인지할 수 있고, 이와 동시에 장기적으로 기업의 차별화를 창출할 수 있는 공급망을 구축할 수 있다.

1.1 전략적 핵심 비전

    효과적인 사업 전략은 전략적 핵심 비전을 설정하는 것에서 시작된다. 전략적 핵심 비전이란, 비즈니스를 위한 경계를 구분하는 것이다. "우리의 비즈니스는 무엇인가?", "앞으로 우리는 무엇을 할 것인가?", 또는 "우리는 어디에 있는가?", "앞으로 우리는 무엇을 하지 말아야 하는가?" 와 같은 질문을 던져 구분한다(그림 1.1 참조).

    전략적 핵심 비전은 다음 세 가지 질문에 대한 답이다. '전체적인 전략

그림 1.1 전략적 핵심 비전에서 경계를 구분하는 항목들

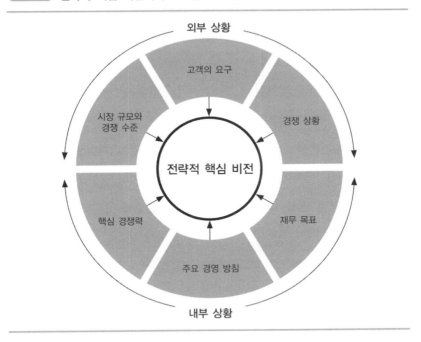

적 목표는 무엇인가?', '고객에게 어떤 가치를 전달할 것인가?', '시장에서 우리를 어떻게 차별화할 것인가?' 이들 질문에 대한 해답이 SCM 전략의 의사결정에 반드시 반영되어야 한다. 그렇지 않으면 외부와 단절된 상태에서 공급망을 운영하는 것과 같은 결과를 낳게 된다.

1.2 공급망을 경쟁 활동에 활용하는 방법

일반적으로 기업들은 혁신 부문, 고객 경험 부문, 품질 부문, 원가 부문에서 서로 경쟁한다(표 1.1 참조).

이 네 가지 부문이 모두 중요하지만 선도 기업들은 타깃^{target} 시장의 주요 경쟁력 요소로 이 중 하나를 선택하며, 나머지 부문은 그러한 경쟁 지위를 지원하는 역할로 활용한다. 여기서 핵심은 실제로 고객이 중시하는 부분의 경쟁 기반을 확보하는 것이며, 이러한 경쟁 기반이 경쟁에 대응하는 강력한 차별화 포인트를 제공할 수 있어야 한다는 것이다. 이때, 공급망은 경쟁 기반을 확보하는 데 핵심적인 역할을 한다. 경쟁력 요소로 선택된 부문이 SCM 전략에 반영되고 SCM 전략이 프로세스 아키텍처와 조직 구조, 협업, 성과 측정, 성과 관리 등 공급망을 지원하는 부문을 결정하기 때문이다.

최고의 기업들조차도 이 모든 경쟁 기반을 다 갖출 수 없다는 것을 알고 있다. SCM 전략이 핵심 경쟁 기반을 지원할 수 있도록 해야 하지만 전략은 전체의 균형을 잡는 활동이라는 것 또한 기억해야 한다. 원가를

표 1.1 **전략적 자산으로서의 공급망 활용 방법**

주요 경쟁 부문	제품과 서비스의 속성	공급망의 주요 역할
혁신	최첨단 제품·서비스, 반드시 갖고 싶은 제품과 서비스	신제품 출시 기간TTM과 대량생산 도입 기간TTV
고객 경험	세부적인 고객 요구에 맞춘 제품과 서비스	고객의 관점에서 설계된 공급망의 상호작용
품질	신뢰할 만한 성능을 보유한 제품과 서비스	우수한 구매·생산 관리와 품질 관리
원가	가장 낮은 가격의 제품·서비스	효율적이고 낮은 비용의 환경과 프로세스

경쟁 기반으로 하더라도 고객 경험을 무시할 수 없으며, 혁신을 경쟁 기반으로 하더라도 시장의 가격 상한선을 고려하지 않을 수 없다. 높은 성과를 내는 공급망을 보유한 기업들은 서비스 수준과 조달 시간, 운전자본, 그리고 원가 간에 모순되는 관계trade-off를 잘 이해하고 있다. 먼저 어디에 집중할 것인지를 결정해야 하며 그 후에는 선택한 영역에서 SCM 성과 극대화를 이루어야 한다.

혁신 부문의 경쟁

혁신 부문에서 경쟁하는 기업들은 사람들이 반드시 갖고 싶을 만한 제품이나 서비스를 개발한다. 흔히 혁신의 선도 기업이라고 불리는 애플Apple이나 비엠더블유BMW, 알스톰Alstom과 같은 기업들은 고객의 변화에 촉각을 곤두세우고 경쟁에서 이길 수 있을 만한 제품을 지속적으로 출시

한다.

그렇다면 이러한 혁신 경쟁을 하는 기업들의 공급망은 어떻게 이들을 지원할까? 혁신 경쟁을 하는 기업들에게 신제품 출시 기간time-to-market: TTM은 매우 중요한 요소이다. 후발 업체들이 시장 점유율을 높이기 전까지가 절호의 성공 기회인데 그 기회의 문은 매우 좁기 때문에 절호의 기회를 잡을 수 있을지의 여부는 공급망과 제품 개발의 통합에 달려 있다. 이는 신제품·서비스 개발과 관련된 기업 내·외부의 모든 활동을 통합시키는 것을 의미한다. 이러한 수준의 통합을 위해서는 프로세스, 물리적 자산, 정보 등의 관리 부분에서 조정이 수반되어야 한다.[2]

대량생산 도입 기간time to volume: TTV도 신제품 출시 기간만큼이나 중요한 요소이다. 신제품을 출시해서 그에 대한 수요는 확보했지만 그 수요를 충족시킬 수 있을 만큼 충분한 물량을 생산해내지 못하는 상황은 혁신 위주의 기업이 직면할 수 있는 최악의 상황 중 하나이다. 디자인 사슬과 공급망 간의 긴밀한 협업을 통해 수요 발생 시점에 공급망이 이에 대응할 수 있는 준비를 갖추도록 만들 수 있다.

혁신을 기반으로 경쟁을 하면서도 원가 경쟁력을 유지하는 스페인의 의류 기업, 자라Zara의 경우를 생각해보자. 많은 의류업체들이 아시아 지역의 업체에 생산을 아웃소싱outsourcing해 원가를 낮춘다. 이러한 생산업체들은 고정된 생산 계획에 따라 생산을 하기 때문에 리테일 업체들은 단기간 내에 주문 수량과 제품 종류를 마음대로 바꿀 수 없다. 특히 패션과 같이 고객의 기호가 빠르게 변화하는 산업에서는 이것이 큰 문제가 될 수 있다. 고객이 선호하지 않는 의류 재고를 다량 보유한 리테일 업체는 결국 쌓인 재고를 가격 인하를 통해 판매할 수밖에 없고, 이는 이익의 축소로 이어진다.

자라는 다른 리테일 업체와는 매우 다른 형태의 경영 모델을 취한다. 글로벌 거대 의류 회사인 인디텍스Inditex 그룹이 소유하고 자라는 가격에 민감한 고객을 대상으로 최신 유행의 의류를 제공하는, 즉 패스트 패션 Fast Fashion 판매업체로 포지셔닝positioning했다. 이러한 전략을 실행하기 위해 자라는 자사 의류의 50% 정도를 스페인과 포르투갈, 모나코 등지에서 생산한다. 그리고 다른 경쟁업체들에 비해 생산 원가가 15~20%가량 높음에도 고객이 원하는 제품을 고객이 원할 때 생산해 공급함으로써 이러한 원가 차이를 극복한다. 또한 전 세계 매장으로부터 수집되는 POSPoint-Of-Sales 정보를 기반으로 가장 잘 팔리는 제품을 선별한 후, 이를 빠르게 생산해 매장까지 운송할 수 있도록 하고 있다. 이 결과 자라의 가격 인하 판매 비중은 감소하고 정가 판매 비중은 증가했으며, 이 덕분에 2005년부터 2011년까지 인디텍스의 연 매출은 2배로 신장되었다. 2011년 자라의 마진율은 19.3%를 기록했으며 이는 다른 경쟁업체에 비해 상당이 높은 수준이다.[3]

고객 경험 부문의 경쟁

고객 경험 부문에서 경쟁을 하는 기업들은 구체적인 니즈needs를 충족시킬 수 있는 경험을 고객에게 제공한다. 또한 이들은 고객의 선호도에 대한 깊은 이해를 바탕으로 공급망을 기획한다. PwC PMGPerformance

Measurement Group 조사 결과에서는 고객 경험 제공 수준이 높은 기업들의 EBITDA*가 다른 기업에 비해 평균적으로 5% 정도 높은 것으로 나타났으며, 연 매출 증가율은 타사 대비 평균 8% 이상 높은 것으로 조사되었다.[4]

이들은 어떻게 이렇게 뛰어난 재무적 성과를 창출할 수 있었을까? 고객 경험 부문에서 뛰어난 기업들의 경우, 고객에게 제공되는 특화된 서비스에 대한 비용이 어느 정도인지를 가늠하고 이 비용과 수익성과의 관계를 잘 이해했다. 이들은 고객에게 다양한 옵션option을 제공해야 할 때와 또는 다양한 옵션을 제공하지 말아야 할 때를 안다. 고객이 원할 때 원하는 장소에 제품과 서비스를 제공함으로써 긴급 생산과 고객 변심에 따르는 모든 비용을 회피한다. 이것이 바로 이들이 높은 회전율과 낮은 고객 유지 비용, 그리고 더 우수한 재무적 성과를 얻을 수 있었던 이유이다.[5]

인터넷의 발달은 B2CBusiness to Consumer 기업들에게 고객 경험의 강화를 용이하도록 만들었다. 의류 산업에서는 온라인 판매 기반의 신생 업체들이 고객들로부터 주문받은 옷을 낮은 가격에 맞춤형으로 제공한다. 제이 힐번J. Hilburn이라는 한 미국계 기업의 경우, 구매 프로세스 중 일부는 온라인으로 일부는 오프라인으로 개발하는 독특한 방식을 취한다. 먼저, 고객이 온라인으로 주문하면 영업 컨설턴트가 고객의 집으로 방문해 치수를 재고 옷감 견본을 보여준다. 이후 옷이 배달되면 컨설턴트가 다시

● EBITDA Earnings Before Income Taxes and Depreciation 법인세·감가상각 차감 전 이익

고객을 방문해 옷의 치수가 정확하게 맞는지 확인한다. 그리고 향후에 고객이 접속과 주문을 쉽게 할 수 있도록 하기 위해 해당 고객의 치수를 온라인 파일로 보관한다. 고객은 미국에서 주문하고, 옷감은 이탈리아에서 디자인되고 만들어지며, 옷은 중국에서 생산되는 방식의 혁신적인 공급망을 통해 제이힐번은 고객 맞춤형 의류를 기성복 가격으로 제공할 수 있었다.[6]

B2B^{Business to Business} 영역에서도 고객 경험은 매우 중요한 경쟁 우위 원천이다. 다양한 산업군 내의 기업들이 고객의 수익 창출에 기여할 수 있는 고객 맞춤형 서비스들을 창출해왔다. 하나의 사례로 광산업을 들 수 있다. 광산업에서는 신뢰성과 안전성이 다른 그 무엇보다 중요하며, 24시간 365일 가동되는 공정에서 계속 이용 가능한 도구가 필요하다. 광산 개발에 사용되는 드릴은 지하 1만 피트 정도인 극한의 환경에서 매년 100마일까지 구멍을 뚫으며 수년간 작동할 수 있어야 한다.

샌드빅 그룹^{Sandvik Group}의 샌드빅 마이닝^{Sandvik Mining}은 선도적인 광산업 장비와 자재 공급업체로 높은 신뢰성과 최첨단 기술을 보유한 것으로 잘 알려져 있다. 이들은 암반 굴착공사와 탐사 시추, 절삭, 파쇄를 위한 장비뿐만 아니라 지상과 지하 채광을 위한 자재들도 공급한다. 샌드빅의 굴착, 탐사, 암석 절삭 부문 대표이사인 제럴드 엘리엇^{Gerald Elliott}은 다음과 같이 설명했다. "급변하는 글로벌 광산업 환경에서 서비스는 중요한 차별화 요소가 되고 있다. 장비와 교체 부품의 원가가 올라가고 있기 때문에 많은 광산개발 회사들은 생산성에 더욱 초점을 더욱 맞추는 것이다."

샌드빅의 경우, 작업 시간과 굴착 깊이, 제품의 무게에 따라 비용을 부과하는 대신 서비스 전문가를 작업 현장에 배치해 장비 전체 수명 주기 동안 유지와 관리를 책임진다. 샌드빅은 이러한 방식으로 고객들이 낮은 비용으로 더 큰 성과를 낼 수 있도록 도와주었으며 이는 고객이 가장 중요하게 생각하는 포인트였다.

품질 부문의 경쟁

품질로 경쟁을 하는 기업들은 프리미엄 제품·서비스를 지속적으로 그리고 신뢰성 있게 제공하는 것으로 잘 알려져 있다. 대표적인 것으로는 렉서스Lexus 자동차, 루이비통Louis Vuitton 가죽 제품, 트로피카나Tropicana 주스 등을 들 수 있다. 품질에서 경쟁력을 확보하기 위해서는 제품 개발이 매우 중요하며 생산, 조달, 품질보증, 환불과 같은 주요 공급망 프로세스 역시 중요하다. 제품이 상하기 쉽거나 부서지기 쉬운 경우에는 운송·저장 또한 필수적이다.

브랜드 과일 주스를 판매하는 세계적 선도 기업인 트로피카나를 생각해보자. 플로리다 과일의 독보적인 대량 구매업체인 트로피카나는 과일이 최고 수준으로 재배된다는 것을 보증하는 트로피카나의 전매 특허 시스템, 일명 "그로우 투 글라스grow to glass" 방식을 개발했다. 또한 주스의 신선도를 지키기 위해 특별히 제작된 용기와 플라스틱 포장을 사용하며, 최첨단 냉장 트럭과 특별히 설계된 철도 차량을 통해 주스를 전 북미 지역의 여러 유통센터로 운송하고 있다.[7]

원산지까지 제품을 역추적하는 트레이서빌리티*는 품질 부문에서 경쟁하는 많은 기업들에게 차별화 원천이 되었다. 특히 제약 제품과 같이 위조품이 심각한 위협이 되는 경우, 공급망 E2E^{End-to-End}의 완전성이 필수적이다. 이러한 트레이서빌리티를 확보하기 위해 제조업체들은 고객에게 가는 제품의 흐름을 엄격히 통제한다. 더 나아가 고객이 구매한 것이 '진품'이라는 것을 보증하기 위한 표시 기술과 추적^{Track-and-Trace} 기술을 활용한다.

원가 부문의 경쟁

모든 기업이 원가에 대해 주시할 필요가 있지만 이는 원가를 기반으로 경쟁하는 것과는 다르다. 원가를 기반으로 경쟁하는 기업들은 비용에 민감한 구매자들이 매력적으로 느끼는 가격과 시장 점유율을 유지할 수 있는 가격으로 제품을 제공한다. 원가 부문의 경쟁 기반을 갖추기 위해서는 고도로 효율적인 운영이 필요하다. 제품과 프로세스의 표준화는 물론 공급업체와 제품 품질, 재고 관리 또한 기본적으로 갖추어야 한다. 그리고 공급망의 성과는 자산 활용률과 공급 재고 일수, 제품 원가, 총 공급망 관리 비용 등의 효율성과 관련된 지표들을 통해 측정된다.

• 트레이서빌리티 ^{Traceability} 추적을 뜻하는 Trace와 가능성을 의미하는 Ability가 조합된 용어로 제조 이력과 유통 과정을 실시간으로 파악할 수 있는 시스템을 일컫는다 — 옮긴이.

원가 부문의 경쟁력을 확보한 사례로 인도 제약 산업에서 1위를 차지한 닥터 레디스Dr. Reddy's Laboratories을 들 수 있다. 이 제약 생산 기업은 특허약 사업 부문과 복제약 사업 부문의 수직적 통합을 이루었다. 복제약 사업의 경우, 고가의 제품을 저가 제품으로 대체해 전 세계 사람들이 사용할 수 있도록 적절한 가격의 의약품을 만드는 것을 목적으로 한다. 따라서 이들은 인도의 공장에서 브랜드 복제약과 브랜드가 없는 복제약 모두를 생산해 전 세계 100여 개 국가의 고객들에게 판매하고 있다. 또한 품질과 가격, 두 측면 모두에서 각 지역의 경쟁자들에게 필적할 만한 제품을 제공하기 위해 공급망 비용을 줄이려는 노력을 해오고 있다.[8]

1.3 SCM 전략의 핵심 요소

SCM 전략은 서로 연관된 크고 작은 많은 활동과 의사결정을 포함한다. 전략 분야의 권위자이자 유명한 전략 서적인 『경쟁 우위Competitive Advantage』의 저자 마이클 포터Michael Porter의 이야기에 따르면, 사업 전략의 성공 여부는 '적합성Fit'에 달려 있다고 한다. 적합성의 개념은 선택된 경쟁 전략을 지원하는 활동을 의미한다. 어떤 한 가지 활동을 복제하는 것은 가능할지 몰라도 함께 작동하는 활동들이 맞물려 시스템을 형성하면 이는 복제가 거의 불가능하다.[9]

포터의 적합성에 관한 개념은 SCM 전략에도 동일하게 적용된다. 다음에 명시된 사업의 다섯 가지 요소는 비즈니스의 핵심이며 따라서 반드시

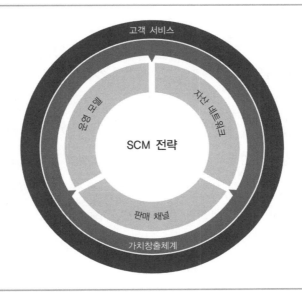

그림 1.2 SCM 전략의 핵심 요소

선택의 근간이 되어야 한다.

- 고객 서비스 고객 대응에 대한 속도, 정확성, 유연성의 목표는 무엇인가?
- 판매 채널 고객은 제품과 서비스를 어떻게 주문하고, 어떻게 받는가?
- 가치 시스템 내부 조직과 파트너들을 통해서 어떠한 공급망 활동을 수행할 것인가?
- 운영 모델 운전자본 목표와 원가 목표를 달성하기 위해서 계획 프

로세스, 주문 프로세스, 생산 프로세스, 납품 프로세스를 어떻게 구
축할 것인가?

■ **자산의 배치**footprint 공급망 자원을 어디에 배치할 것인가? 그리고
그것의 활동 범위scope of action는 어떻게 설정할 것인가?

위의 각 요소들을 결정할 때, 다른 요소에 대해 고려하지 않고 각각을
별도로 결정하는 경우가 자주 있다. 예를 들어 원가 절감을 고려해 생산
위치를 정했지만 고객 서비스 요구 수준을 만족시키지 못할 수 있다. 공
급망은 충분히 전략적 혜택을 줄 수 있지만, 혜택을 얻기 위해서는 하나
의 통합된 관점으로 바라보면서 전체의 일부분으로서 각 요소들을 고려
하는 것이 매우 중요하다(그림 1.2 참조).

고객 서비스

SCM 전략을 수립하는 첫 번째 단계는 고객 서비스 목표를 설정하는
것이다. 고객의 유형을 구분해 납품 속도, 정확성, 유연성 등을 다양한
수준으로 제공하는 것은 전체 고객 경험을 차별화하는 데 도움을 줄 수
있다. 제품 납기는 모든 고객에게 동일하게 적용되어야 할까? 아니면 더
가치 있는 고객에게 더 짧은 납기를 제공해야 할까? 주문 프로세스는 모
든 고객에게 동일하게 적용되어야 할까? 이에 대한 답은 기업의 사업
전략과 목표 고객에 따라, 즉 B2C 형태인지 B2B 형태인지에 따라 달라
진다.

▌B2C

B2C 사업에서는 일반적으로 고객이 제품을 지금 당장 구매할 수 있는지 여부가 주요 서비스 기준이 된다. 선도적인 브랜드의 인기 있는 제품의 경우 소비자들이 기꺼이 기다리기도 하지만 여기에도 분명히 한계는 있다. 유통업체 노드스톰Nordstrom은 오프라인 매장 115곳의 재고를 온라인 쇼핑 고객들이 볼 수 있게 하는 방법으로 온라인 판매의 혁신을 가져온 사례이다. 이전에는 온라인 쇼핑 고객은 온라인 전용 재고만 확인할 수 있는 형태였기 때문에 때로는 원하는 제품을 살 수 없었다. 이 유통업체가 가져온 이러한 변화는 고객의 제품 이용 가능성을 높이고 매출을 증가시켰으며 동시에 재고 수준도 감소시켰다.[10] 그리고 노드스톰은 이를 통해 우수한 고객 서비스와 고객 경험에 대한 명성을 유지할 수 있었다.

▌B2B

B2B 사업에서 고객 서비스는 고객에게 약속한 납기일을 맞추는 것과 아주 밀접한 관련이 있다. 그 이유는 고객에게 제공하는 제품과 서비스가 고객의 수익 창출 활동에 직접적으로 활용되기 때문이다. 따라서 제품 공급 리드 타임 역량Lead-Time Performance이 필수적이다.

광산 채굴 장비 공급업체를 예로 들어보자. 이 회사는 서로 다른 두 가지 유형의 고객들에게 채굴 장비를 판매한다. 하나는 바로 광산을 직접 소유한 기업들이며, 다른 하나는 그러한 광산 회사들을 위해 광산 개발과 이와 관련된 활동을 수행해주는 하도급 업체들이다. 광산 회사의 경우, 자본 투자 계획이 있고 그 계획을 유지할 수 있는 여력fleet이 있기 때문에 일반적으로 예상 일정에 따라 미리 장비를 주문한다. 따라서 채광 장비 공급업체는 보통 6개월 이상의 공급 시간을 확보할 수 있다. 반면 계약에 의해 움직이는 하도급 업체는 일반적으로 매우 빠듯한 일정 속에서 움직인다. 이들은 장비를 미리 주문하지 않고 광산 회사와의 계약이 체결되면 주문하기 때문에, 이 경우에는 주문 후 3개월 이내에 장비가 납품되어야 한다.

판매 채널

기업들이 제품과 서비스를 구매자에게 전달하는 방법은 다양하다. 유통업체나 소매업체와 같은 간접 채널을 이용할 수도 있고, 인터넷이나 자사 판매 인력을 통해 고객들에게 직접 판매를 할 수도 있다. 어떤 채널을 선택할 것인지는, 목표로 하는 세부 시장과 지역이 어디인가에 따라 달라질 수 있다. 이때, 채널에 따라 이익이 매우 달라지기 때문에 최적의 채널 조합을 선택해야 한다. 또한 공급 물량이 부족하거나 수요가 많을 때 제품을 어떤 채널에 먼저 공급해야 할지에 대한 우선순위도 정해야 한다.

수십억 달러 규모의 생수 산업을 생각해보자. 이 산업에는 세 가지 고객군이 존재하며 각 고객군에 각각 다른 유통 채널로 제품을 판매한다. 따라서 여기에는 세 가지 유통 채널의 형태가 존재한다. 첫 번째는 전통적인 소매 유통업자를 활용하는 것이다. 그리고 두 번째는 자판기를 통해 소비 시장에 제품을 제공하는 것이며, 마지막으로 서비스 에이전트를 통해 가정이나 사무실 현장에 직접 급수 장치를 설치해 판매하는 채널이 존재한다. 이때, 각각의 경우마다 공급망 프로세스와 자산, 공급업체, 성과 측정 지표에 대한 구성이 달라진다.

당신이 생수 시장에 신규 진입했다고 가정해보자. 주요 소매업자들과 관계를 형성하고 있는 기존의 대형 유통업체를 통해 제품을 팔 것인가? 아니면 소매업자들에게 직접 유통할 것인가? 만약 대형 유통업체를 이용하는 채널을 선택했다면 그들과 주문 관리와 재고 관리 시스템을 통합해야 하는가? 이때 누가 그 비용을 부담해야 하는가? 모든 공급업체를 위해 전용 재고를 보유해야 하는가? 아니면 당신이 전략적 파트너로 생각하는 공급업체에 대해서만 보유해야 하는가? 이러한 의사결정을 통해 기업이 어떤 자산을 보유할지가 결정되며 투입 비용에 대한 성과가 결정된다. 따라서 위의 사항에 대한 의사결정은 반드시 가격과 벤더파이낸싱 vendor-financing 정책, 프로모션 등과 함께 전체 채널 전략의 일부분으로 포함되어야 한다.

가치창출체계

효과적인 SCM 전략 수립을 위해서는 기업의 가치창출체계에 대한 심도 깊은 이해가 필요하다. 마이클 포터에 따르면 기업의 가치창출체계에는 자사의 부가가치 창출 활동뿐만 아니라 공급업체, 고객, 공급업체의 공급업체, 고객의 고객이 실행하는 부가가치 창출 활동까지 포함된다.[11] 이러한 가치창출체계에 대한 이해를 통해 기업들은 공급망 활동을 직접 수행할지 아니면 다른 파트너를 통해 수행할지에 대한 의사결정에 도움을 얻을 수 있다.

공급망 내 활동은 실행에 관련된 것과 의사결정에 관련된 것, 이렇게 두 가지 유형으로 나누어 생각해보아야 한다. 기업들은 보통 의사결정은 통제한 채로 실행 관련 활동만 아웃소싱하는 형태를 취한다. 예를 들면 공장을 직접 소유하고 제품을 대량생산해 판매하는 소비재 기업의 경우, 생산의 마지막 단계를 계약생산업체Contract Manufacturers: CMs에 아웃소싱한다. 이때, 계약생산업체는 품질과 조달 기간에 대해 모든 책임을 지며 소비재 기업은 원자재 공급을 책임진다. CPGConsumer Product Goods 산업 내 기업들은 이러한 방식으로 규모의 경제를 이루어 원자재 구매 가격을 낮추는 동시에 계약생산업체가 제공하는 낮은 생산원가의 혜택을 받는다.

▎아웃소싱의 효과와 위험

일반적으로 기업들이 공급망 활동을 아웃소싱하는 이유는 타사가 보유한 규모의 경제나 영역, 기술 전문성, 자원 등의 효과를 누리기 위함이다.

- 규모scale   제3자 서비스 제공업체third-party providers는 생산, 물류 같은 서비스를 낮은 비용으로 제공하는데, 이는 이들이 이용률을 높이고 단가를 낮출 수 있는 방대한 고객 기반을 보유하고 있기 때문에 가능하다. 이와 마찬가지로 외부 파트너를 통해 신규 시설 투자 없이 회사의 규모를 늘릴 수도 있다.
- 영역scope   기업이 새로운 시장이나 새로운 지역으로 확장하고자 할

때, 신규 시장의 사업 규모가 작기 때문에 지금 보유한 운영 형태를 그곳에 똑같이 적용하는 것은 경제성이 떨어지는 경우가 있다. 이 럴 때에 파트너가 새로운 지역에서의 운영을 제공할 수 있다.

- **기술 전문성**technology expertise 파트너들은 생산 기술이나 프로세스 기술에 대한 전문성을 보유하고 있다. 이러한 전문성을 기업 내부에서 개발하고자 한다면 일정 규모 이상의 투자가 필요하다.
- **자원**resource 가치 사슬 내의 외부 파트너들은 물자나 인력, 금융 등에 빠르게 접근할 수 있도록 돕는다.

하지만 아웃소싱은 상당한 위험을 초래하기도 한다. 다양한 외부 개체가 추가되면서 길게 늘어난 공급망으로 인해 조달 기간이 늘어나고 운전 자본이 증가될 수 있다. 여기에 핵심 부품의 생산 물량이 하나의 공급업체에 집중되어 있다면 위험성은 더욱 커진다. 공급업체에 재정적 문제가 발생하거나 다른 이유가 생겨 생산이 갑자기 중단될 수 있기 때문이다. 이렇게 예측하지 못한 수요와 공급상의 변화가 발생했을 때 그 변화를 빨리 수용하기 위해서는 프로세스와 정보 시스템이 필요하다.[12] 프로세스와 정보 시스템은 가치창출체계상에 투명성을 창출하고 주도적인 의사결정을 가능하게 만든다.

▎아웃소싱 의사결정

많은 경영진들이 아웃소싱을 '핵심 역량과 비핵심 역량'에 대한 의사결정으로 여겨 핵심 역량은 잘할 수 있는 것으로서 내부적으로 수행해야 하며 비핵심 역량은 아웃소싱을 해야 한다고 생각한다. 그러나 이와 같은 기준으로 아웃소싱을 결정하는 것은 너무 단순한 의사결정이다. 기업이 잘할 수 있는 활동이나 프로세스가 반드시 그 기업의 핵심 역량인 것은 아니며, 반대로 최상의 성과를 내지 못하는 분야가 기업의 성공에 핵심적인 요소일 수도 있다. 경쟁을 위한 차별화 요소와 사업의 성장, 고객경험, 우수한 제품·서비스 등과 같은 부분에 결정적으로 영향을 주는 활동들을 계속해서 통제하는 것이 가장 중요하다.

수직 통합은 이러한 통제에 핵심적인 방법이 될 수 있다. 롤렉스Rolex라는 브랜드로 전 세계적으로 잘 알려진 매뉴팩처 드 몬트레스 롤렉스 S.A.Manufacture des Montres Rolex S.A의 사례를 보자. 이 기업은 시계에 들어가는 부품뿐만 아니라 부품을 제작하는 데 필요한 기계, 도구, 보조 재료까지 직접 생산한다.[13] 이렇게 생산을 통제하는 것은 품질 보증을 위해 필수적이며 품질은 롤렉스가 프리미엄 시계 제작자로서 자리매김하도록 하는 데 중요한 요소로 작용한다.

운영 모델

제품과 서비스를 어떻게 생산할지에 대한 의사결정이 바로 기업의 운영 모델을 결정하며, 이는 생산 부문뿐만 아니라 다른 부문에도 영향을 준다. 왜냐하면 운영 모델은 계획, 주문 관리, 구매, 납품을 처리하는 방법에도 영향을 주기 때문이다. 다음은 운영 모델의 네 가지 유형을 나타낸다(표 1.2 참조).

표 1.2 운영 모델의 유형

운영 모델	모델 선택 기준	이점
MTS (MAKE-TO-STOCK)	- 표준화된 제품과 서비스를 대량으로 판매하는 경우	- 낮은 생산 비용 - 고객 수요에 대한 빠른 대응
MTO (MAKE-TO-ORDER)	- 고객 맞춤화된 제품과 서비 스를 제공하는 경우 - 수요가 빈번하지 않은 경우	- 낮은 재고 수준 - 넓은 범위의 제품 옵션 - 계획의 단순화
CTO (CONFIGURE-TO-ORDER)	- 제품과 서비스에 많은 변형 이 요구되는 경우	- 고객 맞춤 - 재고 감소 - 납기 감소

ETO
(ENGINEER-TO-ORDER)
	- 고객의 독특한 요구에 맞춘
	  복잡한 제품과 서비스를 제
	  공하는 경우
		- 고객의 특수한 요구에 대응

- **MTS**Make-to-Stock 표준화된 제품을 대량으로 판매할 때 가장 보편적으로 사용하는 방식이다. 공장에서는 고객 주문을 받기 전에 제품을 생산하고 완성된 제품은 저장된 상태로 고객의 주문을 기다린다. 대규모의 일괄 생산을 통해 비용을 낮출 수 있으며 손쉽게 이용할 수 있는 재고로 인해 고객의 수요에 빠르게 대응할 수 있다.

- **MTO**Make-to-Order 제품이 고객 맞춤형 이거나 수요가 산발적으로 발생하는 경우에 선호되는 방식이다. 이 모델을 채택한 기업들은 고객의 주문이 있을 때에만 제품과 서비스를 생산한다. 이러한 방식은 재고 수준을 낮추는 동시에 제품의 옵션을 광범위하게 제공할 수 있다.

- **CTO**Configure-to-Order 이것은 제품을 어느 정도까지 부분적으로 만들

어 놓고 고객으로부터 주문을 받은 후 완성시키는 혼합 모델이다. 이 모델은 완제품이 매우 다양하거나 MTO 방식보다 짧은 조달 기간이 필요할 때 선호되는 방식이다. ATO^Assemble-to-Order 방식은 CTO 방식이 변형된 형태이다. ATO 방식을 사용하는 기업들은 제품 판매 예측에 맞춰 부품을 생산하고 주문이 들어오면 조립해 완성한다.

- **ETO**Engineer-to-Order 이 방식은 MTO 방식과 많은 부분에서 비슷하다. ETO는 특정 고객에게 특별한 사양을 제공하기 위해 복잡한 제품·서비스를 생산하는 산업에서 사용된다. 고객 주문 프로세스의 마지막 단계에서 생산업체의 엔지니어링 부분이 제품·서비스의 사양을 결정하고 고객의 주문에 필요한 특수 재료나 자재의 리스트를 만든다.

운영 모델은 우수한 성과를 창출하기 위한 중요한 원천이 될 수 있다. 한 소프트웨어 회사를 생각해보자. 이 회사는 MTS 방식을 이용해 각국에 위치한 재고 창고로 제품을 직접 출하했다. 제품 사이즈가 작고, 다양한 언어가 요구되는 특성 때문에 생산 프로세스의 앞 단계부터 특정 시장에 맞추어 생산이 진행되었다. 하지만 이런 경우 불필요한 재고가 생길 수 있고 기술이 계속 발전함에 따라 기존에 만들어진 제품이 노후화되는 문제점이 발생할 수 있다.

이들은 재고에 대한 문제점을 해결하고 서비스 수준을 향상시키기 위해 MTS 방식에서 CTO 방식으로 전환했다. 새로운 모델하에서는 범용 제품들이 공장에서 중앙 물류센터로 출하된 후 각 지역 시장에서 주문이 들어오면, 이를 해당 고객에게 맞게 변형해 납품했다. 이러한 CTO 방식으로의 전환은 중요한 이점을 가져왔다. 이전의 운영 모델에서는 각 지역에서 재고를 관리함으로 각 사이트별로 재고 관리와 수요 예측이 필요했고, 따라서 수요와 공급이 일치하지 않을 가능성이 높았다. 하지만 CTO 방식은 중앙 물류센터에서 수요에 맞는 정확한 재고량을 확인하는 것이 쉬워졌다. 또한 수백 개의 서로 다른 언어로 제작된 제품을 관리하는 대신에 상대적으로 적은 수의 범용 제품들을 관리하게 함으로써 공급망 계획을 단순화했다. 당연히 제품의 이용 가능성availability이 급격히 상승했고 재고는 감소했다.

어떤 경우에는 제품이나 시장에 따라 각각 효율적인 다른 운영 모델을 적용하는 것이 유리할 수도 있다. 자동차 산업이 좋은 예이다. 대부분의 자동차 제조업체들은 오랫동안 MTS 모델을 선호해왔고, 최고급 자동차를 제작하는 제조업체들의 경우에만 MTO나 CTO 방식을 추구해왔다. 하지만 최종 조합이 수백만 개가 될 가능성이 있는 MTO 기반에서는 경쟁력 있는 조달 기간을 유지하기가 어렵다. 그리고 공급망에 공급업체들이 완전히 통합되지 못하면 자동차 제조업체들은 불필요하게 높은 재고 위험을 안게 된다. 즉 더는 쓸모없게 되었거나 팔 수 없는 재고를 보유하게 되는 것이다. 게다가 각 자동차가 특별 사양에 맞춰 생산될 수 있도록 생산 프로세스를 바꾸는 것에는 매우 많은 비용이 수반된다.

이런 의미에서 2011년 미국 내에 판매된 렉서스 승용차 중 2%만이 MTO 방식으로 생산되었다는 것은 그리 놀라운 사실이 아니다. 나머지

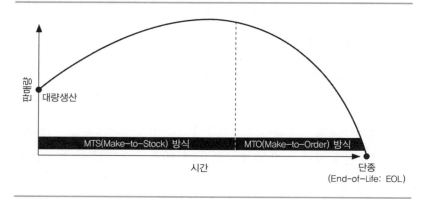

그림 1.3 제품 수명 주기에 따른 운영 모델의 변화

98%는 MTS 방식으로 생산되었으며 이는 딜러들을 통해 판매되었다. MTO 방식의 생산 비중은 유럽에서 더 높았다. 독일 내수 시장에서는 BMW, 아우디Audi, 포르쉐Porsche, 메르세데스Mercedes 등의 업체가 제작한 최고급 차량의 약 60%가 MTO 방식으로 생산되었다. 일본의 경우, 닛산Nissan 매출의 약 50%가 CTO 방식으로 생산되었다.[14]

하지만 생산은 고객 맞춤화의 일부분만을 담당한다. 가장 중요한 고객 맞춤화 활동은 소매 자동차 대리점에서 이루어진다. 유통 채널에서의 고객 맞춤화 활동은 기본적으로 완제품 차량에 대한 MTO나 CTO 활동이다. 예를 들어, 북미 지역 딜러들의 경우 두 가지 유형의 고객 맞춤화를 제공한다. 한 가지 유형은 엔진을 교체하고 서스펜션suspension을 올리고 차량의 색을 바꾸는 등 차체를 완전히 바꾸는 것이며, 또 다른 유형은 차체는 건드리지 않고 규격 외 타이어나 림rim부터 머드플랩mud flap과 같은

장식용품까지를 대상으로 하는 것이다.

기업의 SCM 전략에 영향을 주는 다른 요소들과 마찬가지로 운영 모델 또한 출시부터 단종End-of-Life: EOL까지의 제품의 수명 주기 전체에 걸친 수요 변화에 대응할 필요가 있다. 예를 들면, 수명 주기 초반에는 제품의 이용 가능성을 최대로 확보하기 위해 MTS 방식으로 시작해, 이후 가격 경쟁력과 제품 이용 가능성을 확보하는 동시에 재고 위험을 감소시키기 위해 MTO 방식으로 옮겨갈 수 있다(그림 1.3 참조).

새로운 기술들은 생산 프로세스를 변화시키며 그와 연계된 운영 모델도 변화시킨다. 가장 잘 알려진 사례로는 출판업계에 대변혁을 가져온 디지털 프린트digital print와 디지털 유통digital distribution을 들 수 있다. 또한 적층가공additive manufacturing이라고 알려진 새로운 3D 프린팅 기술이 헬스케어health care 제품부터 공산품에 이르기까지 다양한 산업에서 활용되며, 의지*와 같이 매우 복잡한 디자인의 제품에 대해 일체형 생산*이 가능하도록 만들었다. 플라스틱이나 메탈과 같이 서로 다른 재료를 적층 방식으로 쌓아 올려 제품을 만드는 이 기술은 MTO 생산 전략에 아주 이상적인 기술이다. 이 기술은 결국에는 현재 MTS 방식으로 생산되는 수많은 제품에 적용될 것이다.[15]

- 의지 artificial limb, 義肢 손 또는 발의 일부 결손에 대해, 외형상 또는 기능상으로 적합하도록 인공적으로 만든 것 ― 옮긴이.
- 일체형 생산 single unit production 기존에 부품을 개별 제작 및 조립해 생산하던 방식이 아닌 일체형 디자인으로 생산하는 방식 ― 옮긴이.

자산의 배치

SCM 전략을 결정하는 데 고려해야 할 마지막 요소는 자산의 배치^Asset Footprint이다. 여기에는 공장, 창고, 장비, 주문 데스크, 서비스 센터와 같은 하드웨어 자산뿐만 아니라 사람, 프로세스, 정보 시스템, 자본 접근성과 같은 소프트웨어 자산도 포함된다.

▌생산설비 자산

대부분의 기업들은 생산설비 자산으로 다음 세 가지 네트워크 모델 중 하나를 선택한다. 이때, 사업 규모, 고객 서비스의 필요성, 절세 효과, 공급자 기반의 존재 여부, 지역 내에 존재하는 규제, 노동비용 등이 고려된다.

- 글로벌 모델global model 이 모델은 전 세계 시장을 공략하기 위한 모든 제품라인이 한 곳에서 생산된다. 매우 자본 집약적인 제품에 대해 생산 단가를 통제하고자 하는 기업이나 고도로 특화된 생산 기술이 필요한 기업에 적합하다.
- 지역적 모델regional model 이 경우에 생산은 제품이 판매되는 지역에서 우선적으로 이루어진다. 어떤 경우에는 특정 지역의 제조 센터는 한 종류의 제품 생산에만 전념하고, 다른 지역의 공장들은 다른 종류의 제품을 생산하기도 한다. 제품에 대한 지역 특수 요건을 맞추어야 하거나 글로벌 모델로는 납기를 맞출 수 없을 경우, 혹은 세

금·운송비 등을 포함한 총비용의 측면에서 고객과 가까이 있는 곳에서 제품을 생산하는 것이 더 유리할 경우에 이 모델을 선택한다.

■ **국가적 모델**country model 판매 시장이 위치한 국가에서 우선적으로 제품을 생산하는 것으로 신문 등과 같이 운송비가 매우 비싼 경우에 선택된다. 이 모델을 선택하는 또 다른 요소로는 세금, 관세, 시장의 접근성 등이 있다.

생산설비 자산의 배치와 관련된 많은 의사결정은 제품 수명 주기에 따라 이루어진다. 예를 들어 가전제품과 같이 제품 수명 주기가 빠르게 변하는 산업의 경우, 신제품 도입 후 생산을 확대시키는 동안에는 생산 프로세스를 테스트하기 위해 글로벌 모델로 시작하고 이후에는 지역 모델로 바꾸어 고객 서비스를 향상시킨다. 또한 제품 수명 주기상의 마지막 단계에서는 생산 원가와 재고에 대한 투자를 줄이면서 수요에 대응할 수 있는 방법으로서 다시 글로벌 모델을 선택한다.

▎ 계획 자산과 소싱 자산

생산설비 자산의 결정에 잘 부합하도록 계획planning 자산과 소싱sourcing 자산을 구성하는 것은 중요하다. 왜냐하면 단지 생산설비 자산 모델을 지역 모델이나 국가 모델로 선택했다고 해서 계획과 소싱이 반드시 지역이나 국가 차원에서 이루어져야 하는 것은 아니기 때문이다. 결국 핵심은 효과적인 운영 성과를 낼 수 있도록 자산을 배치하는 것이다.

세금 최적화는 계획 자산과 소싱 자산을 배치하는 데 추가적으로 고려해야 할 사항이다. 세금이 낮은 지역low tax jurisdiction(조세피난처)에 공급량과 구매량을 결정할 수 있는 자원을 배치함으로써 유효세율effective tax rate에 상당한 영향을 줄 수 있다. 의사결정과 통제가 중앙 집중화될수록 잠재적인 세금 절감액은 커진다. 자원 조달과 계획 수립에 대해 중앙 집중 방식의 의사결정 모델을 사용해온 기업들에게는 공급과 구매에 대한 의사결정을 세금 효율적인 지역으로 집중시키는 것이 가장 중요한 과제일 수 있다. 다른 한편, 고객 서비스나 운전자본 성과와 같은 세금 이외의 효과들을 충분히 활용하는 것도 중요하다.

복합 공급망의 구성

폭넓고 다양한 니즈를 가진 고객을 보유한 경우에는 하나의 공급망(물리적 자산과 프로세스, 정보 시스템의 조합)만으로는 충분하지 않을 수 있다. 이때는 복합 공급망이 유리하다. 다양한 공급망을 통해 고객들 각각의 특수한 니즈를 더 쉽게 충족시킬 수 있기 때문이다.

좋은 사례 중 하나가 미쉐린Michelin이다. 미쉐린의 승용차 타이어 사업은 완성차 업체들과 자동차 서비스 용품 시장을 타깃으로 한다. 이를 위해 미쉐린은 공장에서 완성차 업체용 타이어와 서비스 용품용 타이어, 두 종류 모두를 생산한다. 하나의 생산 계획 프로세스를 통해 설비 가동률을 최대화하는 방식이다.

하지만 생산 완료 후에는 자동차 제조업체의 타이어와 서비스 용품 시장의 타이어가 서로 다른 프로세스를 거친다(그림 1.4 참조). 생산 스케줄

그림 1.4 서로 다른 시장의 세분화별 니즈를 충족시키기 위한 복합 공급망 구성 사례

타이어 제조업체의 전형적인 공급망

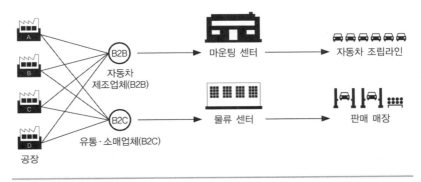

에 따라 정확한 납기가 중요한 자동차 제조업체를 위해서는 타이어를 마운팅 센터^{mounting center●}로 운송한다. 이후 마운팅 센터는 납기를 매우 엄격하게 지키며 자동차 조립라인으로 타이어를 바로 운송한다. 이와 대조적으로 서비스 용품 시장의 경우 타이어를 물류센터로 보내어 유통업체나 소매업체의 방대한 네트워크에 공급할 수 있도록 한다.

이러한 연구 결과는 선도 기업들이 하나의 개별 채널 내에서도 고객분류별로 니즈를 충족시키기 위해 공급망을 조정한다는 점을 강조한다.[16] 선도 기업들은 판매되는 제품·서비스보다 공급망에 대한 요구 사항이 특정 채널이나 고객의 니즈와 더 많이 관련된 것으로 판단한다. 공

● 마운팅 센터 ^{mounting center} 타이어를 타이어 휠에 고정시키는 작업 공정을 수행하는 곳 ― 옮긴이.

급망 구성의 목표는 운송비와 서비스 비용, 유연성, 이 세 가지 사이의 최적 균형을 맞추어 고객의 니즈를 충족시키는 것이다.

1.4 SCM 전략의 성공 가능 여부 점검

공급망이 실질적인 경쟁 우위를 제공하기 위해서는 앞서 살펴본 SCM 전략의 다섯 가지 요소(고객 서비스, 판매 채널, 가치창출체계, 운영 모델, 자산의 배치)가 각각의 조건들을 충족시켜야 한다. 그리고 이를 위해서는 다음과 같은 사항을 만족시킬 수 있어야 한다(그림 1.5).

그림 1.5 SCM 전략의 성공 가능 여부 테스트

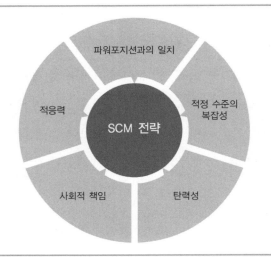

- SCM 전략이 파워 포지션과 일치되었는가? 공급망의 목표는 자사가 시장에 미치는 영향력 수준에 맞추어져야함
- 복잡성^{Complexity}이 적정한 수준으로 조정되었는가? 공급망이 너무 복잡해져서 통제에 대한 어려움이 커지지 않도록 해야 함
- 탄력적인가? 위험을 관리하고 최소화할 수 있어야 함
- 책임을 다하고 있는가? 사회적·환경적 책임을 다해야 함
- 적응할 수 있는가? 사업 환경 변화에 대응하기 위한 준비가 되어야 함

SCM 전략이 파워 포지션과 일치되었는가?

좋은 SCM 전략 수립을 위해서는 먼저 자사가 고객과 공급업체에 미치는 영향력을 알아야 한다. 이러한 상대적인 힘의 정도는 자사가 전략적 목표를 위해 공급망을 변경할 수 있는지를 결정짓기 때문이다.

익히 알고 있는 SCM 혁신 업체들은 대부분 선망의 대상이 될 만한 위치에 있다. 그들은 규모가 크며 막대한 시장 영향력을 가지고 있다. 이들 기업은 원재료를 더 싸게 구매하고 자산 이용률을 높이며, 정보 시스템부터 운송에 이르기까지의 모든 비용을 절감시킴으로써 성과를 증대시킬 수 있다. 또한 공급업체나 고객들이 자신들의 프로세스와 규칙을 도입하도록 만들 수 있다. 자동차 산업을 예로 들면, 어떤 공급업체가 납기를 맞추지 못해 완성차 업체의 생산이 중단될 수 있다. 이 경우 완성차 업체는 생산 라인이 중단되는 동안 발생된 손실만큼을 납기를 맞추지 못한 공급업체에 벌금으로 부과할 수도 있다. 물론 모든 기업이 이와 같은

조건을 요구할 수 있는 것은 아니다. 여기에는 일정 규모 이상의 힘이 필요하다.

하지만 힘의 크기는 상대적인 것이다. 기업들은 종종 자신들의 힘을 과소평가한다. 그 이유는 국가나 시장의 개념에서 생각하지 않고 글로벌 개념의 넓은 범위에서 그들의 힘을 판단하기 때문이다. 상대적으로 규모가 작은 기업조차도 경쟁 우위를 얻을 수 있도록 엄선된 공급업체나 고객과 함께 일하는 방법을 찾을 수 있다. 여기서의 핵심은 세분화하고 집중하고 통합하는 것이다.

이 회사의 파워 포지션을 가늠해보기 위해서는 회사의 공급망을 이끌어나가는 것이 브랜드인지, 유통 채널인지 아니면 공급업체인지를 정의해야 한다. 회사가 유통 채널을 필요로 하는 것보다 유통업체가 회사를 더 필요로 하는가? 회사의 공급업체는 어떠한가? 자동차와 같이 공급은 분산되어 있고 수요는 집중된 산업에서 공급업체의 힘은 제한적일 수 있다. 이와 반대로 전자 산업의 경우에는 많은 OEM^Original Equipment Manufacturers 들이 사용하는 특수 부품을 일부 극소수의 CM^Contract Manufacturers만이 제공할 수 있다. 공급망은 '통제'가 가능할지라도 대부분의 경우에는 공급망 '협업'이 더 적합하다(제4장 참조).

복잡성이 적정 수준인가?

복잡한 공급망은 운영하는 데 더 많은 비용이 들고 더 많은 운전자본이 소요된다. 또한 수요 변화에 대한 적응도 느리다. 이러한 복잡성^Complexity

은 공급망 내 파트너들에게 업무를 할당하는 의사결정의 영향을 많이 받는다. 생산, 주문 관리, 분배 등에 필요한 지역의 수를 결정하는 자산의 배치에 관한 의사결정 역시 마찬가지다. 또한 어떤 운영 모델을 선택하는가도 공급망의 복잡성에 영향을 준다. 특히, 복합 모델을 사용할 경우에는 더욱 그렇다.

SCM 전략을 구성하는 주요 요소들이 주로 복잡성에 영향을 미치지만 가끔은 제품과 서비스의 다양성과 고객 맞춤화의 수준, 고객에게 제공하는 옵션의 수 등의 제품·서비스 전략이 공급망의 복잡성에 더 큰 영향을 미치기도 한다.[17] PMG의 조사에 따르면 최고 수준의 SCM 성과를 보이는 기업들의 경우 생산 기지의 수, 물류센터의 수, 고객의 수, 주문량에서는 다른 기업과 큰 차이를 보이지 않았다. 하지만 운영하는 아이템item 수에서는 차이를 보였다. 그들은 판매하는 아이템의 수를 타 기업 대비 약 50% 적게 유지하며 한정된 수의 제품과 서비스를 공급했다(제6장 참조).

하지만 복잡성이 항상 나쁜 것만은 아니다. 때로는 불필요한 복잡성을 야기하는 의사결정이 좋은 복잡성을 가져오기도 한다. 좋은 복잡성이란 강력한 경쟁 우위의 원천을 보유하게 되는 것을 말한다. 예를 들어, 제품 또는 서비스에 대한 옵션을 다양하게 만들거나 많은 수의 옵션을 보유하면 재고 수준이 높아질 수 있지만 다른 한편으로는 매출이 증대될 수도 있다. 따라서 우리의 목표는 복잡성을 제거하는 것이 아니라 복잡성의 적정 수준을 결정하고, 복잡성에 대한 성과를 관리하는 것이어야 한다. 최고 수준의 기업은 절반 이상이 지속적으로 복잡성 정도를 측정하며, 이러한 측정 지표를 경영진의 주요 성과 지표Key Performance Indicator: KPI에 포

함시킨다. 반면 그 외의 기업들 중 이와 같은 활동을 하는 기업은 단 15%에 머물렀다.[18]

　복잡성 관리는 SCM 전략을 수립하는 데에도 중요하지만 공급망 프로세스, 조직의 역할 및 책임, 성과 측정 등을 설계할 때도 결정적으로 작용한다(제2장, 제3장, 제5장 참조).

탄력적인가?

　탄력성은 SCM 전략이 견고하게 수립되었을 때 나타나는 주요 특성이다. 비용과 재고가 최적화되어 있는 글로벌 네트워크일지라도 자연재해나 정치적 혼란, 금융 압박 등으로 인해 납기를 맞추지 못할 수 있다. 공급망의 탄력성은 단순히 위험을 관리하고 재난 상황을 타개할 방법을 고안해내는 것을 의미하는 것이 아니라 더 나아가 잠재적 혼란에 대비하면서 동시에 경쟁 우위를 창출하는 것을 의미한다.[19]

　공급망 탄력성에 대한 전략의 전형적인 특징은 이중화redundancy와 유연성flexibility을 합치는 것이다.

　이중화 전략은 소싱처를 이원화한다거나 생산 시설을 다양화하고 추가 재고를 보유하는 등 필요할 때 활용 가능한 백업 자원을 확보하는 것이다. 이 전략에는 반드시 추가적인 비용이 수반된다. 가격 결정에 대해 강력한 힘을 가진 경우에는 이러한 비용을 간단히 고객에게 전가시킬 수도 있지만, 그 외 대부분의 기업들은 이중화 전략이 필요한 부분과 필요하지 않은 부분을 구분해 선택 적용해야 한다.

유연성 전략은 현재 자산의 배치를 바탕으로 수요 변화와 공급 변화의 대응에 집중하는 것이다. 이때 중요한 것은 자원이 풍부한 곳과 부족한 부분을 파악하는 것, 즉 가시성을 확보하는 것이다. 가시성 확보를 통해 자원 부족이 발생할 경우, 전략적으로 가장 중요한 제품과 서비스의 생산에 부족한 자원을 재배치할 수 있고 수요가 급증하는 경우에는 생산이나 운송을 변화시켜 이에 대응할 수 있다.[20]

사회적 책임을 다하고 있는가?

사회적 기업들은 자신들의 가치창출체계 전반이 지속 가능성, 노동 기준, 그리고 윤리 기준에 부합하도록 노력한다.

최근 공급망에서 지속 가능성은 주요 고려 사항이 되었다. 생산과 포장에 이용되는 자원의 사용량을 계속 줄이고, 지속 가능한 공급원으로부터 원재료를 구매하며 재활용 가능성도 확인한다. 그리고 이를 통해 기업들은 공급망 비용을 줄이는 것뿐만 아니라 환경 이슈에 관심을 가지는 고객들에게 점점 더 스스로를 차별화시킬 수 있다. 이들은 이른바 "트리플 보텀 라인triple bottom line"이라고 불리는 3PsProfit, People, Planet(경제적 성장, 사회적 책임, 환경보호)에 집중한다. 트리플 보텀 라인은 재무적 성과뿐만 아니라 사회적 그리고 환경적인 성과를 함께 측정하는 것을 의미한다. 또한 불법적·폭력적·강제적 노동이 해외 사업장에서 발생하는 경우가 있었기 때문에 공정노동조합Fair Labor Association: FLA이나 이와 유사한 단체들은 자체 공장뿐만 아니라 가치 사슬 전반에 걸친 협력업체들의 공장까지도, 위치한 지역에 국한하지 않고 모든 지역에 대해 작업 조건을 통제하고 확인하도록 기업에 요구한다.

전 세계에 수많은 아웃소싱 생산 시설을 보유한 기업들은 이러한 변화에 주목한다. 나이키Nike는 공급업체에 대한 책임을 선도하는 기업으로 2011년 '최우수 글로벌 브랜드Best Global Brand' 랭킹 20위에 올랐고, ≪CR 매거진Corporate Responsibility Magazine≫의 "가장 훌륭한 100대 최우수 시민 기업100 Best Corporate Citizens"에도 10위로 등극했다. 이는 나이키가 노동 환경이 평균 이하인 공장을 분류하고, 이들의 주소와 명칭을 공개하는 모니터링 시스템과 실행 시스템을 구축했기 때문에 가능했다. 나이키는 이러한 전략을 통해 자체적으로 모든 공장이 법률에 준하는 노동 환경을 보유하게 했을 뿐만 아니라, 푸마Puma, 아디다스Adidas, 리복Reebok 등 동종 업계의 다른 기업들의 변화도 촉진시켰다.[21]

변화에 적응할 수 있는가?

변화는 계속 존재하기 때문에 지속적으로 변화에 적응하는 것이 매우 중요하다. 따라서 SCM 전략을 시장의 요구에 따라 지속적으로 조정하는 것이 중요하다. 다음은 SCM 전략의 조정을 촉진시키는 내·외부적인 요소에 대한 설명이다.

- 시장 상황의 변화 고객들이 가격 인하를 요구하는 경우가 있다. 이 때, 공급망 요소들을 다시 잘 고려해보면 이익을 줄이지 않고, 품질

에 영향을 주지 않으면서도 고객의 요구대로 가격을 낮추는 새로운 방법을 도출할 수 있다.

■ **산업의 원동력을 변화시키는 기술의 유입** 파괴적인 기술로 인해 시장에 새로운 경쟁자가 유입되고 이로 인해 시장이 혼란에 빠지거나 근본적인 가치창출체계가 변할 수 있다. 예를 들면, 전자 납품의 도입으로 신제품 출시 빈도가 증가했고, 고객 맞춤화 수준이 향상되었으며, 기존보다 더 작은 수량의 주문에 대해 더 낮은 가격으로 대응하는 것이 가능해졌다. 또한 이로 인해 고객 서비스 수준과 자산의 배치 그리고 운영 모델에 대한 변화의 필요성이 생겼다.

■ **제품과 서비스, 시장의 변화** 신제품이나 신규 서비스를 론칭하거나, 신규 시장을 목표로 하거나, 신규 지역으로 범위를 확장하고자 한다면 SCM 전략 전체를 다시 살펴볼 필요가 있다. SCM 전략에는 생산능력의 확대, 신규 유통시설 증설, 신규 유통채널 개발, 신규 공급업체 발굴 등이 포함된다.

■ **경쟁 기반의 변화** 신규 경쟁업체가 더 강력한 가치를 고객에게 제공하면서 급부상하는 경우가 있다. 이렇게 경쟁 기반에 영향을 주는 주요 변화가 생기면 SCM 전략이 재검토되어야 한다. 왜냐하면 더 빠른 납기와 높은 유연성, 더 좋은 품질로 여기에 대응을 해야 하기 때문이다.

■ **신규 인수 시, 통합의 필요성 존재** 인수 합병을 할 경우, 공급망도 재배치되어야 한다. 이때, 제거해야 하는 중복된 부분과 계속 별도로 운영해야 하는 부분, 그리고 통합해야 하는 부분이 어디인지를 찾

아내야 한다. 인수 합병된 회사에 목표 가치를 빠르게 전달하는 활동과 고객에게 직접적인 영향을 미치는 성과를 저해하지 않고 빠르게 변화할 수 있는 공급망 활동이 어떤 것인지를 파악하는 활동 간의 균형이 필요하다.

기업의 성장 추이 역시 중요한 의미를 가질 수 있다. 매출이 증가 추세인지 감소 추세인지 혹은 산업 자체가 확장되는지 수축되는지를 보아야 한다. 성장을 위해 설계된 SCM 전략의 경우, 비용 통제에 초점이 맞추어져 있는 긴축 기간에는 더 이상 적절하지 않기 때문이다.

하지만 주요 변화의 주기는 각 산업마다 다르다. 예를 들면, 가전제품 산업은 항공우주 산업에 비해 더 빨리 변한다. PC 산업의 경우, 1990년대부터 2000년대까지는 고객이 선택할 수 있는 주요 옵션이 PC뿐이었지만 그 이후 변화 속도에 가속이 붙어 컴퓨터 기술이 한 플랫폼에서 또 다른 플랫폼으로 도약함에 따라 랩탑laptop, 넷북netbook, 태블릿tablet, 울트라북ultra book 등의 다양한 옵션이 생겼다.

변화에 적응하는 기업은 강력한 인센티브를 얻는다. 글로벌 거대 식품 회사인 다농Danone은 2008년 다른 어떤 대기업보다 글로벌 경기침체의 영향을 강하게 받았다. 하지만 이들은 가만히 앉아 수요가 다시 회복되기를 기다리지 않았다. 대신 전체 매출의 약 60%를 차지하는 신선 유제품fresh dairy products 부문의 제품 가격을 낮추어 판매 증진을 도모했다. '리셋Reset'이라는 이름의 이 프로그램을 통해 다농은 공급망의 비효율성을 제거해 마진margin을 유지하는 동시에 가격을 낮추기 위해 노력했다. 그 결과 다농은 제품 가격을 15%가량 낮추었고 그 덕분에 매출이 크게 증가해 전체 수익의 증가를 얻을 수 있었다.[22]

　기업들은 주기적으로 전체적인 사업 전략과 그 실행 결과를 검토한다. 기업 내 고위 임원들을 대상으로 한 2012년 PwC의 조사에서는 3분의 1 이상(36%)의 기업들이 6개월마다 전략을 재검토하는 것으로 밝혀졌다.[23] 경영진들은 사업 전략을 수립할 때 완벽한 실행이 가능하도록 만드는 데에 압박을 받는다. 전체 사업 전략에 대한 주기적인 검토는 SCM 전략을 검토하기에도 매우 좋은 기회이다. 중요하지 않은 조정일지라도 사업 전략에 어떠한 변화가 발생한다면 이에 따라 SCM 전략도 바뀌어야만 한다. 이러한 조정 과정이 어렵기는 하지만 최고의 성과를 내는 기업들은 이러한 조정 과정이 성공에 결정적인 역할을 한다는 것을 알고 있다.

☞ 핵심 내용 요약 !

· SCM 전략은 기업 전체의 사업 전략과 일치해야 하며 이를 지원해야 한다.
· SCM 전략과 사업 전략을 일치시키기 위해서는 SCM 전략을 여러 개의 핵심 요소들을 중심으로 설계해야 한다. 핵심 요소는 고객 서비스, 판매 채널, 가치창출체계, 운영 모델, 자산의 배치 등이다.
· 다양한 기준으로 자주 SCM 전략을 점검하라. SCM 전략이 기업의 파워 포지션과 일치하는가? 적정 수준의 복잡성에 맞추어져 있는가? SCM 전략이 탄력적이고 책임감과 적응력이 있는가?
· 성과 극대화를 위해 SCM 전략에 대한 평가와 업데이트를 주기적으로 수행하라.

01 바스프: SCM 혁신을 통한 농업 생산성 향상 기여

어느 날 밀 수확기 몇 주 전에 독일 전역에 폭우가 내렸다. 평년과 다르게 이례적으로 내린 이 폭우로 인해 밀 농장 전체에 강력한 균이 침입했다. 바스프BASF가 보유한 아덱사Adexa®라는 제품은 이 균의 전염을 막을 수 있는 보호 살균제였다. 그러나 문제는 시간이었다. 저장 시설이 부족해 이 제품을 보유하지 못했던 농장주들이 근처 딜러들을 통해 아덱사를 구입해 농장에 뿌리기에는 수확 전까지 시간이 너무나 부족하다는 것이었다.

한편 브라질의 수백만 에이커의 농지에는 대두가 재배될 채비를 갖추고 있었다. 브라질의 농장주들은 바스프의 또 다른 보호 살균제인 오페라Opera®에 의지했다. 그리고 이를 위해 브라질 각 지역에 상주한 바스프의 주재원들이 농지를 검사한 후, 제품을 정확하고 효율적으로 사용할 수 있도록 농장주들을 대상으로 사용 지침을 교육했다.

세계적인 대형 화학 기업인 바스프는 24시간 내에 제품이 창고에서 물류업체로 운송되어야 하며, 납기 지연 시 마진 없이 제품을 제공한다는 방침이 있다. 하지만 문제는 이러한 살균제를 생산하는 데에 1년이 훨씬 넘는 기간이 소요된다는 것이다.

다양한 산업에 대한 공급망 관리

아덱사와 오페라의 경우처럼 생산 기간이 길고 납기가 촉박한 상황은 모든 공급망이 직면한 과제일 것이다. 바스프는 살균제 이외에도 수천 가지 제품을 판매하기 때문에 어려움이 더욱 컸다. 바스프가 가진 제품 포트폴리오portfolio는 화학 소재부터 플라스틱 제품, 성능 향상제,* 작물 보호제, 석유·가스까지 광범위한 분야를 포괄한다. 수많은 작물 보호 제품뿐만 아니라 반도체용 화학 소재부터 포장재, 자동차용 폴리우레탄, 잉크 색소, 액화천연가스의 생산 기술, 건축용 단열재, 콘크리트의 흐름을 향상시키는 특수 가소제, 자동차용 코팅제, 유아용 기저귀에 쓰이는 특수 흡수제, 약품을 위한 주문 제작 분자 소재까지 바스프는 매우 다양한 제품을 보유하고 있다.

▌페어분트*가 창출한 가치

서로 다른 특성을 가진 수많은 제품들을 생산하고 운송하기 위해서는 일반적인 공급망과는 차별화된 다목적 공급망을 운영하는 것이 필요하

* 성능 향상제| performance products 비타민이나 식료품의 첨가제 및 의약품, 위생용품, 가정용품 등의 원료를 의미한다 — 옮긴이.
* 페어분트 verbund 수평적·수직적 계열화를 통한 통합생산체제를 뜻하는 독일말로, 공장을 집결시켜 물류비와 원가를 줄이는 독일계 글로벌 화학 회사인 바스프만의 생산기법이다. 한 공장에서 생산되는 제품이나 부산물을 다른 공장의 원재료로 사용해 시너지를 극대화한다 — 옮긴이.

다. 바스프가 수십 년간 이러한 사업을 유지할 수 있었던 성공 비결은 바로 페어분트verbund라는 통합생산체제를 운영한 덕분이었다. 페어분트 시스템은 단순 기초 화학제품부터 코팅 소재나 작물 보호제와 같은 고부가 가치 제품까지 다양한 영역을 포괄하는 효율적인 가치 사슬을 창출하며, 바스프는 이러한 페어분트 시스템을 전 세계 6개의 공장에 적용하고 있다. 또한 한 공장에서 생산되는 제품이나 부산물은 다른 공장의 원재료로 사용될 수 있다.

페어분트 시스템에서는 원재료와 에너지 소비를 줄이면서도 제품 수익성을 높일 수 있는 화학적 프로세스를 만들어 자원을 절약하고 폐기물과 온실가스 배출량을 최소화하며 운송 거리도 줄이도록 한다. 따라서 페어분트는 경제적인 부분뿐만 아니라 환경적인 부분에서도 혜택을 제공한다고 할 수 있다.

바스프는 페어분트 모델을 통해 주요 경쟁 우위의 원천을 계속해서 창출했으나 사업 환경의 변화로 인해 경쟁 우위를 유지하기 위해서는 추가적인 프로세스가 필요했다. 전 세계 시장의 경쟁자가 증가하고 프리미엄 제품이 더는 프리미엄이 아닌 일반 제품으로 전락하는 환경의 변화로 바스프는 많은 사업 부문들의 전략을 전체적으로 재검토했다. 그리고 고객 중심의 가치를 실현하기 위해 제품 포트폴리오에 특별한 제품과 고부가 가치 제품의 비중을 확대했다.

보통 바스프의 신제품에는 아덱사와 같이 고도화된 하이테크 제품뿐만 아니라 해당 제품이나 서비스와 관련된 솔루션도 포함된다. 예를 들면 완성차 업체를 대상으로 단순히 자동차 페인트만 공급하는 것이 아니라 바스프의 코팅 전문가가 OEM의 생산 라인에 들어가 자동차 본체 도색 공정을 지원하는 것이다. 제품과 함께 제공되는 솔루션은 고객에게 더 높은 가치를 제공하는 동시에 바스프에게 더 높은 마진과 자본 이익을 가져다준다.

그러나 이러한 제품과 서비스는 공급망에 새로운 문제를 가져온다. 각 사업별로 고객들의 니즈가 매우 다양해서 서비스 수준을 더 높인다는 것은 곧 다양성의 증가를 의미하기 때문이다. 따라서 보호 살균제 사례와 같이 재고를 많이 보유하지 않으면서도 전 세계에 지역별로 상이한 기간 내에 수요에 맞추어 공급해야 하는 복잡한 경우들이 생기는 것이다. 또한 이를 위해서는 계획과 조달 프로세스뿐만 아니라 IT 시스템도 이러한 다양성을 뒷받침할 수 있게 구축되어야 한다.

▐ 프로세스 간의 조화

분명히 획일화된one-size-fits-all 방식으로는 실행이 불가능했다. 바스프의 전문가들은 대신 고객대응 역량을 줄이지 않으면서 공급망 프로세스의 능률을 향상시키는 것에 주목했다. 고객대응 역량과 공급망 프로세스의 능률 향상, 이 두 가지 모두 세계 최고가 되기 위해 이들은 중앙 SCM 조직을 만들었다. 이 중앙 SCM 조직의 미션은 전체의 규모의 경제를 헤치지 않고 각 사업 부문들이 사업 전략을 실행할 수 있도록 공급망 운영을 통합하는 것이었다. 즉 수익을 극대화할 수 있도록 각 사업 부문에 충분한 유연성을 제공하고 동시에 비용은 전사적으로 관리하는 것이다.

해결책은 적절한 조화harmonization였다. 바스프에게 조화란 변화의 여지는 남겨둔 채 프로세스를 표준화하는 것이다. 그리고 이러한 노력의 핵심은 '글로벌 프로세스 전문가'였다. 이들에게는 수많은 표준 공급망 프로세스를 만들어내는 임무가 주어졌다. 이 표준 공급망 프로세스에는 선택 메뉴가 존재했다. 즉 각 사업 부문에 미리 정해진 기본 프로세스를 사용하고 이와 더불어 고객과의 직접적인 상호작용이 포함되는 프로세스 부분들은 다양한 옵션을 선택할 수 있도록 하는 것이다.

바스프의 글로벌 SCM 프로세스 혁신 부문 부사장인 안드레아스 바크하우스Andreas Backhaus는 이와 같이 말했다. "우리는 주문에서 대금 수취까지order-to-cash 전체 프로세스의 기본 절차를 보유하고 있으며, 이를 어느 곳에나 동일하게 적용한다." 주문을 받으면, 할당하고, 고객에게 납품하는 프로세스는 동일하게 적용된다. 하지만 주문은 전화, 팩스, 전자상거래 채널 등 다양한 방식을 통해 이루어지며 바스프는 이에 상응해 주문일자를 제공하고 납기 스케줄을 관리한다. 따라서 각 사업 부문들은 자신들의 사업에 가장 적합한 프로세스를 효율적으로 사용할 수 있는 여러 가지 방식을 보유할 수 있다.

이러한 변화의 결과, 모든 사업 부문에 존재하는 주입filling, 물류, 저장 등의 후방back-end 프로세스들은 고도로 표준화되었다. 반면, 전방front-end 에서의 공급 부분, 즉 바스프가 고객과 직접 상호작용하는 부분의 프로세스는 더욱 고객 맞춤화되었다. 바스프는 공급 부분 프로세스에 가장 많은 공을 들였는데, 이것이 바스프의 제품을 경쟁자들의 제품과 차별화하는 데 큰 역할을 하기 때문이다.

바스프 그룹의 정보 서비스와 공급망의 대표인 로버트 블랙번Robert

Blackburn은 다음과 같이 말했다. "공급망은 고객에게 더 가까이 가려는 목표를 달성하기 위해 매우 중요하다. 우리는 바스프가 규모의 경제를 확대하고 고객이 속해 있는 산업에 대한 지식을 강화할 수 있도록 차별화된 공급망 모델을 개발하는 중이다."

1년 후의 수요에 대한 예측 시행

바스프의 전체 공급망 프로세스는 CP$^{Corp\ Protection}$ 공급망의 시작점이다. 살균제를 생산하고 이를 농장주에게 배송하는 CP 공급망은 주입과 저장, 물류 프로세스는 다른 사업 부문들과 동일하지만 유통과 계획 수립 지원 프로세스는 독특한 사업 모델에 맞게 맞춤화되어 있다.

CP 사업은 바스프의 다른 사업들과는 여러 측면에서 다르다. 그중 하나는 최종 소비자, 즉 전문 농장주를 위한 제품을 생산한다는 점이다. 이러한 제품들은 제약 산업처럼 R&D$^{Research\ and\ Development}$ 투자 비용이 높기 때문에 이를 감당할 수 있을 만큼 수익을 창출해야 한다. 또한 바스프는 제품 대부분을 농장주에게 직접 판매하지 않고 유통업체를 통해 판매하며, 유통업체는 살균제를 창고에 저장해 놓고 농장주가 필요로 할 때마다 공급한다.

▌계획의 어려움
유통업체는 과다 재고 없이 농장주의 최종 주문을 충족시킬 수 있을 만큼 충분한 수량의 재고를 보유해야 하기 때문에 기본적으로 농업 제품의 공급망은 다양한 제품들의 수요를 정확하게 예측할 필요가 있다. 그러나 질병이나 날씨와 같이 예측 불가능한 요소가 많아 수요 예측을 정확하게 하는 것이 쉽지 않으며, 수요 예측의 정확도는 평균 70%를 넘지 못한다.

농업 제품의 생산에 걸리는 긴 리드 타임은 공급망 계획의 중요성을 부각시키며, 다른 한편으로 계획을 어렵게 한다. 하이테크 화학 제품은 생산하는 데 오랜 시간이 소요되며, 살균제의 경우에는 18개월까지도 걸린다. 따라서 주문 후 빠른 시일 내에 배송 받기를 원하는 고객의 요구와 생산의 균형을 맞추는 것이 필요하다. 배합formulation 공정을 위해서는 유효 재료가 충분히 항상 갖추어져 있어야 한다. 하지만 이들 재료는 고가인 데다가 부패하기 쉬우며, 몇몇 제품은 법규나 등록 요건의 변화로 시간이 지나면 무용지물이 될 수 있다. 따라서 여유 재고를 많이 보유할 수는 없다.

또한 살균제는 각 국가에 등록을 해야 판매가 가능하며 각국 규제에 따라 배합이 달라진다. 또한 제품의 배합과 부착되는 라벨은 고객에게 맞춤화되어야 한다. 따라서 시장 규모가 아무리 작더라도 각각의 시장에 맞는 배합과 라벨을 가진 매우 다양한 완제품을 만들어내야 한다. 실제로 바스프는 유럽, 아프리카, 중앙아시아 등 수천만 고객을 대상으로 1500여 개의 농업 제품을 보유하고 있으며, 각 고객에게 맞춤화된 각각의 독특한 배합과 라벨을 집계하면 1만여 개가 넘는 아이템을 취급하는 것으로 나타났다.

이러한 일련의 문제점들이 수요 계획을 수행하기 어렵게 만들었기 때

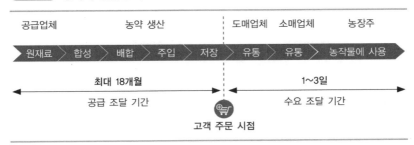

자료: 바스프.

문에 CP 사업부의 공급망 관리 조직은 항상 판매 손실 대비 운전자본 비용을 저울질해야만 했다. 더욱 문제가 되는 것은 이러한 손실이 당해 연도의 매출에 영향을 미칠 뿐만 아니라 고객을 경쟁자에게 빼앗기는 장기적인 손실을 야기할 수 있다는 점이었다.

┃ 수요 계획

농업 제품의 최종 소비자는 농장주이며 이들은 지역 도매업체나 유통업체에 주문해 제품을 공급받는다. 도매업체는 유통업체에 주문을 하며, 유통업체는 제품을 도매업체에 납품하거나 농장에 직접 납품한다. 바스프는 이들의 재고 수준을 실시간으로 확인하며 48시간 내에 재고를 다시 보충해준다.

바스프는 수요 계획 프로세스에서 제품의 보충 가능성을 점검한다. 수요가 꽤 안정적인 대다수의 제품에 대해서는 연 2회 혹은 6개월마다, 또는 봄가을 농번기가 시작되기 전에 수요와 공급을 일치시키는 과정을 진행한다. 이러한 과정을 통해 국가별로 수요와 공급의 균형을 맞춰 국가별로 공급량을 할당한다. 이렇게 완성된 최종 계획은 배합 공장의 생산계획을 수립하는 데에 사용된다. 바스프는 농번기 직전 농장주들이 첫씨뿌리기를 준비하는 동안 유통업체와 가격 협상을 한다. SCM 조직은 유통업체와의 가격 협상 중에 얻은 정보를 가지고 생산 계획을 추가적으로 개선해 공급 부족에 대비한다.

이러한 기본적인 프로세스와 더불어 농업 부문 SCM 조직에는 수요 변동성이 상당히 높은 고수익 제품에 대해 집중적으로 다루는 판생회의S&OP 프로세스가 존재한다. 각 지역 담당자들은 한 달에 한 번 글로벌팀과 만나 수요 예측을 업데이트하고 필요한 공급량을 확정한다.

이러한 공급망의 우수성은 공급의 신뢰성으로 검증된다. 유럽, 아프리카, 중앙아시아 지역의 영업 팀장인 헨리 코몰렛Henry Comolet은 "우리의 일과는 고객의 원할 때 원하는 것을 가져다주는 것, 즉 고객의 기대를 충족시키는 것이다. 이것이 우리에게 주어진 미션이다"라고 이야기했다. 즉 계획 수립 프로세스 전체의 목표는 결국 바스프가 고객과의 약속을 지킬 수 있도록 하는 것이다.

▐ 사용 현장에서의 제품 관리

바스프의 농업 부문 공급망은 정확한 수요 계획을 수립하는 데 많은 관심을 쏟지만, 다른 한편으로는 제품이 현장에서 정확하고 효율적으로 사용되도록 하는 데에도 심혈을 기울인다. 몇 년 전 바스프의 농업학자들은 인도의 농부들을 대상으로 산스크리트Sanskrit어로 번영이라는 의미의 쌈루디히Samruddhi라는 교육 프로그램을 실시했다. 이 프로그램에서 영업 사원들은 읍사무소에서 교육을 진행하고 현장 실습, 개별 농장 방문 등을 통해 작물 수확량, 가격 결정, 그리고 수익성에 관해 조언했다. 프로그램 시행 후 농장의 수확량과 순이익이 증가되는 등 교육은 상당히 성공적인 것으로 입증되었으며, 이후 다른 아시아 국가뿐만 아니라 많은 아프리카 국가까지 확대 적용되었다.

성공 여부 측정하기

바스프는 성과 관리에 매우 집중하며 포트폴리오를 지속적으로 평가하고 최적화시키는 것으로 잘 알려져 있다. 공급망 관점에서 성과의 측정과 관리는 최우선 과제이다. 바스프의 경우, 중앙의 SCM 성과 측정팀이 월간 보고서를 만들어 고위 간부에게 성과를 보고하고 이를 공급망을 운영하는 데에 활용한다. 또한 이 월간 보고서를 통해 전사 모든 관리자가 SCM 성과 데이터를 이해할 수 있도록 돕는다. 이러한 보고서들은 바스프의 글로벌 비즈니스가 실행되는 모든 지역에 제공되며, 이 보고서에서는 재고 관련 지표와 물류 비용, 고객 납기 실적과 같은 주요 SCM 성과 측정 결과가 포함되어 있다.

물리적 네트워크를 최적화하고 기타 서비스 제공업체와 협상할 때, 물류 비용과 고객 서비스 관련 데이터를 이용하는 등 실질적인 가치를 창출하는 데 데이터를 활용한다. 재고 데이터는 월별 계획을 수립하는 프로세스뿐만 아니라 제품 포트폴리오를 결정하는 데도 중요하게 작용한다.

특히, 고객 납기 실적Customer Delivery Performance을 파악하는 데에 데이터가 큰 역할을 한다. 바스프의 농업 부문은 전 세계 400곳이 넘는 선적지에서 발생하는 고객 납기 실적과 관련된 데이터들을 수집해야 한다. SCM 성과 관리 선임 매니저인 트레이시 메이Traci May는 다음과 같이 설명했다. "바스프는 고객 납기 실적 측정 시, 고객이 요청한 일자에 맞추어 배송되었는지를 보는 것뿐만 아니라 바스프가 약속한 일자에 고객에게 배송되었는지도 본다. 고객 서비스는 최우선 과제이기 때문에 납기 성과 데이터는 매일매일 업데이트되며, 해당 사업과 관련된 직원들이 온라인을 통해 이러한 성과 데이터를 활용할 수 있도록 한다."

SCM 성과 측정팀은 일명 '커뮤니티 네트워크'라 불리는 조직과 긴밀하게 일한다. 커뮤니티 네트워크는 각 사업 부문의 대표들로 구성되었으며 이들은 전사에 적용할 수 있는 표준 성과 측정 지표를 개발하는 역할을 한다. 또한 각 사업의 특정 요구 사항에 부합하도록 솔루션을 제시함으로써 시스템이 지속적인 평가를 할 수 있도록 한다.

표준화standardization가 아닌 조화harmonization가 곧 바스프의 법칙이다. 바스프의 SCM 성과 측정팀은 각 사업부 부서들과의 협업을 통해 사업 특수성을 성과 측정에 반영함으로써, 각각의 사업 부문이 각자의 공급망 운영을 모니터링할 수 있게 했으며, 이와 동시에 전 세계적으로 동일한 성과 지표를 적용함으로써 경영 성과의 리포팅이나 서로 간의 비교를 가능하게 했다. 이러한 객관적이고도 주관적인 측정은 바스프 공급망 변혁의 성공 기반이 되었으며 회사 전체에 가치를 창출하는 원동력이 되었다.

즉각적으로 반응하는 농업 공급망은 단순히 바스프의 비즈니스 목적뿐만 아니라 사회적으로도 필요한 요소이다. 작물 보호제 없이는 전 세계 농작물의 연간 수확량이 절반 이상 줄어들 것이며,[1] 전 세계적으로 인구가 지속적으로 증가함에 따라 농작물 수확량 증가에 대한 니즈는 확대될 것이다.

바스프의 글로벌 공급망은 이러한 니즈에 맞추어 지속적으로 발전되어야 한다. 하지만 혁신 제품을 개발하고 이를 현장에 도입하는 과정은 항상 어려울 것이다. 따라서 앞으로는 이러한 도전 과제를 극복하는 것이 곧 전 세계 식품 수요 증가에 대한 대응의 핵심이 될 것이다.

제2장

두 번째 원칙

E2E 프로세스 아키텍처의 설계

Develop an end-to-end process architecture

SCM 전략 실행의 첫 번째 단계는 공급망 전반의 활동에 대한 실행 계획, 즉 프로세스 아키텍처를 설계하는 것이다. SCM 성과가 뛰어난 기업들을 보면, 계획 단계부터 자원 조달, 제조, 납품, 반품, 실행 지원에 이르는 전체 프로세스들이 주요 경쟁 우위 원천을 제공할 수 있도록 고도로 융합되어 함께 작동하는 통합 구조로 설계되어 있다. 프로세스 아키텍처 설계는 까다롭고 어려운 작업이지만 공급망의 최대 성과를 얻기 위해서 꼭 필요한 매우 중요한 과정이다.

SCM 전략을 수립했다면, 다음 단계에서는 전략 실행을 위해 공급망 프로세스들을 통합해야 한다. 기본적으로 모든 공급망은 계획 프로세스와 조달 프로세스, 생산 프로세스, 주문 처리 프로세스, 반품 프로세스와 이를 지원하는 실행 지원Enabler 프로세스를 포함해 6대 핵심 프로세스로 이루어져 있다. 또한 이러한 프로세스들은 각각 하위 프로세스와 활동들의 종합으로 구성된다.

제품과 서비스를 생산해 고객에게 전달하기까지 수천 개의 단계가 필요하며 이러한 단계들은 일관성 있는 업무 흐름에 따라 통합·조정되어야 한다. 하지만 수천 개의 서로 다른 조각을 균일하게 맞추는 것은 쉬운 일이 아니다. 공급망 프로세스 아키텍처의 개발이 중요한 것은 이 때문이다.

공급망 프로세스 아키텍처의 개발은 6대 핵심 공급망 프로세스에 대해 각각의 청사진을 그리는 것이다. 그리고 이 청사진은 공급망이 제 기능을 하기 위해 필수적이라고 할 수 있는 정보 시스템의 선택과 운영의 기반이 된다. 프로세스 아키텍처는 유연하고 신뢰할 수 있으며 사업 환경의 변화에도 적응할 수 있어야 한다. 일반적인 상황뿐만 아니라 예외적인 혼란 상황에서도 전체 공급망을 어떻게 운영할 것인지를 프로세스 아키텍처를 통해 계획할 수 있어야 한다.

또한 프로세스 아키텍처가 기업의 경쟁 기반을 지원할 수 있도록 만드는 것이 중요하다. 고객 경험으로 경쟁하는 아마존Amazon의 경우, 주문 처리 프로세스가 특히 뛰어나다. 반면, 품질로 경쟁하는 렉서스는 생산 프로세스에서 뛰어나다. 나머지를 무시한 채 오직 한 프로세스에만 집중할 수는 없지만 시장에서 자사의 제품과 서비스를 차별화할 수 있는 프로세스에 더 집중하는 것은 중요하다. 특정 시장이나 특정 제품을 위한 이상적인 프로세스 아키텍처는 없다. 어떤 기업에서 제대로 작동하는 프로세스 아키텍처가 다른 기업에서는 실패할 수도 있다. 프로세스 아키텍처의 핵심은 해당 기업의 경쟁 기반을 지원할 수 있는지의 여부이다.

2.1 통합 공급망 프로세스 아키텍처 설계

공급망 프로세스 아키텍처는 공급망이 제 기능을 하는 데 필요한 모든 프로세스와 정보들을 포함한다. 이때 가장 중요한 것은 이 모든 프로세스가 아키텍처 내에서 통합되어 있어야 한다는 것이다.

계획, 조달, 생산, 주문 처리, 반품, 실행 지원의 6대 핵심 프로세스는 각각의 투입input과 산출output이 존재하는 독립적인 프로세스이며, 기업 내 다른 기능과의 상호작용, 공급업체나 고객이 보유한 공급망과의 상호 작용이 포함된다. 따라서 각 프로세스를 설계할 때에는 이러한 상호작 용, 투입과 산출의 시점을 고려해야 한다.

통합된 공급망은 공급망 내 기능, 고객과 공급업체가 보유한 프로세스 와 전체 공급망의 상호작용으로 이루어진다. 그림 2.1은 기업 내 각 상호 작용을 간략하게 묘사한 것이며 실제 통합 공급망은 공급업체부터 고객 을 포함한 E2EEnd-to-End 공급망의 상호작용으로 이루어져 있다.

그림 2.1 내부 공급망 프로세스 아키텍처

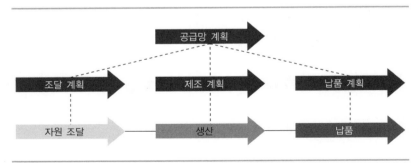

공급망이 잘 작동하기 위해서는 강력한 통합이 핵심이다. 통합이 강력하지 않으면 전체 사이클 타임$^{cycle time}$이 길어지고 운전자본과 운영 비용이 증가한다. 조달 프로세스를 예로 들어보자. 조달 프로세스는 언제 어떤 자재를 공급업체로부터 구매할 것인지에 대한 정보를 제공한다. 이러한 구매 정보가 정확하지 않은 경우, 자재가 없어 생산을 시작할 수 없는 상황에서도 생산 주문이 들어가 장비와 노동력이 투입되어 비용이 발생하고, 이와 동시에 다른 제품을 생산할 수 있는 시간이 낭비될 수 있다.

타 기능 프로세스와의 통합

공급망에서는 마케팅, 판매, 제품·서비스·기술 개발, 고객 서비스, 고객 지원 등 다른 주요 프로세스와의 수많은 상호작용이 이루어진다(그림 2.2 참조). 비록 공급망 프로세스가 고객과 통합되어 있을지라도 내부의 다른 프로세스와 통합되지 않으면 효과적이지 못할 수 있다.

PwC의 PMG가 수행한 연구 결과는 이러한 주장을 뒷받침해준다. 고객 서비스와 운전자본, 운영비 항목에서 상위 20%에 달하는 최고 수준의 기업들의 경우, 6대 핵심 프로세스들이 서로 밀접하게 통합되어 있고 제품의 개발이나 판매와 같은 다른 기능의 프로세스와도 밀접하게 연결된 프로세스 아키텍처를 보유한 경우가 많았다.[1]

전사 프로세스 통합을 위해서는 각 프로세스의 범위가 명확히 기술되어야 한다. 더불어 공급망과 기업 내 다른 프로세스들 간의 투입과 산출이 반드시 명확히 정의되고 조율되어야^{synchronized} 한다. 전사 프로세스 통

그림 2.2 **전사 프로세스 모델**

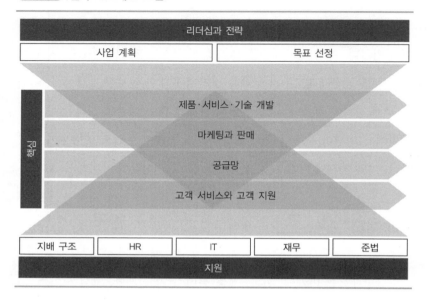

합은 기본임과 동시에 유일한 해법이다. 기업들은 '파트너와의 통합 기준'을 정의해 협력업체 및 고객과 프로세스를 어떻게 통합할 것인지 정해야 한다. 외부와의 통합 수준은 고객과 공급업체가 각각 협업 스펙트럼상 어디에 위치하는지에 따라 달라진다(제4장 참조).

▌제품·서비스·기술 개발

턴키turnkey 방식의 발전소 시공업체나 가구 제조업체처럼 ETO 환경에 있는 기업의 경우, 고객 주문 실행 과정의 일부분에 기술·제품·서비스 개발 프로세스와 공급망의 통합이 포함된다. ETO 환경의 기업들뿐만 아니라 다른 기업들에게도 이러한 개발 프로세스와 공급망의 통합은 적시에 신제품을 출시Time to Market: TTM하고 대량생산에 도달Time to Volume: TTV하는 데 핵심으로 작용한다.

신제품 개발과 공급망 계획을 통합하면 주요 개발 과제에 필요한 생산 자원과 공급업체 자원을 충분히 활용할 수 있으며, 엔지니어링상의 변화를 좀 더 신속하게 실행에 옮길 수 있어 신제품의 출시 기간을 단축시킬 수 있다. 또한, 신제품 개발과 조달 부문과의 통합을 통해 공급업체들이 자사 제품에 최고의 기술을 도입할 수 있으며, 반품 프로세스와의 통합으로 제품 개선 및 신제품 개발에 제품의 결점과 결점을 유발시키는 특성에 대한 정보를 활용할 수 있다.

제품 개발과 공급망 프로세스를 밀접하게 연결할 수 있는 방안으로 DFM®과 DFSC®이 있다. DFM을 통해 조립 과정과 테스트 과정을 단순하게 하고 자원 소비를 줄일 수 있는 제품을 설계할 수 있다. 또한 제품을 모듈화해 생산 마지막 단계에서 최종 소비자의 주문에 따라 맞춤화하는 것을 가능하게 하여 유연성을 이끌어낸다. DFSC는 제품의 주문,

---

- DFM Design for manufacturing 제조 상황을 고려해 부품 또는 기기를 설계하는 것. 부품 수를 줄이고, 제조 공정 또는 조립을 쉽게 하며, 검사 및 시험을 용이하게 함으로써, 전체의 공수나 비용을 절감하는 동시에 신뢰성이 높은 제품을 설계하는 활동을 뜻한다 ― 옮긴이.
- DFSC Design for supply chain 공급망 역량과 제품 디자인의 최적 조합을 만드는 과정으로, 제품 수명 주기 전반에 걸쳐 공급망 인프라와 역량의 한계를 고려한 제품을 설계하는 활동을 뜻한다 ― 옮긴이.

포장, 운송, 설치, 유지·보수를 쉽게 할 수 있다. 또한 에너지 등 제품의 생산과 운송에 필요한 자원들을 어떻게 사용할지 결정함으로써 지속 가능성에 도움을 주고, 제품의 사용·종료 시점에서 자원의 재활용 가능성을 파악할 수 있다. DFM과 DFSC를 활용해 원가를 낮추고 품질을 개선하며 주문 처리를 가속화하고 더 나아가 지속 가능한 공급망을 이끌어낼 수 있다.

이케아[IKEA]는 세련된 디자인의 가구를 합리적인 가격에 제공하기 위해 제품 개발 프로세스와 공급망 프로세스를 통합한 대표적인 사례이다. 이들은 평면 패키지[flat package]에 적합한 부품을 활용해 표준화된 모듈식 디자인을 했고, 그 결과 박스가 한층 간결해져 제품 단위로 운반하는 것보다 효율성이 훨씬 높아졌다. 또한 이렇게 간결한 소형 박스로 포장된 가구 제품들은 고객들이 직접 집으로 가져갈 수 있을 만큼 취급하기 용이해져 이케아 내부 물류 비용뿐만 아니라 이케아 제품을 이용하는 고객들의 운송비까지 감소시킬 수 있었다.[2]

▎ 영업·마케팅

영업·마케팅 프로세스와 공급망 계획 수립 프로세스와의 통합을 통해 고객 수요에 대한 넓은 시야 확보가 가능하고, 고객과 시장의 우선순위에 대해, 판촉 활동의 필요성과 그 효과에 대해 판단할 수도 있다. 그리고 생산 측면에서도 고객, 시장, 제품의 우선순위에 따라 생산 스케줄이 정해지도록 할 수 있다.

세분화된 시장이나 주요 고객에 따라 주문 충족 프로세스를 다르게 디자인하기 위해서는 상업적인 측면에서 가치 명제value proposition를 정의한 서비스 메뉴가 필요하다. 이 서비스 메뉴에는 일반적으로 고객 맞춤화, 특별 포장, 최소 주문 수량, 목표 납기 리드 타임이 포함되어 있다. 여기서 영업·마케팅 프로세스는 가격 전략, 고객 특수 조건, 고객 우선순위에 대한 가이드라인 등 주문을 처리하는 데 필요한 정보들을 각각의 주문에 대해 제공해야 한다.

▌재무

공급망 계획 수립과 재무 프로세스의 통합을 통해 재무 정보의 품질을 보장할 수 있다. 주주들은 기업이 신뢰할 만한 수준의 품질 높은 재무 정보를 제공할 것을 기대한다. 재무 성과를 예측할 때에는 반드시 주문량, 수익률, 현금 상태 등을 추정하기 위해 공급망 계획의 산출물을 함께 고려해야 한다. 공급망 내에 존재하는 모든 부채는 반드시 요구 사항과 규제 요건에 맞게 내·외부적으로 인식되고 보고되어야 한다. 향후 재무 전망 시에는 구매·생산·주문 처리 프로세스에서 발생할 수 있는 주요 공급망 위험이 반영되어야 한다. 이러한 정보는 기업 재무 전략과 운전자본 전략을 세우는 데 매우 중요하다.

또한 운전자본을 잘 관리하기 위해서도 공급망 실행 프로세스와의 강력한 통합이 요구된다. 여기서는 지불 조건을 정의하는 것과 공급업체와 고객이 이를 준수하고 있는지 확인하는 것이 중요하다. 납기 지연 시 벌금이나 손해배상이 발생하는 산업에 속해 있는 기업들은 고객의 납기 우선순위를 결정하거나, 납기가 지연된 공급업체를 다루는 데 이러한 지불 조건 준수에 대한 정보를 활용한다.

전사 프로세스의 표준화와 일치화

공급망 프로세스의 적용을 전사적으로 통제하는 규칙도 중요하다. 특히 모든 사업, 모든 제품라인, 전 지역에 걸쳐 프로세스 적용의 일관성 정도를 결정하는 '표준화와 일치화의 규칙'을 설정하는 것이 필요하다. 표준화는 동일한 프로세스를 적용하는 것이고, 일치화harmonization는 프로세스의 변형을 어디까지 용납할지를 결정하는 것이다. 프로세스는 고객과 시장의 요구에 맞게 혹은 프로세스 자동화 수준에 맞게 변형될 수 있다. 이러한 의사결정은 공급망을 간소화하며 공통으로 적용될 수 있는 프로세스, 툴tool, 역량 등에 대한 투자 확대를 가능하게 한다.

표준화와 일치화의 규칙은 아주 명확해야 하고, 프로세스나 정보 시스템을 포괄할 수 있도록 해야 하며 너무 과도하지 않게 주의를 기울여야 한다. 예를 들면 각기 다른 사업이나 제품에 동일한 방식을 도입하려고 해서는 안 된다. 이때는 각각의 전략적 목표나 시장 특수성을 반영한 각각의 프로세스가 필요하다. 표준 프로세스와 어느 정도의 변동성을 승인하는 조화로운 프로세스는 기업을 더욱 잘 지원해줄 수 있다.

욕실 붙박이 용품과 욕실용 가구를 제조·판매하는 업체의 예를 들어보자. 이 업체가 활동하는 시장은 크게 둘로 나눌 수 있다. 하나는 소매업체를 포함해 다양한 채널에 제품을 공급하는 도매 유통시장이며, 다른 하나는 이들보다 규모는 작지만 전시용 매장을 보유하며 수익성이 더 높은 도심의 전문 소매시장이다.

도매 유통업체들은 사업 모델 구조상 재고를 보유하는 반면 전문 소매업체들의 경우에는 저장 공간이 제한적이거나 아예 없는 경우도 있다. 이 때문에 욕실용 가구 제조업체는 소매업체 시장을 위해 제품을 제시간에 배송할 수 있도록 하는 특수한 주문·납품 프로세스가 필요하다.

초기에 이 제조업체는 유통업체와 소매업체에 동일한 프로세스를 적용했다. 즉 주문 처리 프로세스의 표준화를 시도했던 것이다. 하지만 이로 인해 부분 운송이 증가했으며 전문 소매업체들의 불만이 커졌다. 매출이 감소한 후, 이 업체는 각 시장의 특수한 요구에 맞추기 위해 2개의 차별화된 주문 처리 프로세스를 도입했다. 하지만 생산 프로세스의 표준화는 지속적으로 유지했다.

프로세스의 표준화와 일치화를 동시에 수행하는 이러한 접근 방식은 중요한 이점이 존재한다. 우선 성과가 이미 입증된 업무 방식을 적용할 수 있어 운영팀의 기량이 향상되며, 우수한 방법best practice을 전 세계적으로 공유할 수 있어 전사적으로 성과가 향상된다. 이와 동시에 지역 간의 업무 이전이 더욱 용이해져 수요 급증 시, 고정비용은 낮추면서 수익은 최적화할 수 있다. 또한 공용 정보 시스템을 사용할 수 있어 정보 시스템의 구축과 운영 관련 비용이 절감된다.

2.2 E2E 공급망 관리 핵심 프로세스

프로세스 아키텍처는 곧, 그 안에서 실행되는 프로세스들이다. 그래서 아키텍처를 설계하는 첫 번째 단계는 아키텍처에 포함되는 프로세스를 을 정의하는 것이다.

많은 기업들은 동일한 공급망 활동에도 서로 다른 용어를 사용한다. 이 책에서는 혼란을 줄이기 위해 다음과 같이 계획, 조달, 생산, 납품, 반품, 실행 지원이라는 용어를 사용할 것이다(표 2.1 참조).

이 여섯 가지 용어들은 임의로 선택된 것이 아니라 우리가 개발에 참여했던 표준 모델인 SCOR®Supply Chain Operations Reference 모델의 일부이다 (SCOR 모델에 대한 설명 참조). SCOR 모델에서는 주요 프로세스를 '프로

표 2.1 E2E 공급망 관리를 위한 핵심 프로세스

구분	프로세스	상세내용
계획 수립	계획	전체 사업 우선순위에 맞는 실행 계획을 세우기 위해 수요와 공급의 균형을 맞추는 것을 지원
실행	자원 조달	고객의 주문이나 미래의 수요를 만족시키기 위해 외부에서 생산된 제품이나 서비스를 취득함
	생산	고객의 주문이나 미래의 수요를 만족시키기 위해 판매할 수 있는 제품과 서비스로 자원을 변환함
	납품	주문을 받고, 제품과 서비스를 고객에게 전달함
	반품	유지·보수를 위해, 또는 환경이나 품질 문제로 반송되는 제품들을 관리함
실행 지원	실행 지원	비즈니스 룰 수립, 제품·마스터 데이터 관리, 성과 측정, 법규 준수, 위험 관리 등 계획과 실행에 대한 지원 활동

프로세스에는 다음과 같이 세 가지 유형이 존재한다.

• 계획 활동

수요와 공급에 대한 정보를 이용해 공급망이 제 기능을 할 수 있도록 적합한 자원을 배치하는 것이다.

• 실행 활동

공급망이 작동하는 것으로 자원 조달, 생산, 납품, 반품 등 기업이 제품과 서비스를 생산하고, 생산된 제품과 서비스를 고객에게 제공하는 활동이다.

• 실행 지원 활동

공급망의 계획부터 실행까지의 프로세스를 효과적으로 만드는 데 필요한 활동이다. 실행 지원 활동에는 성과 관리, 위험 관리, 법규 준수 등이 포함된다.

대부분의 관리자들은 실행 활동에 초점을 맞추는 경향이 있다. 그 이유는 실행 활동이 구체적이기 때문이다. 계획 활동들은 좀 더 추상적이다. 여기에는 명확하지 않은 예측과 의사결정이 포함된다. 이러한 불확실성은 관리자들을 불편하게 만든다.

이와 같은 현상은 실행 지원 활동에서도 동일하게 나타난다. 실행 지원 활동의 대다수가 이분법적으로는 답할 수 없는 극히 중요한 의사결정이다. 이러한 의사결정에서는 고려해야 할 변수조차 명확하지 않아 선택 가능한 사항들을 정의하는 것부터 시작해야 한다. 일례로 비즈니스 규칙을 들어보자. 만약 당신이 제한적인 생산 시설을 가지고 있는데 너무 많은 주문이 들어온다면, 어느 고객에게 집중해야 할까? 가장 수익성 있는 고객인가? 아니면 납기 일자에 대해 가장 심한 압박을 가하는 고객인가? 고객 간의 우선순위를 매기는 기준은 당신이 정의해야 할 많은 비즈니스 규칙들 중 하나일 뿐이다. 공급망에 관련된 주요 데이터들을 관리하는 것도 또 다른 실행 지원 활동 중 하나이다.

계획 활동과 실행 지원 활동이 빈약하더라도 단기간 공급망 운영은 가능하겠지만 이는 주유 표시등에 불이 들어온 차를 운전하는 것과 같다. 정말 잘못된 곳으로 가게 되거나 오래갈 수 없을 것이다. 계획 활동과 실행 지원 활동이 잘 수행되어야 지속적인 성과를 낼 수 있고, 공급망 운영의 핵심 프로세스들을 사업 전략의 일부로 더 빠르게 받아들일 수 있을 것이다.

세스 유형'으로 구분한다.[3] 각각의 주요 프로세스는 다음 세 가지 카테고리 중 하나에 속한다. 세 가지 카테고리는 계획, 실행, 실행 지원이다('프로세스 카테고리의 세 가지 유형' 참조).

계획

'공급망 계획 수립'이나 '통합사업 계획 수립'이라고도 불리는 계획 중

표 2.2 계획 수립 우수 기업들의 성과 측정 결과		
계획	우수 기업들의 성과 우위	
	평균	중앙값
예측 정확도	27% 높음	20% 높음
계획 사이클 타임 (예측부터 계획 재수립 시간까지 포함)	6배 빠름	5배 빠름
공급망과 관련된 재무와 계획 비용 (매출원가 대비 비율)	56% 낮음	36% 낮음

심의 프로세스에는 수요를 충족시키는 데 적합한 자원을 취득하고 취득한 자원들을 수익성·시장 점유율 증대, 운전자본 목표 등과 같은 사업 목표에 맞게 할당하기 위한 활동이 포함된다.

계획 수립은 다른 주요 프로세스와는 다른 독특한 면이 있다. 자원 조달, 생산, 납품, 반품 등의 실행 프로세스가 제품 생산과 고객 납품을 지원하는 활동들로 구성되어 있는 반면, 계획은 그러한 활동들을 수행하는 기반을 마련하는 것이다. 예를 들어, 계획 프로세스는 제품과 서비스 생산에 필요한 자재의 종류와 수량에 관한 정보를 자원 조달 프로세스에 제공하며, 제조 프로세스에는 제조해야 할 제품과 서비스의 수량에 관한 정보를 제공한다.

계획은 수급의 균형을 맞추는 과정이기 때문에 우수한 사업 성과를 내는 데 결정적인 역할을 한다. 계획을 수립하면 수요에 대해 가능한 최적의 시야를 가질 수 있으며, 수요를 충족시키기에 적합한 제품과 서비스의 수량을 확인할 수 있고, 이와 동시에 이러한 의사결정들이 전체적인 재무적 목표를 달성하는 데 도움이 되도록 한다. 영업과 제품라인 관리, 일반 관리, 재무 등 다양한 내부 기능과의 협업이 계획 프로세스에 포함된다. 그뿐 아니라 실행 가능한 대안들을 바탕으로 최적의 의사결정을 하기 위해 계획 프로세스에는 고객, 공급업체와의 협업도 포함되어야 한다. 표 2.2는 계획 부문 우수 기업들의 성과를 나타낸다.

계획 수립의 우수성은 다음 세 가지 주요 원칙들을 바탕으로 한다.

▌정확한 정보가 적시에 사용 가능해야 한다

수요와 공급은 역동적으로 변화하기 때문에 오늘 정확한 정보가 내일은 정확하지 않을 수도 있다. 수요 측면에서 정확한 계획을 수립하기 위해서는 최종 소비자의 소비, 판매 파이프라인pipeline, 후방 채널의 재고 수준, 경쟁자의 기밀 정보 등의 데이터를 기반으로 한 고객 수요 정보가 필요하다. 공급 측면에서 정확도가 높은 계획을 수립하기 위해서는 수요를 충족시키는 데 필요한 주요 자원에 대해 알아야 한다. 주요 자원은 노동력, 생산 시설, 자재 등을 의미하며, 여기에는 내부 자원뿐만 아니라 핵심 공급업체들의 자원까지 모두 포함된다. 계획 프로세스에 사용되는 정보를 제공하는 모든 부서들은 수급 균형을 맞추기 위한 달력에 정보 제공 시점을 맞추어야 한다. 예를 들면 영업 관리팀은 수요 정보를 제공하기 전에 판매 파이프라인에 대한 점검을 마쳐야 한다.

▌위험 관리와 탄력성이 반영되어야 한다

최악의 시나리오를 예방하기 위해서는 계획 수립 시 전형적으로 하는 분기별 또는 월별 수급 균형 맞추기를 탈피할 필요가 있다. 기업들은 자연재해나 금융위기가 발생했을 때, 정치적으로 불안해졌을 때 원재료나 부품 공급에 영향을 줄 수 있는 주요 위험들을 완화시켜야 한다. 이를 위한 하나의 전략은 공급 기반을 세분화하는 것이다. 공급 기반 세분화를 통해 각 공급 기반별로 차별화된 거버넌스 협약과 선제적 성과 측정, 위험 관리 방법 등을 개발할 수 있다.[4]

신제품 출시와 같이 좀 더 통제 가능한 일들에 대해서는 계획을 수립하는 것도 좋은 방법이다. 이 경우, 계획을 수립할 때 현재의 공급업체들이 수요 급증 시 생산량을 확대할 수 있는지 고려해야 한다. 더불어 공급업체들의 재정 기반이 튼튼한지를 확인하는 등 구매와 조달을 고려하는 것도 필요하다.

영국 기업으로 비행기 엔진 산업의 리더인 롤스로이스Rolls-Royce를 생각해보자. 한 제품에 대한 수요의 증감은 이와 관련된 여러 주요 협력업체들을 재정적 위험에 밀어 넣을 수 있다. 하지만 이 기업은 판매 운영 계획S&OP 프로세스를 통해 이러한 상황을 극복한다. 롤스로이스는 S&OP가 위험을 포착하고 관리하기에 이상적인 토론 기회를 제공한다고 믿는다. 이와 같은 이유로 롤스로이스의 S&OP 팀에는 위험 관리 담당자가 소속되어 있다.[5]

▌복잡하지 않아야 한다

계획 수립 프로세스를 되도록 간결하게 만들어 현실적이고 실행 가능한 계획을 수립할 수 있도록 집중해야 한다. 계획 수립 시에는 고려해야 할 요소가 너무 많다. 다양한 관점(국가별, 시장별, 제품별, 브랜드별)에서 수요를 고려해야 하고, 다양한 종류의 필요 자원(재료, 생산, 테스트, 운송 등)을 고려해야 하며, 다양한 지리적 위치(내부 공장의 위치, 파트너의 위치 등)를 고려해야 한다. 이 때문에 앞에서 이야기 했던 사항들을 때때로 실천하기가 어렵다. 또한 고수익 제품, 핵심 고객 등 다양한 매개변수에 따라 자원 사용의 우선순위를 정하는 것이 중요하다. 이 모든 것이 갖추어지더라도 단기간에 공급망 전반에 걸쳐 자원의 최적화를 달성하는 것은 불가능하다. 이 때문에 핵심적인 부분이나 문제가 있는 부분에 집중할 수 있도록 프로세스를 단순하게 만들어야 하며, 공급 부족 발생 시 시장과 고객의 우선순위를 결정하는 의사결정 기준을 2개 이상 설정해서는 안 된다.

자원 조달

공급망의 두 번째 핵심 프로세스는 자원 조달이다. 자원 조달은 생산을 위해 적절한 역량과 자원, 서비스를 가져오는 것이다. 일반적으로 자원 조달 프로세스에는 자재 관리팀의 운영과 현지 소싱, 그리고 외부 공급업체를 통한 글로벌 소싱이나 지역별 소싱도 포함된다. 또한 여기에는 구매 활동, 일정 관리, 수취, 검사, 공급업체의 대금 지급 승인 등 전술적인 활동뿐 아니라 공급업체를 선정하고 그들과의 관계를 관리하는 전략적 활동도 포함된다.

우수한 자원 조달 프로세스는 자원이 필요할 때 목표 재고 수준 내에

표 2.3 **자원 조달 우수 기업의 성과 측정 결과**

자원 조달	우수 기업들의 성과 우위	
	평균	중앙값
수요가 20% 증가했을 때의 자재 대응 속도	9배 빠름	9배 빠름
공급 재고 일수	84% 낮음	72% 낮음
자재 매입원가(매출원가 대비 비율)	64% 낮음	54% 낮음

서 적절한 품질의 자원을 적절한 비용으로 이용하게 함으로써 우수한 사업 성과를 낼 수 있도록 기여한다. 표 2.3은 자원 조달에서 우수한 기업들의 성과를 보여준다.

자원 조달의 우수성은 다음 세 가지 원칙을 바탕으로 이루어진다.

▌소유 총비용의 개념으로 생각하라

많은 기업들은 가장 낮은 구매 비용으로 자원을 조달하는 것에 관심을 둔다. 하지만 이렇게 근시안적인 접근 방법은 종종 역효과를 가져온다. 예를 들면 저가의 차량을 샀는데 자주 고장이 나거나 곧 교체해야 하거나 쉽게 교환할 수 없다면 이것은 거래를 잘한 것이 아니다. 구매나 계약의 가치를 판단할 때는 모든 관련 비용을 고려해야 한다. 그리고 여기서 최상위 목표는 공급 가용성을 확보하는 것이다. 이를 위해 개별 아이템이나 서비스에 대해 소싱처 이원화가 요구될 수도 있다. 이를 위해 공급망 전방 채널의 비용이 증가할지라도 불충분한 공급에 의해 발생하는 생산시간 손실이나 고객 주문 손실과 같은 위험은 줄여야 한다.

소유 총비용Total Cost of Ownership: TCO을 줄이기 위해서는 제품과 서비스뿐만 아니라 공급망 전체의 비용 절감을 위한 목표를 설정해야 한다. 예를 들어, 바로 사용 가능한 제품ready-to-use goods은 구매 비용은 조금 더 들겠지만 별도의 검사나 사용 준비가 필요 없어 생산 활동 내에서 TCO를 줄일 수 있다. 또 다른 고려 사항은 유연성이다. 비용을 줄이기 위해 필요한 시기보다 몇 개월 앞서 부품을 주문하면, 생산하려는 제품과 부품 재고가 맞지 않는 상황이 발생할 것이고, 재고자산 비용 처리 관점에서 보면 나중에 주문하고 주문 비용을 좀 더 내는 것이 나을 수도 있다.

▌조달 전략에 따라 통제 범위를 설정하라

공급망에 대한 위험과 기업의 사회적 책임에 대한 통제를 충분히 하기 위해서는 공급망의 깊숙한 곳까지 관리할 수 있어야 한다. 공급업체의 운영 상황을 바로 확인해볼 수 있는 것만으로는 충분하지 않다. 기업들은 공급업체의 공급업체와 같은 2·3차 공급업체들의 내부에서 무슨 일이 일어나고 있는지를 파악해야 한다. 특히 규모가 작고 재정적으로 불안정한 기업들에 대해서는 더 많은 관심을 기울여야 한다. 이들 공급업체에서 시작된 작은 문제들이 공급망을 통해 증폭되어 엄청난 결과를 초래하기도 하기 때문이다.

공급망 관리는 적합한 공급업체를 선정하고 적절한 계약을 체결하는 데서 시작된다. 하지만 결국 이후에는 가시성과 시기적절한 행동이 요구된다. 가시성을 확보하는 방법으로는 위험 평가와 감사, 지속적인 공급업체 모니터링과 공급업체의 자발적 정보 공개 등이 있다. 환경적

책임과 같은 영역에서 공급업체의 역량 개발을 돕는 것 또한 필수 과제이다.[6]

▌ 전사 관점으로 관리하라

전 세계적으로 분포된 전체 조직을 대상으로 공급할 수 있는 공급업체를 선정하고 이러한 공급업체들로부터 대규모로 구매를 진행하면 규모의 경제 효과를 누릴 수 있다. 그리고 동일한 상품, 동일한 명세서, 동일한 평가 기준을 사용해 전 세계 공급 기반을 관리함으로써 범위의 경제효과를 누릴 수 있다. 또한 전사 관점으로 관리하면 세금 효율을 높일 수 있는 공급망 구축의 기회를 얻을 수 있다. 예를 들면, 구매 의사결정권을 세금이 효율적인 관할권에 배치한다면 세금에 의한 비용을 줄일 수 있다.

생산

세 번째 핵심 공급망 프로세스는 제조·생산이다. 제조·생산은 자원을 판매할 수 있는 제품·서비스로 탈바꿈시키는 것이다. 파트너를 통해 생산 활동을 수행하는 기업들의 경우 고도로 숙련된 협업 능력을 보유하는 것이 필수적이다(제4장 참조).

우수한 생산 프로세스는 주어진 일정에 따라 모든 제약 요건을 만족시키면서 제한된 예산하에서 자원을 알맞은 품질의, 판매 가능한 제품과 서비스로 변환시킴으로써 우수한 사업 성과를 창출하는 데 기여한다. 표 2.4는 생산에서 우수한 기업들이 보유한 우위를 보여준다.

표 2.4 **생산 우수 기업의 성과 측정 결과**

생산	우수 기업들의 성과 우위	
	평균	중앙값
수요가 20% 증가했을 때의 생산 대응 속도	20배 빠름	10배 빠름
재공품Work-In-Process: WIP 재고 일수	12배 낮음	7배 낮음

다음은 생산 프로세스 우수성을 확보하기 위해 필요한 세 가지 원칙이다.

▎비용 절감보다는 유연성을 목표로 하라

생산의 유연성을 통해 고정자산을 증가시키지 않으면서도 더 높은 수익을 창출할 수 있다. 하지만 유연성에 대한 단일한 성과지표 기준이 존재하는 것은 아니다. 일반적으로 시멘트 제조업과 같은 자본집약적 산업은 의류 산업처럼 노동집약적인 산업보다 고정자산의 보유 수준이 높기 때문이다. 그러나 이 두 산업 모두 어떤 운영 모델을 선택하느냐가 유연성에 영향을 미친다. 예를 들면, 시멘트 회사들은 생산된 시멘트를 포대에 담아 재고로 쌓아둘 수 있다. 또는 ATO 방식을 활용해 고객의 주문이 들어올 때까지 시멘트를 포장하지 않고 기다릴 수도 있다.

또한 유연성을 가진 기업들은 이미 다른 고객과 한 약속에 영향을 주지 않으면서도 막판에 생산 스케줄을 조정할 수 있다. 이때 높은 수준의 정보(주문 상황, 생산 능력, 이용 가능 자원 등에 관한 정보 등)는 필수적이다.

유연성으로 정평이 난 기업 중 하나가 도요타Toyota이다. 1970년대 말에 개발한 도요타 생산 시스템Toyota Production System: TPS은 유연성을 증대시키면서 생산 프로세스를 능률적으로 만들고, 적시 납기on time delivery에 대한 산업 표준을 만드는 데 일조했다. TPS의 주요 요소인 유연한 인력 라인을 통해 변화하는 요구 사항들을 생산성의 저하 없이 충족시킬 수 있다.

▎모든 생산 활동을 동기화하라

업데이트되는 정보를 공급업체들이 지속적으로 받아볼 수 있으면 수요 변화에 더 빠르게 대응할 수 있다. 그러므로 공급업체에 생산 일정, 자재 소비량, 재고 수준 등에 대한 정보를 제공하는 것은 중요하다. 또한 공급업체들과 함께 유연성 정도, 사이클 타임, 재고 보유 수준 등 재고 보충에 관한 룰rule을 정해야 한다. 생산에 관한 룰이나 정보 및 성과 관련 데이터에 대한 공식 프로세스와 역할과 책임Role and Responsibility: R&R은 내부뿐만 아니라 공급 파트너와 함께 구축할 필요가 있다.

▎품질 기준을 정의하고 모니터링하라

품질의 유지는 필수적이기 때문에 생산 활동에 관련된 모든 사람들이 품질에 대한 데이터에 접근할 수 있도록 하는 것이 중요하다. 보통 기업들은 품질 관련 데이터를 생산 프로세스 단계별로 수집하고, 6시그마sigma와 같은 체계적인 접근 방식을 사용해 수집된 정보를 분석한다. 품질 문제를 빠르게 확인하고 수정할 수 있으려면 모든 제품이 롯트lot와 유닛unit 단위로 추적이 가능해야 한다. 또한 품질에 대한 정보가 제품 관리부서와 R&D에 정기적으로 제공되어야 한다. 그래야만 신제품이 생산 가능한 형태로 설계될 수 있다.

납품

공급망의 네 번째 핵심 프로세스는 납품이다. 납품은 고객으로부터 주문을 받았을 때부터 시작되며, 여기에는 가격에 대한 견적을 제공하는 것부터 대금 수취까지 주문 하나를 완료하기 위해 필요한 모든 활동이 포함된다(그림 2.3 참조).

납품 프로세스의 우수성을 확보하기 위한 원칙에는 다음 세 가지가 있다.

그림 2.3 납품 프로세스

표 2.5 납품 우수 기업의 성과 측정 결과

납품	우수 기업들의 성과 우위	
	평균	중앙값
주문 처리 정확도(총 주문 대비 비율)	27% 높음	27% 높음
채권 회전일Days Sales Outstanding: DSO	47% 짧음	49% 짧음
주문 관리 비용(수익 대비 비율)	64% 낮음	58% 낮음

▌'STP'로 시간과 비용을 절약하라

STP^{Straight-Through-Processing}를 통해서 납품과 관련된 모든 부서들이 동시에 주문 정보를 이용 가능하도록 할 수 있다. 이를 통해 납품 프로세스에 참여하는 부서들이 좀 더 쉽게 서로 협업할 수 있으며 고객과의 의사소통도 좀 더 수월해진다. 더불어 효율성은 증가하고 사이클 타임은 감소한다. STP는 납품 관련 기능을 수행하는 모든 부서에 고객 주문 정보를 가시화할 것을 요구한다. 납품 관련 기능으로는 주문 관리, 신용 승인, 생산(MTO 방식인 경우), 엔지니어링(ETO 방식의 경우), 저장, 운송, 송장 발급 등이 있다. STP를 통해 모든 실행 활동이 전 부서에 걸쳐 동기화될 수 있고 납품이 좀 더 원활하고 빠르게 진행될 수 있다.

▌E2E 가시성을 확보하라

요즘은 고객들이 주문과 납품 상태에 대한 완벽한 가시성^{tracking and traceability}을 원하기 때문에 이러한 역량은 기본적으로 갖추어야 할 요구 사항이다. 주요 고객을 관리하는 내부 관리자는 각 주문별로 주문 입수부터 대금 수취까지 모든 주문 정보에 접근할 수 있어야 한다. 위조나 절도, 제품의 부패나 손상 등과 같은 위험을 관리할 필요가 있는 산업의 경우, 밀봉 포장이 가능해야 하고 생산지부터 배송지까지 납품 상태를 추적할 수 있는 역량이 필요하다.

▌지속 가능한 운송 프로세스를 구축하라

운송 시 적은 양의 에너지를 사용하고 탄소 배출량을 줄이는 것이 점점 더 중요해지고 있으며, 이로 인해 많은 분야에서 새로운 사고방식이 요구된다. 대부분의 경우 포장을 바꾸는 것만으로 동일 컨테이너에 더 많은 제품을 실을 수 있고 물류센터의 위치를 정할 때 고객의 위치를 고려하는 것도 효과가 있다. 고객 주문을 실행하기 위해 다양한 지역으로부터 자원을 조달 받아야 하는 경우, 주문을 이행하기 전에 제품생산 라인의 모든 아이템을 한 지역으로 모으는 것이 도움이 될 수도 있다. 이렇게 한 지역으로 모든 아이템을 모으면 한 번의 운반으로 주문 실행을 완수할 수 있고 운송 시간도 줄일 수 있다. 이외의 유용한 방법으로는 운송 스케줄링 시에 한정된 운반 수단carrier으로 옮길 수 있는 가장 효율적인 적재량을 배치하는 것이 있다. 또한 경로 선정을 위한 툴을 사용해 각 차량별로 가장 효율적인 운송 일정표를 만들어 도로에서의 차량의 효율성을 개선할 수도 있다.[7]

반품

마지막 실행 프로세스는 반품이다. 반품은 고객과의 계약, 정부의 규제, 사업 정책에 따라 이전에 판매했던 제품을 회수하고 처리하는 것이다. 여기에는 반품 허가부터 재무적 협의까지 모든 활동이 포함된다. 반품의 주요 원인은 산업마다 다르지만 일반적으로 결함이 있거나 고객 불만이 있는 제품, 잘못된 주문, 판매 채널의 초과 재고 등이다. 기업 자체적으로 재사용이나 개선을 위해 반품을 실시하거나 정부 주도의 의무 재활용, 반환 프로그램 등에 의해 반품을 실시하는 경우도 있다. 반품은 그

분류마다 각각 필요한 활동이 존재한다.

본질적으로 반품은 역공급망reverse supply chain 프로세스이다. 여기에는 반품 지점으로부터 아이템 수준의 데이터를 수집하고, 제품이 처분될 때까지 추적하며 제품의 전체 수명 주기상의 품질보증을 관리하는 것이 포함된다. 또한 반품 사유와 반품 발생 지역, 반품 비용, 신용도 등에 대한 분석 범위를 설정하는 것이 필요하다.

반품의 물리적 네트워크에는 해결해야 할 과제가 존재한다. 일반적으로 반품은 다양한 아이템에서 비정기적으로, 소량 발생하는 것이 특징이다. 기업들은 가능한 효율적·경제적으로 이러한 아이템들을 모으고 분류하고 분배하는 방식을 찾아야만 한다. 중앙에 수집 포인트를 운영하는 것은 방대한 양의 반품 제품을 모으는 데에 비용 효과적인 방법 중 하나이다.

우수한 반품 프로세스를 구축하기 위해서는 다음 세 가지 원칙을 따라야 한다.

▌제품 수명 주기 관점으로 반품을 고려하라

반품을 염두에 두고 설계된 제품은 폐기 단계에서도 가치를 창출할 수 있다. 산업별로 존재하는 반품에 대한 특정 제약 조건을 제품 수명 주기 가장 앞쪽 단계에 반영해야 한다. 예를 들어 문서 기술·서비스 분야의 글로벌 리더 기업인 제록스Xerox는 이 산업 내 기업들 중에서 최초로 재생산·재사용·재활용을 고려해 제품을 설계했다. 이 기업의 혁신적인 고체 잉크 기술은 카트리지cartridge의 필요성을 제거했고, 그 결과 컬러 레이저 제품 대비 사무실 폐기물을 90%나 감소시킬 수 있었다. 또한 제록스는 전통적으로 사용되어온 플라스틱 카트리지를 처리하기 위해 환경 친화적인 전략을 개발했다. 제록스 그린 월드 얼라이언스Xerox Green World Alliance 재활용 프로그램은 이미 사용된 카트리지로부터 원재료를 추출하고 재사용하는 제록스의 전매 특허 프로세스이다. 이 프로세스를 통해 매년 카트리지와 토너 용기 수백만 개가 재사용되거나 재활용되었다.[8]

▌ 전체 반품 비용을 기반으로 반품 정책을 수립하라

제품에 결함이 있거나 고객 불만족이 발생한 제품에 대해 각 판매 아이템별로 정확한 반품 정책을 수립해야 한다. 고객들은 이러한 종류의 반품이 빠르고 쉽게 이루어지길 기대하기 때문이다. 또한 재사용이나 개선을 위한 반품과 같은 또 다른 유형의 반품을 위해서는 당사 제품만 회수할 것인지, 아니면 경쟁 기업의 제품도 회수할 것인지, 회수가 필요한 제품의 1회 반품 거래당 최소 수량이 존재하는지 등에 대한 특별한 정책이 반드시 필요하다. 이러한 정책은 기본적으로 거래 비용을 기반으로 수립할 필요가 있지만 고객 서비스를 항상 염두에 두는 것이 더 중요하다.

더불어 외부 전문의 활용을 고려해야 한다. 그리고 이에 대한 의사결정은 반품의 본질적인 특성과 판단, 수집, 분류, 처리 등을 포함한 반품 총비용과 기업의 현재 반품 처리 능력을 바탕으로 이루어져야 한다.

▎제품 처분과 예방 활동이 가능하도록 반품 관련 정보를 신속하게 제공하라

반품에 대한 지속적인 정보의 흐름은 값진 통찰력의 원천이 된다. 개별 반품에 관한 정보들을 적절하게 조합함으로써, 원재료 구매 시 공급업체들을 적절하게 상대할 수 있다. 또한 생산·엔지니어링·물류 분야에서도 이러한 정보를 활용해 각자의 영역에서 수정 조치를 취할 수 있다. 반품 관리자도 이러한 비용·신용·수익에 대한 데이터를 역방향 공급망을 운영·관리하는 데 활용할 수 있다.

2.3 공급망 아키텍처의 성공을 위한 점검 사항

핵심 프로세스를 개발하고 논리적으로 단일 조직화했다면, 그다음 단계는 프로세스가 필요한 가치를 지속 가능하게 창출할 수 있는지 검토해야 할 것이다. 견고한 공급망 프로세스 아키텍처는 다음 네 가지 점검 사항을 만족시켜야 한다.

- **E2E 범위** 내부 기능들 간의 상호작용뿐만 아니라 외부 공급업, 고객들과의 상호작용까지 모든 상호작용을 포괄하는가?
- **전략적 적합성** 프로세스가 SCM 전략을 전적으로 지원하는가?
- **신뢰성** 프로세스가 높은 품질의 데이터에 의해 통합되고, 문서화되고, 지원되는가?

- **융통성** 프로세스가 조직 학습과 조직 변화를 반영해 전략적으로 조정될 수 있는가?

E2E의 범위

아키텍처는 공급업체의 공급업체부터 고객의 고객까지 공급망 전체를 포괄해야 한다(그림 2.4 참조). 또한 고객 및 협력업체와의 협력으로 추진할 활동들에 대해서는 상세하게 윤곽을 그릴 수 있어야 한다.

컴퓨터 주변기기 제조 글로벌 업체의 사례를 들어보자. 이 기업은 경쟁사들보다 납기 성과 측면에서 뒤처져 있었다. 산업 내 선도 기업들의 적시 납기율이 90% 이상인 반면 이 기업의 적시 납기율은 75%에 머물렀다. 이 기업은 납기 문제를 해결하기 위해 수많은 공급망 개선 프로젝

그림 2.4 **E2E 공급망 프로세스 아키텍처**

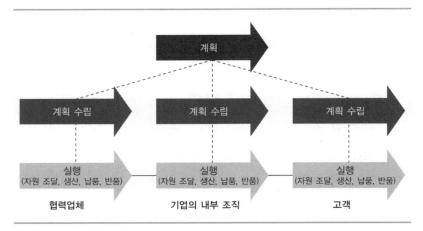

트를 실시했고 주문, 생산, 구매, 고객 관리 등의 고도화를 위해 글로벌 ERP^{Enterprise Resource Planning} 시스템 구축에 투자를 진행했다.

그리고 이러한 개선 활동을 실행하면서 운영 실태를 상세히 살펴본 결과, 전사 성과를 해치면서까지 각 팀들의 목표 달성에 집중해온 것이 드러났다. 예를 들어 생산팀은 생산 시설을 재설계해 JIT^{Just-In-Time} 방식의 공급업체 납기 정책을 수립해 총 생산시간을 산업 내 최고 수준까지 줄였다. 이와 비슷하게 물류팀은 제품을 공장에서 물류센터까지 옮길 때, 운반 트럭에 최대한으로 짐을 실을 것을 의무화함으로써 산업 내에서 선도적으로 최저 운송 비용을 달성했다. 하지만 이 기업이 가진 공급망은 E2E 범위가 전체를 포괄하지 못했기 때문에 이러한 활동들이 전체 납기 성과를 개선시키는 데 기여하지 못했다.

이러한 상황을 탈피하기 위해 이 기업은 다시 E2E 성과의 개선에 집중했다. 주문 처리 기간의 축소를 최우선 과제로 두었고, 계획 사이클을 가속화하기 위해 판매, 생산, 구매, 물류를 포함하는 주간계획 수립 프로세스를 수립했다. 그리고 생산과 운송 시간을 줄이기 위해 고객 맞춤을 위한 활동들은 하나의 지역 센터로 통합하고, 그 센터에서 고객에게 바로 배송할 수 있게 했다.

이러한 내부 활동들을 통해 기업 전체의 성과가 일부 개선되긴 했지만 목표를 달성하려면 결국 공급업체와 협업이 필요했다(그림 2.5 참조). 다수의 공급업체들은 조달 기간을 길게 확보해줄 것을 요구하며 현재의 주문 조건을 바꾸는 것을 허락하지 않았고, 이로 인해 지속적으로 신제품이 도입되는 이 산업에서 진부화 재고가 쌓일 수밖에 없었다. 이 문제를

그림 2.5 확장된 범위에서의 계획 수립 협업

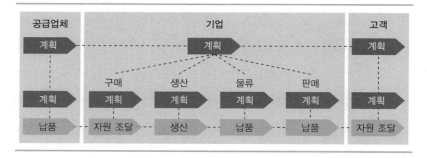

해결하기 위해 이들은 핵심 공급업체와 비즈니스 프로세스를 더욱 단단하게 결합해, 최종 조립공장에서 사용되는 부품 재고를 공급업체가 직접 책임지도록 하는 공급자 주도형 재고 관리Vendor Managed Inventory: VMI를 시행했다. 이러한 새로운 협력적 계획 수립 프로세스를 통해 핵심 부품을 제공하는 몇몇 공급업체의 조달 기간이 50%까지 감소했고, 공급망의 유연성과 고객 적시 납기율을 대폭 증가시킬 수 있었다.

전략적 적합성

새로운 실행 방안을 적용하기 전에는 반드시 그 가치를 측정하고 이것이 경쟁 기반을 지원할 수 있는지 확인해야 한다(표 2.6 참조). 적용하고자 하는 새로운 실행 방안이 운전자본, 고객 서비스, ROARetum on Asset, 공급망 비용 등을 개선할 수 있는지, 이 방법으로 기업을 차별화할 수 있는지, 아니면 살아남기 위한 최소한의 요건인지를 확인해야 한다. 어떤 경

표 2.6 **공급망 프로세스와 경쟁 기반 일치시키기**

최우선 경쟁 기반	차별화된 공급망 운영 방법	핵심 공급망 프로세스
혁신	- 제품 디자인에 공급망 프로세스 고려	- 자원 조달, 생산, 납품
	- 공급업체와의 혁신 활동 및 계획 수립 협업	- 계획, 자원 조달
	- 신제품 도입NPI 전용 공급망	- 자원 조달, 생산
고객 경험	- 고객이 주문 상태를 확인할 수 있는 가시성	- 납품
	- 지연 전략postponement	- 자원 조달, 생산, 납품
	- 고객과의 계획 수립 협업	- 계획
품질	- 제품·로트lot 단위의 트레이서빌리티	- 자원 조달, 생산, 반품
	- 판매된 제품의 전체 수명 주기 트래킹tracking	- 제조, 납품, 반품
원가	- 공장 계획 수립과 스케줄링의 통합	- 계획, 자원 조달, 생산, 납품
	- 원재료와 생산 프로세스의 표준화	- 자원 조달, 생산
	- 제품 디자인에 제조 프로세스 고려	- 자원 조달, 생산

우 예전에는 최첨단이라고 여겼던 실행 방안이 그 산업의 표준이 되기도
한다.

아마존은 주문 확인 셀프 서비스 등의 많은 실행 방안을 도입했는데
이를 통해 인터넷 소매 산업에서 리더로 자리매김할 수 있었다. "지상에
서 가장 많은 종류의 제품을 보유Earth's Biggest Selection"하고 있다고 알려진
이 기업은 수백만 개의 다양한 제품을 판매한다. 하지만 아마존이 재고
로 보유하는 제품은 가장 잘 팔리는 제품들뿐이다. 아마존은 대다수의
제품을 파트너 기업들을 통해 판매하며 필요시에는 도매업체로부터 직

접 제품을 구매하기도 한다.

재고가 있을 때에는 고객에게 제품 납기 일자를 알려주는 것이 쉬우며 일반적으로 24시간 이내에 발송된다. 하지만 아마존은 파트너 기업들을 통해 수많은 제품을 공급하기 때문에 납기 스케줄을 직접 통제할 수 없었고 이로 인해 고객에게 정확한 납기 일자를 제시할 수 없었다. 하지만 최근 아마존은 이렇게 파트너 기업을 통해 판매되는 제품에 대해서 실제 조달 기간 경험을 기반으로 납기일에 대한 약속을 제공한다. 즉 "일반적으로 X일 내에 배송됩니다"라고 알려주는 것이다.

정확한 납기 일자를 미리 알려주지 못하는데도 아마존은 고객 만족도에서 매우 높은 점수를 유지하고 있다. 그 이유는 자명하다. 고객들이 언제든 주문 처리 상황을 확인할 수 있고 제품이 발송될 때 선제적으로 고객에게 알려주기 때문이다. 아마존은 홈페이지에서 운송업체의 웹사이트와의 링크를 제공해 주문이 처리되는 동안 고객이 자신의 주문 처리 상태와 예상 납기일을 추적할 수 있도록 한다. 그 결과 고객은 비할 데 없이 훌륭한 제품 구성의 혜택을 얻을 수 있고 아마존은 재고에 대한 투자를 최적화해 공급망 비용을 낮출 수 있다.

선택이 잘못되었을 때 치러야 하는 비싼 비용을 피하기 위해서는 실행 방안 도입 전 기여도 분석이 필요하다. 기여도 분석은 적은 지원으로 실행할 수 있는 최첨단의 방법이다. 영향력 있는 측정 지표를 설정하고 새로운 실행 방안이 서비스 수준이나 비용, 운전자본 등에 미치는 영향을 파악함으로써 기여도를 분석할 수 있다.

신뢰성

공급망 아키텍처는 반드시 신뢰성이 매우 높아야 한다. 공급망 아키텍처의 신뢰성이 높아야 문서화된 프로세스와 정확한 데이터, 통합된 기술 등을 제공할 수 있다. 신뢰성이 확보되지 못하면 모든 부서와 모든 지역의 활동을 조율하는 과정에서 오류가 발생하기 쉽다.

▎ 프로세스의 문서화

공급망 프로세스는 문서화되어야 한다. 문서화된 공급망 프로세스는 품질 관리와 관련 감사 활동을 지원하는 데 필요할 뿐 아니라 매일 운영 업무 지시를 하기 위해서도 필요하다. 프로세스의 개발과 프로세스 운영은 모든 비즈니스 프로세스에 적용되지만 공급망 프로세스에서 특히 중요하다. 공급망 프로세스는 많은 활동이 부서 간 협력cross-functional을 통해 이루어지는 특성이 있으며 더욱이 오늘날 공급망은 전 세계 다양한 지역을 포괄하기 때문이다. 명확하고 분명한 프로세스는 모든 구성원이 하나의 조율된 방식으로 업무를 수행하게 만드는 기초가 된다.

프로세스 문서는 그 프로세스를 운영하는 부서가 편안하게 느낄 수 있도록 보기 쉬워야 하며 이해하기도 쉬워야 한다. 문서는 전문가에 의해 만들어지는 경우가 많기 때문에 매우 기술적인 내용을 담고 있을 수 있다. 그러므로 문서가 사용되기 전에 상당한 단순화 작업이 필요하다. 어떠한 프로세스 문서일지라도 완료 전에 실제 운영하는 팀과 함께 새로 개발된 프로세스 문서의 사용이 용이한지 확인하는 테스트 과정을 거쳐야 한다.

공급망 프로세스를 정의하는 것은 쉽다. 핵심 도전 과제는 그렇게 정의된 프로세스를 경험과 성과를 바탕으로 업그레이드하는 것이다. 프로세스 업그레이드는 정기적으로 실시되어야 하며, 이를 위해서는 프로세스에 대한 명확한 주인 의식ownership이 필요하다. 일반적으로 생산과 같은 기능적인 프로세스의 경우에는 담당자가 명확하다. 하지만 계획 수립, 주문 처리와 같이 다양한 기능에 영향을 미치는 프로세스는 종종 담당자를 정하기가 어렵다.

▎ 정확한 데이터

프로세스는 그 생명선인 데이터의 수준에 따라 품질이 결정된다. 수천 개의 공급망 활동들은 방대한 데이터를 기반으로 매일 시행될 수 있다. 데이터의 범위에는 마스터 데이터(공급업체의 조달 기간, 자재 마스터, 가격, 계약 조건·상태 등), 거래 데이터(판매 주문, 재고 정보, 구매 주문 등), 목표 성과와 실제 성과에 대한 비교 분석 데이터가 포함된다. 많은 기업들은 핵심 데이터의 정확성을 유지하기 위해 고군분투하고 있다. 하지만 한 연구는 기업들이 보유한 마스터 데이터master data 중 평균 20%가량이 시대에 뒤떨어지거나 불완전한 정보인 것으로 나타났다.[9] 또한 많은 기업들의 경우 주문 데이터와 같은 기초 거래정보는 상황이 더 좋지 않은 것으로 나타났다.

실제 한 기업은 새로운 SCPSupply Chain Planning 솔루션을 도입할 당시, 향후 업데이트를 할 요량으로 솔루션 가동go-live전에 공급 리드 타임에 표준

디폴트^{default} 값을 입력했다. 그러나 이후에도 정확한 실제 실행 데이터를 기반으로 공급 리드 타임을 업데이트하고자 관심을 갖는 사람은 아무도 없었다. 그리고 자재 주문이 부정확한 리드 타임을 기준으로 이루어졌기 때문에 어떤 자재는 재고가 너무 많고 어떤 자재는 재고가 너무 부족한 현상이 발생했다.

공급망 프로세스처럼 공급망 데이터 역시 데이터 입력·관리·제거에 다양한 부서가 참여하기 때문에 공급망 데이터의 관리는 어려운 과제이다. 따라서 지속적으로 이루어지는 공급망 프로세스 관리의 일부분으로 데이터 품질보증^{Quality Assurance: QA}이 반드시 포함되도록 해야 한다.

좀 더 발전된 공급망을 운영하는 기업들은 데이터를 구조화하고 정제하는 것을 최우선 과제로 생각한다. 이러한 기업들은 데이터 품질을 평가하는 지표를 사용하며 데이터 품질을 확인하고 정제하는 것을 지원해 주는 애플리케이션^{application}을 활용해 데이터 관리 프로세스를 자동화한다. 또한 각 데이터의 담당자를 지정하는 등 적절한 데이터 관리를 실행한다. 많은 기업이 별도의 데이터 관리 부서를 구축하고 데이터 관리에 대한 명확한 역할(예를 들면, 마스터 데이터 관리 부서장 등)을 부여하고 있다.[10]

▍통합 지원 기술

공급망을 지원하는 지원 기술 없이는 공급망의 효율적 운영에 필요한 수천, 수백만 개의 데이터 조각들을 충분히 활용할 수 없다. 공급망과 관련된 기술의 범위는 매우 방대하다. 내부적으로는 실행 프로세스의 경우

그림 2.6　'섬 형태의 애플리케이션'은 프로세스의 통합을 지원하지 않는다

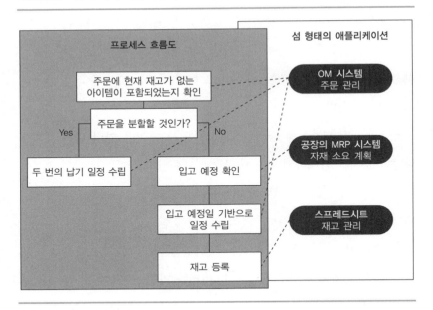

ERP 애플리케이션의 지원을 받고, 계획 프로세스는 계획 수립을 지원하는 공급망 계획 수립 솔루션의 지원을 받는다. 하지만 이는 큰 그림의 일부일 뿐이며 공급업체와 고객과의 협력을 지원하기 위해서는 또 다른 도구와 애플리케이션이 필요하다. 또한 마스터 데이터 관리, 성과 분석·보고 등과 같은 실행 지원 프로세스에도 지원 기술이 필요하다.

최적 공급망에는 업무의 흐름과 일치된 정보의 통합 플로우Integrated Flow가 존재한다. 불행하게도 너무 많은 기업들이 통합되지 않은 애플리케이션을 사용하고 있으며, 이로 인해 데이터를 다시 수작업으로 입력하거나 데이터 포맷format을 변경하거나 품질 검토를 여러 번 해야 하는 상황이

발생한다. 통합되지 않은 애플리케이션들로 인해 독립 실행 형태의 애플리케이션이 E2E 프로세스 중 오직 한 부분씩만을 지원하는 '섬Island' 형태의 애플리케이션이 생겨났다(그림 2.6 참조). 프로세스와 정보 시스템이 서로 연결되지 않는다면 오류가 발생하고, 사이클 타임이 길어지며, 추가 비용이 발생할 위험이 더욱 커진다.

대부분의 기업들에게 프로세스와 정보 시스템 간의 통합은 계속되는 도전 과제이다. 수급 균형을 맞추기 위해 소비의 예측을 원했던 한 기업의 경우, 이를 실행하기 위해 두 가지 정보 소스에서 데이터를 수집해야 했다. 그중 하나는 기존에 보유하고 있던, 고객 주문 데이터를 처리하는 고객관계관리customer relationship management: CRM 애플리케이션이며, 미래 공급량에 대한 정보가 담긴 신규로 구축하는 계획 수립 애플리케이션이었다. 그러나 이 두 시스템이 동일 제품을 표시하는 방식이 서로 완전히 달랐기 때문에 고객 주문 정보를 계획 수립용 아이템으로 변환해주는 툴을 또다시 설치해야만 했다.

융통성

전체 공급망 프로세스 아키텍처가 구축된 이후에는 프로세스 개선이나 업그레이드가 지속적으로 이루어지는데, 그럼에도 프로세스 아키텍처는 안정적이어야 한다. 일정 프로세스(계획, 자원 조달, 생산, 납품, 반품, 실행 지원)에 대한 성과 평가의 수행을 통해 해당 활동에 대한 분석을 촉진할 수 있으며, 이로 인해 기업의 목표를 달성하는 데 필요한 주요 변화를 확인할 수 있다. 그리고 벤치마킹을 통해 타사 사례에서 얻은 교훈을 기업 내부에 적용함으로써 더 나은 성과를 이끌어낼 수 있는 새로운 실행 방안을 발견할 수 있다. 이와 더불어 이러한 새로운 실행 방안이 기업의 공급망 프로세스 아키텍처와 지원 정보 시스템과 함께 통합될 수 있도록 자원을 투자하고 거버넌스를 구축해야 한다.

프로세스 아키텍처를 대대적으로 바꾸는 것은 이 변화가 SCM 전략에 의한 것이거나 현재 프로세스 아키텍처로는 고객 적시 납기, 주문 처리 사이클 타임, 운전자본 목표 등과 같은 E2E 공급망 목표가 달성될 수 없을 때만 이루어져야 한다. 이러한 프로세스 아키텍처 변화에 대해서는 제7장에서 살펴볼 것이다.

공급망 아키텍처에는 각각의 프로세스에 있는 수백여 개의 개별 활동이 포함되어 있다. 더욱이 공급망 아키텍처 구축 시에는 이러한 프로세스 간의 통합뿐만 아니라 공급망과 기타 다른 사업 기능들 간의 통합도 필요하다. 이렇듯 공급망 아키텍처가 너무 복잡하기 때문에 많은 기업들이 공급망 아키텍처의 성과를 객관적으로 평가하기는 어렵다. 이러한 문제를 해결하기 위해 SCOR^{Supply Chain Operations Reference} 모델을 개발했다. SCOR는 프로세스 프레임워크^{framework}와 표준화된 용어를 제공하여 기업들이 일관된 측정 지표를 통해 공급망 아키텍처를 검토하고 특정 사업 목표를 달성할 수 있게 한다.[*]

SCOR는 네 가지 구성 요소로 이루어져 있다. 첫째는 성과^{performance}이다. 성과는 기업이 공급망의 실행을 평가하는 데 사용할 수 있는 표준 측정 지표와 그에 대한 전략적 목표 수준으로 구성된다. 둘째는 프로세스^{process}이다. 프로세스는 특정 프로세스와 그 프로세스들 간의 상호작용으로 구성된다. 셋째는 실행 방안^{practice}이다. 실행 방안은 프로세스의 성과를 이끌어내는 활동들과 하위 프로세스들로 구성되어 있다. 마지막은 인력^{people}이다. 프로세스를 성공적으로 수행하기 위해서는 숙련된 직원이 필요하다.

SCOR는 SCC^{Supply Chain Council}(공급망 위원회)에 의해 관리된다. SCC는 글로벌 비영리 단체로 공급망 관리를 위한 모든 산업에 적용될 수 있는 표준을 만든다. SCC에는 수백여 개의 기업과 대학, 정부 기관이나 기타 공급망과 관련된 대형 글로벌 단체들이 구성원으로 소속되어 있다. 이들 기관·단체는 SCOR를 SCM 성과를 개선하고 평가하는 데 적용하며, SCC가 제공하는 다른 개선 도구나 벤치마크를 활용한다. 1996년 최초로 발표된 이후 SCOR은 계속 진화해왔으며 공급망 관리를 개선하는 과학적 도구로서 향후에도 지속적으로 진화할 것이다.

SCOR의 Four Level

SCOR는 크게 4개의 레벨로 구성된다. 하지만 여기서는 레벨 1의 프로세스의 유형과 주요 프로세스, 레벨 2의 프로세스 카테고리화, 레벨 3의 프로세스 구성 요소까지만 설명하도록 한다. 레벨 1부터 레벨 3을 위해 용어들을 표준화했으며 레벨 4는 표준화 대상에 포함되지 않는다. 레벨 4에는 실행 가능한 프로세스들이 매우 상세하게 나타나 있는데 이렇게 상세한 프로세스는 기업 특유의 전략과 요구 사항에 맞춤화된 업무 흐름 차원의 과업이기 때문이다. SCOR을 사용함으로써 일반적으로 얻을 수 있는 이점은 그림에 나타나 있다.

• SCOR 레벨 1: 프로세스의 유형과 주요 프로세스

SCOR 레벨 1은 계획, 자원 조달, 생산, 납품, 반품 실행 지원으로 이루어진 6대 핵심 공급망 프로세스에 집중되어 있다. 이 단계에서는 전체 공급망의 범위가 정해지며 공급망의 지원 우선순위, 즉 전략적 목표를 다듬는다.

또한 여기서는 비즈니스 프로세스의 영역과 각 조직의 영역이 정비되어야 한다. 이때 특정 프로세스를 사업부 또는 제품라인, 지역 등의 상위 사업 구조와 연계시키고 공급망 파트너들과도 연계시키는 것이 매우 중요하다. 이러한 연계는 공급망 전반에 걸쳐 프로세스의

```
┌─────────────────────────────────────────────────────────┐
│                      SCM 전략                             │
│  ┌───────────────────────────────────────────────────┐  │
│  │ SCOR 레벨 1                                         │  │
│  │ 우선순위를 수립하며, 프로세스 아키텍처와 비즈니스     │  │
│  │ 구조를 일치시킴                                     │  │
│  │ • 성과 우선순위에 대한 합의가 이루어짐              │  │
│  │ • 사업부 간 협업에 의한 시너지 발생                 │  │
│  └───────────────────────────────────────────────────┘  │
│  ┌───────────────────────────────────────────────────┐  │
│  │ SCOR 레벨 2                                         │  │
│  │ 프로세스 아키텍처와 운영 모델을 일치시킴            │  │
│  │ • 공급망 프로세스를 위해 내·외부적으로 비전을 공유함 │  │
│  │ • 공급망의 복잡성이 감소됨                          │  │
│  └───────────────────────────────────────────────────┘  │
│  ┌───────────────────────────────────────────────────┐  │
│  │ SCOR 레벨 3                                         │  │
│  │ 공급망을 지원하기 위한 프로세스와 시스템 아키텍처를  │  │
│  │ 정의함                                              │  │
│  │ • 모범 사례를 보유한 프로세스 확보                  │  │
│  │ • 프로세스와 정보시스템 간의 일치                   │  │
│  │ • 측정 가능한 운영 목표 설정                        │  │
│  └───────────────────────────────────────────────────┘  │
│  ┌───────────────────────────────────────────────────┐  │
│  │ 실제 실행단의 사례들                                │  │
│  │ SCOR가 다루는 범위 외                               │  │
│  └───────────────────────────────────────────────────┘  │
│                      공급망 변환                          │
└─────────────────────────────────────────────────────────┘
```

표준화를 이끌어내기 위한 핵심 사항이다.

레벨 1에서의 의사결정으로 보통 IT 비용이 발생한다. 이는 각 사업부에 존재하는 다양한 프로세스를 지원하기 위해 다양한 소프트웨어를 적용하고 실행하며 유지하는 것이 필요하기 때문이다.

사례를 보면, 가전제품 업계의 한 선도 기업은 특정 시장을 집중 공략하는 경쟁자들에게 시장 점유율을 빼앗기고 있었다. 지금까지 이 기업은 단일 사업부 형태의 중앙 집중 구조로 사업을 운영해왔지만 사업의 효율성 향상을 위해 여러 사업부를 보유하는 구조로의 전환이 필요했다. 이 산업에서 재료비가 전체 생산비의 최대 85%를 차지하는 만큼 재료 비용의 중요도가 높았으며, 제품의 품질과 신제품 출시 기간[TTM]도 핵심 요소였다. 이 회사의 경영진은 6대 핵심 프로세스에 대한 중앙 집중화 기능과 자산은 유지하기로 결정했지만, 각각의 시장에 맞는 특수 서비스에 대한 요구를 충족시키기 위해 각 사업부별로 서로 다른 재고 정책을 갖도록 했다.

• SCOR 레벨 2: 프로세스 카테고리화

프로세스 구성 단계라고 불리는 레벨 2에서는 각 핵심 프로세스별로 SCM 전략을 실행하는 데에 필요한 특정 프로세스를 선정하고 이와 관련된 운영 모델을 선택한다. 레벨 2의 주요 프로세스 카테고리는 MTS[Make-to-Stock], MTO[Make-to-Order], ETO[Engineer-to-Order]이다.

보통 고객이나 공급업체, 창고, 공장, 주문 데스크 등의 위치를 맵[Map]으로 나타내고, 핵심 물리적 흐름과 정보의 흐름을 프로세스 카테고리로 나타낸다. 이를 통해 현재 공급망의 구성을 설명할 수 있으며, SCOR에서는 이를 'AS-IS'라고 지칭한다.

다음 단계는 이상적인 'TO-BE' 모습에 대한 개선 방안들을 개발하고 테스트하는 것이다. 이때, 단기간 내에 모든 과제를 실행할 수 없을 수도 있다. 일부 프로세스는 현재 직면한 한계점으로 인해 최적화가 가능하지 않다고 판단될 수도 있기 때문에 목표 달성을 위한 로드맵[roadmap]을 수립하는 것이 필요하다(제7장 참조).

항공기용 부품을 제조하는 한 업체는 판매, 물류, 생산 간의 관계가 복잡하고 협력업체들이 세 대륙에 분산되어 있어 자재, 정보, 재무 흐름을 협의하는 데에 어려움을 겪었다. 이 때문에 이들의 고객인 항공기 생산업체에 제품을 공급하는 납기 일자는 점차 늦어졌다. 또한 항공기 생산업체가 공급 일정 조정을 요청할 때면, 납기일을 확정하기 전에 하위 협력업체들과 연락을 취해 확인해야 했기 때문에 이 과정에서 몇 주 이상이 소요되었다. 결국 이로 인해 고객들에게 신뢰를 잃어가고 있었다.

이 문제를 해결하기 위해 투입된 프로젝트팀은 문제가 발생하는 곳을 파악하기 위해 SCOR 모델을 활용했다. 이들은 SCOR를 활용해 기업 내부뿐 아니라 하위 공급업체까지 포괄해 주문 관리부터 구매, 물류에 이르는 공급망 계획 수립과 재무적 흐름에 대한 맵을 만들고, SCOR 레벨 2에서 정의하는 프로세스 카테고리와 각 활동들을 연계시킬 수 있었다. 프로세스 카테고리에 대한 정의와 표준화는 공급망 내의 각 업체들이 내·외부적으로 동일 프로세스에 대해 동일한 용어를 사용하게 되었다는 것을 의미했다.

SCOR를 활용한 분석을 통해 공급망을 단순화할 수 있는 다양한 기회가 포착되었다. 위 업체의 경우, 주요 하위 조립 공정이 여러 곳의 내부 창고에서 분산되어 이루어졌으며, 이로 인해 프로세스 지연이 발생되었다. 이 프로젝트팀은 프로세스와 정보 시스템을 바꾸어 이러한 불필요한 과정을 제거하면 현재 몇 주나 걸리는 납기 사이클을 단축할 수 있다는 것을 파악했다.

이러한 변화는 놀라운 결과를 가져왔다. 이 업체의 전체 프로세스는 여전히 수개월이 소요되었지만 적시 납기율은 20% 이상 증가했고, 주문에 대해 납기를 확인하는 시간이 급격히 감소되었다. 그리고 고객 주문에 대한 납기 예정일을 2~3주가 아닌 2~3일 내에 확인해줄 수 있었다. 이러한 개선 활동은 이 업체가 주요 고객으로부터의 신뢰를 회복하는 데 도움을 주었다.

• SCOR 레벨 3: 프로세스 구성 요소

SCOR 레벨 3에서는 앞서 살펴본 SCOR 레벨 2에 투입물과 산출물, 측정 지표, 실행 방법, 정보 시스템의 지원과 필요 인력·기술 등을 추가해 공급망 아키텍처를 좀 더 발전시킨다. 레벨 3의 분석을 통해 공급망을 효율적으로 만들 수 있는 수많은 기회를 발견할 수 있다. 프로세스와 정보 시스템의 복잡성을 줄이고, 더 나은 프로세스 간 연결을 만들어내는 데 도움을 줄 수도 있다. 또한 다양한 위치에서 이루어지는 중복된 활동들을 제거하고, 프로세스 사이클 타임을 줄이는 데도 유용하다.

레벨 3 분석은 해당 공급망에 적합한 최적의 선진 사례best practices, 애플리케이션, 측정 지표, 조직 모델 등을 결정할 수 있다. 여기에는 일반적으로 프로세스와 정보 시스템과의 차이, 데이터의 손실, 불충분한 시스템 간 통합 등 현 프로세스와 정보 시스템상에 발생된 문제들을 확인하는 것이 포함된다.

한 대형 유통업체의 사례를 보면, 이 업체는 서비스 수준을 유지하면서 재고 수준을 낮추어야만 했다. 프로젝트팀은 핵심 프로세스를 맵핑mapping하고 잠재적인 개선 기회를 분석하는 데만 몇 달을 소비했지만, 공급망에 대한 이상적인 개선 방향을 찾을 수 없었다.

성과 향상을 위한 계획과 자원배분 프로세스(sP2)의 활용

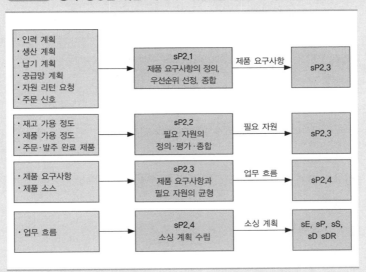

자료: Supply Chain Council(2012).

　　프로젝트팀은 이러한 교착 상태를 타개하기 위해 SCOR 3단계를 이용해 현재 프로세스들을 분석했다. 이들은 계획과 자원 배분Plan Source: sP2 프로세스 분석을 통해 자신들의 공급망이 고객들이 가장 선호하는 제품의 물량을 증가시키는 방향으로 최적화되어 있다는 것을 파악했고, 더욱이 이들 제품은 매일 예측 가능한 수량이 판매되었다(그림 참조). 하지만 계획과 자원 배분 프로세스의 하위 항목sP2.1 검토 결과, 공급에 대한 소요 계획을 수립할 때 점포들로부터 수집되는 실시간 데이터를 활용하지 않고 있다는 것이 밝혀졌다. 즉 각 매장에서 현 수요에 대한 추정치를 기반으로 제품 창고에 주문을 내리고 있음에도 불구하고 창고에서는 모든 제품에 대해 과거의 수요 패턴을 기반으로 공급업체에 주문했던 것이다.

현재 수요가 과거 수준과 일치하는 경우에는 문제가 없겠지만 실제로는 많은 제품의 수요 패턴의 변화가 심했으며, 신제품이나 매장 차원의 판촉 행사, 정기적으로 도입되는 계절 상품의 경우에는 더욱 변동이 컸다.

프로젝트팀은 이러한 문제를 해결하기 위해 계획 수립 프로세스에 대한 대대적인 변화가 반드시 필요하다고 판단했다. 여기에는 판촉 행사와 신제품 도입 시, 공급업체와 협업해 계획을 수립하는 프로세스의 도입도 포함된다.

위 사례에서 알 수 있듯이 SCOR는 공급망 프로세스 아키텍처를 개발하는 구조화된 접근 방식을 제공하며 전체 성과 향상을 위한 길을 열어준다. SCOR의 톱다운top-down 접근 방식을 통해 더 세부적인 차원으로 들어가기 전에 큰 그림을 볼 수 있으며, 큰 프로세스에서 하위 프로세스, 그리고 그 하위 활동으로 분할되는 계층적 구조를 통해 변화가 현재 공급망에 어떠한 영향을 줄 것인지 볼 수 있다. 이러한 통찰은 기업이 잠재적 위험과 필요한 자원, 실행 시기에 대해 더 잘 파악할 수 있도록 돕는다. 또한 공급망의 개선과 실행에 견고한 기반을 제공하는 것 역시 SCOR의 중요한 역할이다.

---

* *Supply Chain Operations Reference Model*, Revision 11.0(Supply Chain Council, October 2012).

· 공급망이 효과적으로 제 기능을 하기 위해서는 계획, 자원 조달, 생산, 납품, 반품, 실행 지원의 6대 핵심 프로세스를 포괄하는 프로세스 아키텍처가 필요하다.

· 6대 핵심 프로세스는 상호 독립적이기 때문에 통합하고 조정되어야 한다. 게다가 공급망 프로세스 아키텍처는 마케팅과 판매, 제품·서비스·기술 개발, 고객 서비스와 고객 지원, 재무 등 기업 내 다른 프로세스와 잘 어우러져야 한다.

· 기업들은 일반적으로 실행과 관련된 프로세스에 좀 더 에너지를 집중한다. 자원 조달, 생산, 납품, 반품과 같은 실행 프로세스는 좀 더 가시적이며 비교적 다루기 쉽다. 하지만 결정적인 역할을 하는 것은 계획 수립과 각 프로세스를 지원하는 실행 지원 활동이다. 계획 수립과 실행 지원 활동들은 좀 더 추상적일지도 모른다. 하지만 궁극적으로는 이것이 SCM 성과의 핵심 원동력이다.

· 복잡한 조직 구조 때문에 대부분의 기업들은 공급망 프로세스를 위한 표준화·일치화 규칙이 필요하다. 이러한 규칙들은 생산 기지, 생산 라인, 사업 단위 전역에 걸쳐 어떤 프로세스와 시스템이 동일하게 적용되는 정도를 결정한다.

· 견고한 공급망 아키텍처는 다음 네 가지를 충족한다. 첫째, 공급업체의 공급업체부터 고객의 고객까지 전체 상호작용을 포괄하는 범위를 의미하는 E2E의 범위를 제시해준다. 둘째, 특정 프로세스와 실행 방법의 '전략적 적합성strategic fit'을 보유한다. 셋째, 신뢰성을 보유한다. 신뢰성이란, 6대 주요 프로세스가 문서화되고 통합되며 고품질의 데이터와 통합 정보 시스템의 지원을 받는다는 것을 의미한다. 넷째, 전략적 변화와 조직 학습을 기반으로 프로세스들이 수정되는 것에 대해 적응력을 갖는 것이다.

더 나은 삶을 위해 렌즈가 필요한 42억 명의 사람들에게 더 빨리 그리고 더 경제적인 방법으로 19개 공장으로부터 제품을 공급할 수 있는 것은 전략의 중심에 효율적인 공급망이 있기 때문이다.

— 에실로Essilor CEO, 허버트 새그니어스Hubert Sagnieres

안경을 사용하는 사람은 누구나 매년 혹은 2년에 한 번쯤 시력테스트를 하고 각종 검사를 받기 위해 안경사에게 간다. 그리고 몇 시간 혹은 며칠이 지나면 새 안경을 쓸 수 있다. 각 렌즈가 왼쪽과 오른쪽 눈의 구체적인 시력 요건과 양쪽 눈의 상호작용에 완벽하게 맞추어 디자인된 상태, 즉 요약하자면 안경이 개개인에게 극도로 맞춤화되었다는 말이다.

안경 렌즈 생산업체인 에실로에 고마워해야 하는 이러한 상황은 전 세계 수천여 지역에 있는 수백만 명에게 비슷하게 발생한다. 1972년 에슬Essel과 실로Silor가 합병되어 탄생한 프랑스 기반의 에실로 그룹은 160여 년의 렌즈사업 역사를 지닌 전 세계에서 가장 큰 규모의 시력 교정 안경 렌즈 생산업체이다. 2011년 에실로는 100여 개가 넘는 국가에 385백만 개의 렌즈를 판매했고 수익은 2012년을 기준으로 약 50억 유로에 이르렀다.

에실로는 모든 사람들에게 높은 품질의 시력을 제공하는 것에 전념하고 있다. 이들이 추구하는 목표는 개개인에게 처방에 따른 정확한 안경을 제공하는 것 그 이상이다. 나쁜 시력과 다양한 문제들(나쁜 건강 상태, 낮은 학업성취도, 안전성 부족, 업무 생산성 저하, 범죄 행동 등)과의 관련성을 바탕으로 최대한 많은 사람들이 잘 볼 수 있게 함으로써 삶의 질을 향상 시키는 데 매진한다.

최고 운영 책임자Chief Operating Officer: COO인 폴 뒤 사양Paul du Saillant은 다음 과 같이 말한다.

> 에실로의 미션은 전 세계 사람들에게 좋은 시력을 가져다주어 삶의 질을 향 상시키는 것이다. 우리의 성장 전략은 다음 네 가지를 기반으로 한다. 제품 과 서비스의 혁신, 중상급 수준 이상의 제품 개발, 파트너십과 인수를 통한 국제적 성장, 그리고 미션을 달성하고 시장 규모를 증가시키기 위한 수요의 촉진이다. 우리의 공급망은 이러한 전략을 실행하는 핵심 경쟁력 중 하나로 서 우리에게 진정한 경쟁 우위를 제공한다.

혁신과 고객 서비스: 성공을 위한 조합

에실로는 2012년 미국 ≪포브스Forbes≫의 '세계 혁신 기업 Top 30'에 선정될 정도로 혁신 제품을 만들어내는 것으로 유명하다. 이들은 1959 년 탄생한 대표 브랜드인 바리락스Varilux를 기반으로 지속적으로 다중 초 점 렌즈를 발명해왔으며, 현재까지도 신제품 개발을 최우선 과제로 하고 있다. 에실로는 매년 신제품을 200개 이상 출시하며 2011년 기준 전체 매출의 45% 이상이 출시 3년 미만인 신규 렌즈 제품을 통해 창출되었다.

현재 이들의 가장 최신 혁신 제품인 크리잘Crizal UV 렌즈는 현재까지 가장 완벽한 UV 차단 렌즈로서 백내장과 시력 저하를 유발하는 광선으로부터 눈을 보호한다.

에실로에서는 렌즈를 제조하는 방법에서도 혁신이 이루어졌다. 에실로는 지난 몇 년 동안 더 정교하고, 더 얇고, 더 밝고, 쓰는 사람을 더욱 돋보이게 하는 렌즈를 연마하기 위해 디지털 표면 작업 기술을 개발해왔으며, 이러한 고품질 신기술을 최적의 상태로 활용하기 위해 생산 프로세스를 바꾸었다. 또한 동공의 움직임과 같은 정밀 렌즈 제작에 필요한 정보를 안경사가 파악할 수 있도록 새로운 안경 제작 도구도 개발했다.

2012년 출시된 바리락스 에스Varilux S 시리즈는 이들 혁신 기술 중 가장 최신 결과이다. 최고의 선진적인 광학 기술과 인간 철학에 대한 깊은 이해를 바탕으로 움직일 때 안정감을 해치지 않으면서도 광각 시야 교정을 제공하는 최초의 다중 초점 렌즈를 개발한 것이다. 이렇게 안정감과 광각 시야 교정 간의 상쇄 효과를 제거함으로써 바리락스 에스 시리즈는 광학 발전에 획기적인 돌파구를 만들었다.

에실로는 혁신 활동을 위해 고품질 렌즈로 전 세계에 잘 알려진 니콘Nikon과 같은 선진 기술을 보유한 여러 기업들과 전략적 파트너십을 맺거나 이들을 인수해 혁신기술센터Center of Innovation and Technology: CIT를 운영하고 있다. 또한 존슨 앤드 존슨 비전 케어Johnson & Johnson Vision Care 내 안과렌즈 사업 부문과 다중 초점 렌즈의 특허 기술을 보유한 스펙터클 렌즈 그룹The Spectacle Lens Group 등 많은 기업을 인수했다.

이러한 혁신 중심 전략에 따라 2011년 에실로가 생산한 SKU는 약 65

만 개에 이르렀다. 이 SKU의 수는 최고급 렌즈와 중간급 렌즈 제품군 중 고객군별 상이한 니즈를 맞추기 위한 다양한 프레임, 코팅, 색조, 브랜드 등이 포함된 개수이다.

이렇게 극도로 고객 맞춤화된 제품을 만드는 전략은 에실로의 E2E 공급망에 복잡성을 가져온다. 복잡성에는 좋은 복잡성과 나쁜 복잡성이 있는데, '좋은' 복잡성은 경쟁 우위의 핵심이 되며, '나쁜' 복잡성의 경우에는 원치 않은 비용과 지연을 가져올 수 있다. 특히 짧은 조달 기간에 높은 수준의 고객 서비스를 제공하는 것은 기업의 또 다른 주요 도전 과제가 된다. 에실로는 공급망에 혁신적인 접근 방식을 도입해 이러한 두 가지 목표 모두를 지속적으로 달성할 수 있었다.

두 종류의 렌즈, 두 가지 운영 모델

에실로는 국제적인 대형 안경유통체인부터 개별 소형 매장까지 다양한 유형의 소매 유통업체에 렌즈를 공급한다. 그중 소매 유통업체들이 추구하는 가치는 고품질의 안경을 신속하게 제공하는 것이다. 에실로가 거래하는 한 업체는 고객이 매장에 방문했을 때, 한 시간 내에 새로운 안경을 쓰고 나갈 수 있다는 약속을 기반으로 운영되기도 했다.

하지만 이렇게 개인 맞춤 렌즈를 짧은 리드 타임 내에 공급하는 것은 에실로에게 어려운 일이다. 에실로는 근시와 같은 단일 시력 교정을 위한 완제품 형태의 단초점 렌즈와 중년층부터 주로 발생하는 노안과 같은 이중 시력 교정을 위한 반제품 형태의 다중 초점 렌즈라는 서로 다른 두 유형의 렌즈를 공급하기 때문이다.

에실로는 이 문제를 해결하기 위해 각각의 제품군에 서로 다른 운영 모델을 적용했다. 즉 완제품 렌즈는 MTS 방식으로 제작하고, 반제품 렌즈는 MTS 와 MTO 방식을 조합한 형태로 제작한 것이다.

▌완제품 렌즈

완제품 렌즈 유통 사업은 매장으로부터 발송되는 수십만 건의 주문을 매일매일 처리해야 하는 지역 특화 사업이다. 판매 과정은 다음과 같다. 최종 소비자는 안경점(유통 체인점, 개인 매장 등)을 방문한다. 안경사는 빛 반사 정도, 스크래치 강도, UV 보호 여부 등 고객이 원하는 특성을 구매 주문 처방전에 반영해 에실로에 보낸다.

완제품 렌즈는 주로 대량생산된다. 생산 프로세스에서 각 렌즈당 두 가지 주형mold이 사용된다. 하나는 렌즈의 앞면(바깥쪽)을 제작하는 데 쓰이는 것으로 볼록하고, 다른 하나는 렌즈의 뒤쪽(안쪽)을 제작하는 데 쓰이며 오목하다.

이렇게 생산된 렌즈는 재고를 보관하는 지역 유통센터Distribution Centers: DCs로 운반된다. 대형 고객의 경우에는 유통센터를 거치지 않고 직접 배송 될 수도 있다. 지역 유통센터는 안경점이 구매 주문을 넣을 때마다 해당 점포로 주문 요구 사항에 부합하는 렌즈를 배송한다. 이렇게 배송된 렌즈를 최종 고객이 고른 안경테에 맞게 안경사가 직접 연마해 끼워 맞출 수도 있고, 에실로의 렌즈가공센터와 계약을 통해 수행할 수도 있다.

완성품 단초점 렌즈의 공급망

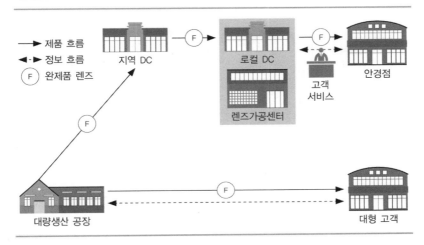

자료: 에실로.

┃ 반제품 렌즈

에실로의 반제품 렌즈는 각 지역 Rx 연구소Rx local lab나 대량생산 연구소Rx export labs에서 완제품으로 만들어진다.

┃ 내수용 반제품 렌즈

이 경우에도 완제품 렌즈의 경우와 동일하게 최종 소비자가 안경점을 방문한다. 그런 후에 각 안경점에서는 시력을 측정해 특수 코팅 목록이 적힌 처방전을 에실로의 해당 지역 Rx 연구소로 보낸다. 이 연구소들은 에실로에 소속되어 있거나 에실로의 파트너사이다.

프리미엄 다중 초점 렌즈는 완제품 렌즈와는 여러 측면에서 다르다.

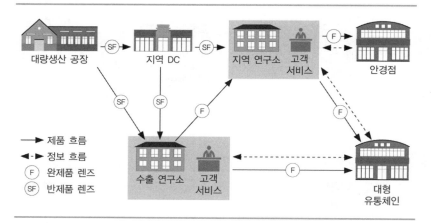

그림 반제품 및 수출 공급망

대량생산 공장 —(SF)→ 지역 DC —(SF)→ 지역 연구소 고객서비스 —(F)→ 안경점

—→ 제품 흐름
◄- ▶ 정보 흐름
(F) 완제품 렌즈
(SF) 반제품 렌즈

수출 연구소 고객서비스

대형 유통체인

자료: 에실로.

프리미엄 다중 초점 렌즈는 그 종류가 매우 다양하며 더 많은 시력 처방을 처리하는 데 적합하다. 품질 또한 더욱 우수하며 더 많은 종류의 코팅옵션을 보유하고 있다.

프리미엄 다중 초점 렌즈 공급망의 전방을 보면, 이 반제품 렌즈는 렌즈의 앞면만을 가공하는 전용 공장에서 대량생산되어 지역 유통센터로 운송되어 보관되고, 지속적으로 연구소에 재고로 비축된다.

연구소는 안경점의 처방전을 받은 후, 안경점의 요청에 따라 렌즈의 뒷면을 가공하고 코팅한 후 색을 입힌다. 에실로는 이렇게 연구소에서 표면 작업을 완료함으로써 낮은 재고 수준을 유지하는 동시에 다양한 조합의 렌즈를 생산하는 것이 가능하다.

이후, 지역 Rx 연구소는 렌즈를 다시 안경점에 보내고, 안경점에서는 최종 소비자가 선택한 안경테에 맞추어 렌즈를 다듬고 끼우지만 연구소에서도 같은 작업이 가능하다. 고객이 처음 안경점에 방문하고 안경을 사용할 수 있기까지 전체 주문 처리에 단 이틀만이 소요된다.

▌수출용 반제품 렌즈

몇 해 전, 공급망에 저비용 처방 연구소 여섯 곳을 추가했다. 'Rx 수출 연구소'라고 불리는 이 연구소는 저비용 국가에 위치한 대량생산 연구소이다. 반제품 렌즈 중 일부는 생산 공장이나 지역 유통센터에서 Rx 수출 연구소로 보내지며, Rx 수출 연구소는 이 렌즈를 근접 국가에 위치한 지역 연구소나 대형 유통체인에 보낸다. 예를 들면, 멕시코에 위치한 Rx 수출 연구소는 미국의 유통체인에 렌즈를 공급한다. 이 유통체인의 매장 중 일부 초대형 매장만이 렌즈를 마감하는 자체 연구소를 보유하고 있기 때문이다.

공급망과 Rx 전략 부사장인 에릭 자벨루드Eric Javellaud는 다음과 같이 말했다.

IT 기술이 발전함에 따라 서로 다른 대륙에 위치한 국가 간에 제품을 운반하는 운송 능력은 점차 발전해왔다. 이 덕분에 우리는 선진국 시장에 대한 접근성을 유지하면서도 저비용 국가에 수출 연구소를 구축할 수 있었고, 단 5일 만에 고객 주문을 처리하는 것이 가능해졌다. 5일 중 이틀은 렌즈의 표면·처리 작업을 위해 연구소에서 소요되고, 하루는 연구소에서 매장으로 운송되는 데 소요되며, 나머지 이틀은 매장에서 렌즈를 연마하고 안경테에 맞추어 끼우는 작업에 소요된다.

글로벌 E2E 공급망 개발하기

1970년대까지 에실로의 생산 공장은 프랑스에 있었고 대부분의 판매는 유럽 지역에서 이루어졌다. 에실로는 그 후 20년 동안 글로벌 확장을 이루면서 고객에게 근접하기 위해 지역별로 생산 시설과 유통 시설을 구축했다. 멕시코, 푸에르토리코, 브라질 등 최초로 유럽이 아닌 지역에 공장을 세웠으며 뒤이어 미국 본토와 필리핀에도 공장을 설립했다.

1990년대 후반부터는 진정한 글로벌화를 추진하기로 결심하고, 운영 범위를 확장하기 위해 다른 기업들을 인수하고 파트너십을 맺었다. 에실로가 다른 기업들과 다른 점은 공급망을 성장 전략의 구성 요소로서 개발했다는 것이다. 에실로의 목표는 신흥 시장에서 지위를 견고하게 하고 선진국 시장에서 성장하는 것이었다. 에실로는 이러한 목표를 달성하기 위해 태국과 중국에 공장을 설립하고, 중국의 여러 렌즈 제조업체를 인수했다. 이와 동시에 미국과 인도의 많은 Rx 연구소 기업을 인수하거나 파트너십을 맺었다. 이를 통해 에실로는 고품질의 다중 초점 렌즈의 수요가 많은 지역에서 생산할 수 있는 역량을 강화할 수 있었다.

특히, 에실로는 자신들의 네트워크에 참여한 기업들이 모든 프로세스를 바로 바꾸도록 강요하지 않았다. 하지만 전 세계적으로 동일한 에실로의 제품체계를 사용하게 하고 주문할 때에는 EDI^{Electronic Data Interchange}(전자 문서 교환) 표준을 이용하도록 만들었다. 그리고 이를 이용하는 대가로 에실로의 선진 생산 기술에 접근할 수 있도록 했다. 더 중요한 점은 이 기업들이 에실로의 글로벌 공급망의 일부가 됨으로써 글로벌 규모에 의한 규모의 경제와 안정적인 고객 수요를 누릴 수 있게 되었다는 것이다.

에실로는 이렇게 구축된 글로벌 공급망을 지원하기 위해 글로벌 자원 조달과 계획 수립을 시행했다. 이를 위한 첫 번째 단계는 공급망 운영을 위한 전 세계의 다양한 IT 시스템을 하나의 통합 E2E 시스템으로 합치는 것이었다. 글로벌 물류 부사장인 제라드 투렝Gerard Tourenq은 다음과 같이 말했다. "우리는 주문 관리, 조달, 구매 등 모든 관련 운영 기능들을 연결하는 ERP 시스템을 구축했으며, 그 덕분에 전 세계 모든 지역에 동일한 프로세스를 구축하는 것이 가능해졌다."

또한 이 통합 글로벌 IT 시스템을 통해 수십 개의 서로 다른 종류의 다중 초점 렌즈, 다양한 코팅 종류와 색상 등 막대한 양의 최종 소비자의 요구 정보를 관리할 수 있게 되었다. 이처럼 에실로의 IT 시스템은 방대한 정보를 Rx 연구소나 Rx 수출 연구소 등에 전달할 수 있을 정도로 매우 견고하다.

에실로는 글로벌 SCM 조직을 구축하는 동시에 미주, 라틴아메리카, 유럽, AMERA^{Asia, the Middle East, Russia, and Africa}(아시아, 중앙아시아, 러시아, 아프리카를 지칭함)등 4개의 구역zone으로 나누어 각 지역에 공급망 부서를 배치했다. 글로벌팀이 계획 수립, 공장 스케줄링, 재고 관리에 중점을 두고 프로세스와 실행 방안을 관리하는 동안 각 구역에서는 관리자들이 수요 정보를 제공하고 재고를 보충하는 것을 책임졌다.

이러한 활동의 결과로 에실로는 이 산업 내에서 진정한 글로벌 공급망을 구축한 최초의 기업이 되었다. 에실로는 2011년 기준으로 유럽에 4개, 남아시아에 9개, 일본에 1개, 북중미에 4개, 브라질에 1개 등 생산 공장 19개와 Rx 연구소 390개를 보유하고 있다.

서비스 수준과 재고의 균형 잡기

신제품을 포트폴리오에 추가함에 따라 SKU가 지속적으로 증가하게 된다. 에실로는 이러한 방대한 양의 SKU를 일정한 기준을 적용해 관리한다. 이러한 과정에서 초과 재고 또는 노후화된 재고의 처리가 문제로 나타났고, 이 때문에 재고 비용과 서비스 간에 알맞은 균형을 찾는 것이 중요한 과제로 대두되었다.

이러한 문제에 대한 에실로의 해결책은 공장 재고를 최소로 유지하는 것이다. 공장에서 제조된 렌즈는 지역 유통센터 또는 Rx 연구소로 운반되는데 지역 유통센터나 Rx 연구소의 네트워크 형태는 지역에 따라 다르다. 미국의 경우 매우 중앙 집중화되어 있고, 유럽은 조달 기간에 대한 요건이 존재한다. 이렇듯 운반에 대한 문제가 지역별로 매우 다양하기 때문에 실질적으로는 모든 국가에 지역 유통센터가 필요하다.

나아가 글로벌 계획 수립 프로세스에는 각각의 자회사에 대한 수요 예측과 재고 수준에 대한 검토가 포함되며, 2년에 한 번씩 월별 매출과 운영 계획 수립 프로세스를 검토한다. 이러한 검토의 목적은 수요 예측과 판매 목표, 운영 역량을 기반으로 하는 달성 가능한 계획을 수립하는 데 있다. 이때, 운영 역량에는 에실로 자체뿐만 아니라 외부 파트너와 공급업체의 운영 역량이 모두 포함된다. 월별로 이루어지는 수요 예측 업데이트는 재고량 조절과 공장별 생산량 관리에 활용된다.

에실로는 미국에서 실시간 판매를 기반으로 하는 재고 보충 프로세스를 실시했다. 미국에 위치한 127개 연구소가 다중 초점 렌즈 주문을 받으면 해당 연구소는 선반에 있는 반제품 렌즈를 사용한다. 그리고 이후 24시간 내에 가장 가까운 지역 유통센터로부터 자동으로 재고가 보충된다. 그다음 주 월요일 지역 유통센터에서 온라인으로 재고 보충 주문을 내리면 멕시코 혹은 아시아에 있는 공장에서 MTO 방식으로 생산이 진행된다. 이러한 재고 보충 프로세스는 공급망 전반에 걸쳐 있는 연구소와 자회사 그리고 지역 내 SCM 조직과 글로벌 SCM 조직들의 협조적인 노력의 결과이다.

반면 계획 수립 프로세스에서 서비스 수준과 비용 간 의사결정을 하는 부분은 완전히 자동화하지 않았다. 글로벌 물류 부사장인 제라드 투렝은 이 부분에 대해 다음과 같이 설명했다.

어떤 프로세스는 사람의 의사결정이 작용해 이루어지도록 함으로써 우리가 원할 때 제품 믹스Product-Mix를 바꿀 수 있는 유연성을 가질 수 있었다. 모든 것이 최적화된 경우, 오히려 최적화가 제약 조건이 될 수도 있기 때문이다.

복잡성 정복하기

65만여 종의 제품을 생산하고 이를 20만 개에 달하는 업체에 운송하는 전체 과정을 관리한다는 것은 매우 정교한 복잡성의 관리가 필요하다는 것을 의미한다. 하지만 에실로는 완제품과 반제품 렌즈로 분리된 프로세스 덕분에 매우 효율적인 납품 프로세스를 보유할 수 있었다. 미국 내에서 여러 번, 업체의 인수가 진행되었음에도 이렇게 보유하게 된 다양한 유통센터들을 통합하기 위해 지속적인 노력을 기울였다. 또한 고객의 구매 주문이 들어온 후에 최종 포장 작업을 실행할 수 있도록 포장을 연기시키는 지연 전략을 활용해 마지막에 주문이 변경되었을 때 다시 포장해야 하는 번거로움을 제거했다. 그리고 더 나아가 가능한 지역에서는 고객에게 직접 제품을 발송하기도 했다.

또한 이들은 복잡성을 낮추기 위한 기술 개발에 계속해서 집중했는데, 그중에 대표적인 것이 디지털 표면 작업 기술이다. 이 기술을 통해 생산 마지막 단계에서 다양한 처방전에 따라 표면을 제작할 수 있다. 에실로는 이 기술뿐 아니라 각 고객의 주문을 추적할 수 있는 선진 기술에 투자하기도 했다.

이 모든 활동들은 운영 측면과 재무 측면 양쪽 모두에 큰 효과를 가져왔다. 에실로는 렌즈 산업 내에서 높은 서비스 수준으로 인정받았을 뿐만 아니라, 재무 측면에서 매출액 대비 재고 비율을 살펴보면 1990년을 100으로 볼 때, 2011년에는 81로 감소되는 효과를 얻었다.

적응력 제고와 신뢰성 구축

글로벌 공급망을 구축하는 것 자체만으로는 충분하지 않다. 자연재해와 같은 예상치 못한 일들로 인해 글로벌 공급망이 갑자기 무너질 수 있기 때문이다. 특히 서비스를 경쟁 우위의 원천으로 삼고 있는 기업들에게 더 심각한 문제가 될 수 있다.

에실로는 이러한 공급망 붕괴 위험을 줄이기 위해 많은 전략을 세웠다. 그중 첫 번째는 Rx 연구소와 유통센터끼리 밀접하게 연결된 네트워크를 구축해 위험 발생 시에 조금 더 먼저 위험을 통보받을 수 있도록 한 것이다. 에실로는 이러한 조기 알림을 통해 생산과 생산 능력, 물류, 가격 등을 상황에 맞게 조정할 수 있다.[1]

또한 공급망에서 취약한 부분에는 예비 공장을 세우고 추가 재고를 배치했다. 이러한 거대 네트워크 덕분에 에실로는 2011년 태국에서 발생한 홍수 사태에도 대응할 수 있었다.

이와 더불어 에실로는 프로세스 아키텍처를 전 세계적으로 표준화했다. 공장 간 생산 이전을 쉽게 할 수 있도록 생산 프로세스를 표준화하고, 지역 유통센터 간 재고를 쉽게 이동할 수 있도록 사업 영속 계획에 맞추어 유통 네트워크를 유지하는 동시에 유통 프로세스를 표준화하고 있다.

또한 에실로에게 적응력이란 고객의 요구에 맞게 새로운 공급망을 구축하는 것을 의미한다. 일례로 에실로는 대형 유통업자들을 위해 렌즈를 제공하고 그들이 판매하는 막대한 수의 안경테를 관리하는 공급망을 구축하기도 했다. 유통체인을 운영하는 고객의 요구에 대응하기 위해 고객 공급망의 일부를 책임지는 부가가치 서비스를 제공한 것이다.

또한 이들은 기술적 변화가 지속되는 산업에 적합하도록 유연성에 중점을 둔다. 지금까지 4개가 개발된 차세대 다중 초점 렌즈부터 차세대 생산 프로세스까지 모든 새로운 개발은 공급망이 쉽게, 그리고 즉시 받아들일 수 있도록 하는 것을 매우 중요하게 생각한다.

25억 명을 향해

전 세계 42억 인구가 시력 교정을 필요로 한다. 하지만 그들 중 약 60%가 안경을 살 여유가 없거나 근처에 안경점이 없다는 이유로 안경을 사용하지 못한다. 신흥 시장 25억 인구 중 50%가 빈곤층에 속하고, 60%는 시골에 거주하며, 30%는 아이들이다. 전 세계적으로 어떤 조치를 취하지 않는다면 시력 교정이 필요하지만 받지 못하는 사람들이 2030년에는 35억 명에 이를 것이다.

에실로는 최대한 많은 사람들이 시력 건강을 되찾을 수 있게 하는 것을 자신들의 책임이자 비전으로 삼고, 이에 따라 시력 교정이 필요하지만 안경을 사용하지 못하는 인구의 증가를 2020년까지 막는 것을 목표로 하고 있다.

에실로는 이를 위해 새로운 경쟁력 요소와 파트너십을 이용해 신제품과 사업 모델에 새로운 혁신을 도입하고 고객의 요구를 충족시키는 제품과 서비스를 개발하고 있다. 그리고 인도 시골 지역에서 시행되는 모바일 안경점이나 중국에서 진행된 시력 검진 프로젝트와 같은 지역 개선 활동부터 에실로 비젼^{Essilor Vision} 재단의 자선 활동에 이르는 다양한 활동들을 통해 시력 교정이 필요한 사람들이 렌즈를 제공받을 수 있도록 돕는다. 이렇게 지역사회에 지속적으로 기여하는 것은 기업으로서 그리고 그들의 팀을 격려고자 하는 목적으로 이루어지며 에실로의 주요 목표 중 하나이다.

제3장

세 번째 원칙

성과 극대화를 위한 SCM 조직 설계

Design a high-performing supply chain organization

급변하는 환경에서는 산업을 불문하고 모든 기업이 SCM 조직에 대한 디자인을 재고해야만 한다. 최고의 SCM 조직을 설계하기 위해서는 다음 세 가지 질문에 답할 수 있어야 한다. SCM 조직 내에서 각 활동에 대한 책임은 누구에게 있는가? 조직은 어떻게 구성되어야 하는가? SCM 성과 극대화를 위해 가장 중요한 기술은 무엇인가?

글로벌화와 급변하는 시장 수요 그리고 잦은 경제 위기로 인해 지속적인 도전을 받는 오늘날의 비즈니스 환경 속에서 SCM 전략을 이끌어갈 책임을 지고 있는 SCM 조직의 역할이 그 어느 때보다 더 중요하다.

하지만 강력한 SCM 조직을 만들기란 쉽지 않다. 우선 적절한 기술과 지식을 보유한 사람들을 찾는 것부터가 어려운 일이다. 또한 어떤 조직 구조가 가장 적합할 것인지, 누가 무엇을 책임져야 할지를 정하는 것 역시 어렵다.

이를 더 어렵게 만드는 것은 오늘날 가장 효과적인 공급망이 과거의 공급망과 현저히 다르다는 점이다. 20~30년 전에는 SCM 조직을 원자재 구매, 제품 생산, 납품 등 실행 기능의 집합으로 간주했다. 여기에는 구매, 생산, 물류, 운송과 같은 부서들이 포함되었다. 그리고 이 부서들은 제품 개발, 판매, 마케팅과 같은 좀 더 전략적 기능을 담당한다고 생각되는 부서들의 지시를 받았으며, 따라서 공급망 운영 조직 전체를 담당하는 고위 임원은 찾아보기 어려웠다. 그래서 운영 조직 관리자들은 대부분 자신들이 고위 경영진으로 승진하는 데에는 한계가 있다고 생각했다.

하지만 현재는 공급망에 대한 기업들의 인식이 크게 달라졌다. 공급망 자체의 전략적 중요성이 알려지면서 기업들은 계획, 자원 조달, 생산, 납품, 반품, 실행 지원 등 여섯 가지 주요 프로세스들을 포괄할 수 있도록 SCM 조직을 설계한다. 또한 정책, 절차, 정보 시스템, 보고체계 등을 갖추면서 E2E 프로세스를 지원한다. 그리고 SCM 조직이 제품 디자인부터 서비스와 지원까지 모든 역할을 수행할 수 있도록 다른 내부 부서뿐만 아니라 외부 파트너들과도 강력한 관계를 구축하도록 하고 있다.

앞서 말한 역량들을 갖출 수 있도록 SCM 조직을 설계하는 데에는 현 조직에 대한 점검이나 신규 부서 설립이 중요한 과제는 아니다. 이보다 더 먼저 선행되어야만 하는 것은 프로세스의 지속적인 실행과 개선에 대한 책임이 있는 사람이 각 조직 내에 존재하는가를 확인하는 것이다. 책임을 명확하게 하기 위해 어떤 경우에는 기존 조직의 업무 프로세스 전반에 걸쳐 인력을 재배치하는 대규모 리스트럭처링restructuring을 수행할 필요가 있다. 또한 이러한 대규모 조정이 아니더라도 '일 미루기process handoff'를 없애기 위해 2개의 부서를 통합하거나 특정 그룹 내 책임 소재를 재배치하는 등의 상호역할에 대한 관리 강화를 위한 소규모 조정이 필요할 수도 있다.

이번 장에서는 SCM 조직을 설계하기 위해 반드시 수행해야 하는 활동과 잘 설계된 SCM 조직의 특성 등 SCM 조직 설계를 위한 가이드라인을 제시하고자 한다.

3.1 SCM 조직을 설계하기 위한 세 가지 핵심 요소

먼저 SCM 조직을 정의하는 것이 중요하다. 이 책에서는 SCM 조직을 계획 프로세스부터 생산, 자원 조달, 납품, 반품, 실행 지원 프로세스를 다루는 모든 직원들로 구성된 집합으로 정의한다. 이 조직에 포함된 사람들 모두는 최고 공급망 책임자Chief Supply Chain Officer: CSCO나 공급망 부문 부사장vice president of operation과 같은 조직 리더에게 업무 사항을 보고한다.

효과적인 SCM 조직을 설계하기 위해서는 아래 세 가지 부문에서 뛰어난 역량을 보유해야 한다. 이 세 가지는 서로 관련이 있거나 상호 보완적인 특성이 있다.

- 역할과 책임 정의
- 알맞은 조직 구조 선택
- 적합한 인력 배치

참고로 위에 나열된 순서가 실제 조직 설계 순서를 나타내는 것은 아

그림 3.1 SCM 조직 설계의 연관 구조

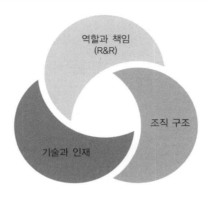

니다. 실제 조직 설계 시 이러한 활동들을 반복적으로 실행하는 경우에 위의 세 가지 중 필요에 따라 어떤 것이든 먼저 수행할 수 있다.

역할과 책임 정의

공급망을 잘 운영하기 위해 필요한 과업과 활동들을 생각해보자(제2장 참조). SCM 조직 내에서 현재 누가 무엇을 하는지 명확하게 말할 수 있는가? 만약 명확하게 말할 수 없다면 이는 SCM 조직의 잠재력이 전부 발휘되지 못한다는 것을 의미한다. 공급망 내의 주요 역할은 모두 명확하게 정의되어야 하며, 그 역할을 수행하는 책임 역시 명확히 정의되어야 한다.

자사가 요구한 품질 기준에 구매한 자재가 부합하는지 확인하는 프로세스를 예로 들어보자. 많은 기업들은 품질 검사 프로세스를 다음과 같이 표현한다. "자재가 반입구에 도착하면, 표준 샘플링 계획을 통해 입고된 자재의 품질을 검사한다." 이는 프로세스 문서나 표준 운영 절차는 아니지만 해야 할 일들을 나타낸다는 데에는 의미가 있다. 하지만 핵심 정보인 각 과업의 책임이 누구에게 있는지에 대한 내용이 빠져 있다. 이보다 더 나은 방식의 표현은 다음과 같다. "자재 인수팀이 들어온 자재의 세부 사항을 기록하고, 이 자재가 품질 기준에 부합하는지 확인하기 위해 검사를 수행한다."

표현 방식의 차이는 미묘하지만 중요하다. SCM 전략 실행을 지원하는 모든 활동은 팀이나 개인이 각각 책임져야 하지만 많은 기업들은 이러한 사항을 지키지 않고 있다.

CTO 방식으로 제품을 생산하는 한 업체의 사례를 들어보자. 이 기업이 경쟁하는 시장은 몇몇 대형 업체들이 지배하는 매우 치열한 시장이다. 그리고 고객이 제품 구성을 선택하는 단계부터 생산 가능성 점검, 부품 조립, 최종 테스트에 이르기까지의 전체 생산 프로세스가 원활하게 진행되지 않는 경우가 많은데도 고객들은 일반적으로 주문 후 며칠 이내에 제품을 받을 수 있다고 생각한다. 하지만 이 업체의 납기 지연 건수는 상당히 많아서 전체 주문의 약 15% 정도가 최소 3주 이상 지연된다.

이렇게 납기가 지연되는 원인 중 대다수가 기술적인 문제 때문이었다. 고객이 구성이 불가능한 제품을 선택하거나 없어져서 이용 불가능한 옵션을 선택하는 등의 기술 문제가 발생했지만 이러한 문제는 기술 영업팀에서만 해결이 가능했다. 그래서 고객이 불만을 제기하기 위해 담당 매

그림 3.2 주문 관리 RACI 분석 예시

	담당 매니저	주문 관리	기술 영업	조립 · 테스트	
제품 구성 선택 및 생산 가능성 점검	A		R		
가격결정	A		R		
고객에게 가격을 전달	A	R			
고객 주문 수령 및 입력	I	A			
표준 조달 기간에 근거한 선적일자 계산		C		A	
고객에게 최초 납기 일자 전달	I	I			←
기술적 문제 해결	C	I	A		
선적일 업데이트	I	I	C	A	
고객에게 업데이트된 납기 일자를 전달		I		C	←

A: 확인할 의무가 있는 사람
C: 관련 내용에 대해 의논해야 하는 사람
I: 통보를 받아야 하는 사람
R: 책임이 있는 사람
← 책임 소재나 의무가 지정되지 않음

니저를 찾아가는 경우에도 담당 매니저는 선적 지연의 이유나 주문한 제품의 예상 선적 시기를 알지 못했다. 담당 매니저 역시 제품 생산에 차질이 생기거나 선적일이 변경되는 것에 대한 알림을 받지 못했기 때문에 고객들에게 제시해줄 수 있는 정보가 없었다. 그리고 이러한 문제들은 곧 경쟁자에게 고객을 빼앗길 수 있는 위험을 가져왔다.

RACI는 개인이나 팀이 특정 활동에 대해 취할 수 있는 네 가지 잠재적 역할을 나타내는 약어이다.

- R Responsible: 책임이 있는 사람

R은 프로세스상의 특정 활동이나 단계를 완수하는 것에 대해 책임질 사람이나 기능을 지정하는 것이며 책임은 공유될 수 있다.

- A Accountable: 확인할 의무가 있는 사람

A는 활동이 최종 완료되는 것을 확인할 책임이 있는 사람이나 기능을 지정하는 것이다. 한 가지 의사결정 또는 한 가지 활동에 대한 확인 의무는 한 사람 또는 한 기능에만 지정할 수 있다.

- C Consulted: 의논해야 하는 사람

C는 의사결정이나 활동이 완료되기 전에 의논해야만 하는 사람이나 기능들을 지정하는 것이다.

- I Informed: 통보를 받아야 하는 사람

I는 한 단계가 완료되었을 때 결과를 통보 받을 사람이나 기능들을 지정하는 것이다.

RACI 차트는 상호 연계적인 프로세스에서 역할과 책임을 명확히 하는 데 도움을 줄 수 있다. 차트를 그리는 과정은 우선 프로세스에 참여하는 개인이나 각 기능들(차트의 열에 해당됨), 실행해야 하는 주요 활동들(차트의 행에 해당됨)을 정의하고, 판단이 필요하거나 의사결정이 포함된 프로세스가 창출하는 주요 성과를 확인하는 것이

다. 활동을 나열할 때는 현재 과업을 책임지는 특정한 사람을 기준으로 하는 것이 아니라, 앞으로 필요한 역할들을 고려해 적용해야 한다. 그다음은 작성된 차트에 적절한 RACI 코드를 각 셀에 기입한다.

차트를 완성한 후에는 애매모호한 부분이나 차트를 통해 도출된 문제점들을 해결해야 한다. 한 열에 너무 많은 R이 있다면, 이것은 이 기능에 과부하가 걸렸거나 활동하는 데 초점이 부족하다는 것을 의미한다. 반면 R과 A가 부족하다면, 이 기능은 제거해야 할 대상이라는 것을 의미한다. 만약 행에 있는 모든 박스가 꽉 찼다면, 그렇게 많은 기능이 정말 그 활동에 포함될 필요가 있는지 의문을 제기해야 한다. 또한 A가 없는 활동의 경우 확인 의무를 가진 사람이 왜 아무도 없는지를 질문해보고, 의무를 가진 사람이나 조직을 할당해야만 한다.

* J. Mike Jacka and Paulette Keller, *Business Process Mapping: Improving Customer Satisfaction*, 2nd ed.(Hoboken: John Wiley and Sons, 2009), p.257.

이 문제를 해결하기 위해 관리팀은 주문 관리 프로세스를 단계별로 나누고 각 단계별 확인 사항을 실행하는 것에 대한 책임이 누구에게 있는지 살펴보았다. RACI 차트(그림 3.2와 'RACI란 무엇인가' 참조)는 문제의 원인을 즉각 보여주었다. 선적 예정일이 언제인지, 지연이 발생할 경우에 어디서 발생했는지, 새로운 선적 일자가 언제인지 등의 정보를 고객과 의사소통하는 것에 대해 책임지는 사람이 아무도 없었던 것이다.

이 업체는 RACI 차트 분석 결과에 따라 실행에 대한 책임을 명확히 하고 활동 순서를 재정비해 주문 관리 프로세스를 수정했다. 그 결과, 조립 공정과 테스트 공정을 수행하는 조직이 완료 일자를 결정하게 되었고, 주문 관리 부서는 각 고객 담당 매니저에게 계획된 납기 일자를 알려주고 지연이 발생할 때마다 이를 알렸다. 그리고 고객 담당 매니저는 고객에게 납기 일자를 알려주고 필요할 때마다 고객에게 정보를 업데이트해 주었다.

적절한 조직 구조의 선택

공급망 내 역할과 책임을 정의하고 나면 공급망 운영에 필요한 모든 활동들 이해할 수 있게 된다. 하지만 한 단계 더 나아가 그러한 활동들을 조직화해 그룹, 기능, 개인과 같은 어떤 한 개체가 각 활동의 진행 상황을 확인하고, 그 성과를 책임질 수 있도록 하는 것이 필요하다.

예를 들어, 고객의 주문에 대해 생산 가능성을 확인하고 주문을 기재하는 활동은 단순해 보이지만, 이러한 활동이 제대로 수행되지 않는다면 기업의 실적 보고에 심각한 영향을 주고, 최악의 경우 실적 보고 내용이 법률에서 정한 회계 기준에 맞지 않게 산정되어 발표될 수도 있다.

주문 관리 프로세스에서 주문을 기재하는 활동이 수행할 일을 설정하는 주체가 명확히 보이는가? 이 활동을 누가 수행하는가? 이 활동의 전반에 완결성이 있는가? 주문이 입력되고 기입되었다는 것은 누가 보고받아야 하는가? 문제가 발생했다면 누구와 의논해야 하는가? 이러한 질

표 3.1 **SCM 조직 구조의 선택**

조직 형태	장점
중앙집권형	- 규모의 경제 효과 - 수요 공급의 글로벌 통합 관리를 통한 생산·판매·물류의 최적 의사결정 - 전사 차원의 일관성 있고 표준화된 운영 기준과 프로세스의 적용이 가능
분권형	- 사업 단위나 지역별 문화적 차이 수용 - 사업 단위나 지역별 최적화 가능 - 사업 단위에서의 독자적인 운영 가능
혼합형	- 공급 거래처 또는 세부 구성 품목의 공유 가능 - 특정 사업 단위나 항목에 전사 표준 적용 가능 - 사업 단위별로 유연한 전사 표준 적용

문들은 주문 관리 프로세스 검토에 필요하며, 이들 질문에 대한 답, 특히 R과 A에 관련된 답은 SCM 조직 구조에 직접적으로 영향을 준다. 조직 내에서 정보와 자료가 어떻게 이동하는지, 활동을 수행하기 위해 누가 누구와 협업해야 하는지, 누가 누구에게 보고해야 하는지, 개인이 가진 통제 범위는 어디까지인지, 직무에 대한 설명은 어떻게 정의되는지는 SCM 조직 구조에 영향을 주는 대답이 된다.

　SCM 조직이 어떻게 구성되어야 하는지에 대한 정답이 하나만 있는 것은 아니다. 하지만 하나의 사업 전략을 실행하는 데 가장 효과적인 구조는 하나이며, 이를 통해 필요한 운영 성과를 창출할 수 있다. 필요한 운영 성과를 창출하기 위해 고위 임원 중 한 사람에게 모든 프로세스와 모든 활동에 대한 책임과 의무를 부여하는 방법을 고려해볼 수도 있다.

　다음 세 가지 유형의 SCM 조직 구조는 공급망이 필요 요건을 충족시킬 수 있도록 돕는다. 이 세 가지 유형은 중앙 집중형, 분산형, 혼합형이다(표 3.1 참조). 이들은 서로 다른 방식으로 사업 전략을 지원할 수 있으며, 적절한 기준을 제공함으로써 사업의 성과를 증진시킬 수 있다.

▎중앙 집중형

중앙 집중형 SCM 조직에서 핵심 프로세스는 전사 차원에서 관리되고, SCM 조직은 다양한 사업 단위와 각 지역, 제품군을 모두 관리한다. 규모의 경제를 달성하고 불필요한 중복을 줄이며, 전 세계적으로 통용되는 방침과 절차를 활용하기 위해 이 모델을 사용한다. 예를 들어, 중앙 집중형 자원 조달을 통해 자재를 통합함으로써 주요 공급업체에 대한 구매력을 강화할 수 있다. 그리고 중앙 집중형 공급망으로 계획 수립하면 전 세계의 수급 상황을 볼 수 있어 여러 지역의 다양한 제품에서 발생하는 수익과 이익을 좀 더 쉽게 최적화할 수 있다.

IBM은 중앙 집중형 SCM 조직을 보유한 기업이다. 과거에 이 기업은 각 사업 단위별로 SCM 조직을 운영해 30개의 공급망을 가지고 있었다. 그리고 이후 생산과 납품을 담당하는 독자적인 사업 단위인 ISC Integrated Supply Chain(통합 공급망) 조직을 만들었다. ISC는 공급망의 모든 핵심 기능들을 통합해 전후방 고객 지원, 생산, 구매, 59개국에 걸친 물류 서비스를 제공할 수 있도록 설계되었다.[1]

▎분권형

분권형 SCM 조직은 각각의 사업 단위와 지역, 제품군에 프로세스에 대한 책임을 부여하는 형태이다. 따라서 이 조직 구조에서 각 부서는 자신들의 공급망을 독립적으로 관리할 권한이 있다. 업체와 계약 관련 협상을 하고 공급업체를 선정하며 재고를 관리하는 것 역시 자율적으로 운영된다.

분권형 SCM 조직은 일반적으로 규모가 크고 많은 종류의 제품을 판매하는 복잡한 구조를 가진 기업에서 활용된다. 인수 합병으로 성장한 기업의 경우 종종 다양한 SCM 조직을 유지하기도 한다. 존슨 앤드 존슨의 경우 전 세계 57개국에 위치한 250개 이상의 영업 회사operating company로 구성되어 있다. 이 영업 회사들은 소비자 건강관리 부문, 의료 기기와 진단 테스트 기기 부문, 제약 부문 등의 세 가지로 분류된다.[2]

그룹운영위원회Group Operating Committee라는 중앙 조직의 감시하에 각 기능들은 사업 회사에 속해 있다. 각 사업 회사의 고위 경영진은 사업의 전략적 계획뿐만 아니라 일상적인 운영까지 책임져야 하며 자신들의 E2E 공급망을 관리한다. 존슨 앤드 존슨의 CSRCorporate Social Responsibility(기업의 사회적 책임) 접근법과 같은 명확한 전사적 기준이 각 사업 회사 공급망의 설계·관리에 영향을 주기도 한다. 하지만 여전히 개별 관리팀은 CSR 기준을 달성하는 방법을 자체적으로 결정해야 한다.

▎혼합형

혼합형 SCM 조직(그림 3.3)의 구조는 중앙에서 몇 가지 공급망 프로세스에 집중하고, 나머지는 다른 부서나 지역에서 관리하도록 하는 것이다. 일반적으로 이 구조를 선택한 기업들은 중앙에서는 자원 조달 부문에 집중하고, 그 외에 계획 수립, 생산, 납품, 기타 모든 기능은 각각의

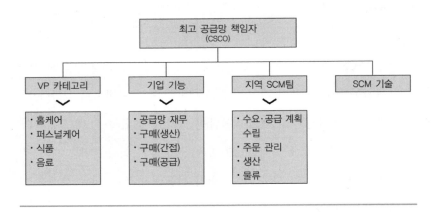

그림 3.3 혼합형 SCM 조직 예시

부서가 스스로 수행하도록 한다. 예를 들어 아웃소싱 진행 시, 혼합형의 경우에는 중앙에서 아웃소싱 서비스 제공자와의 파트너십 협상에 집중하고 협상 외 일상적인 관리에 관해서는 부서장에게 맡긴다.

글로벌 거대 소비재 기업인 유니레버Unilever는 혼합형 조직 구조를 보유한다. 네덜란드와 영국에 2개의 본사를 둔 유니레버는 식품, 음료, 홈케어, 퍼스널케어 등 네 가지 주요 제품 카테고리에서 립톤Lipton, 도브Dove, 서프Surf 등을 포함한 400여 개가 넘는 브랜드 제품을 판매한다. 2011년 이들의 매출 규모는 465억 달러에 달했다.

유니레버가 혼합형 조직 구조를 채택한 것은 얼마 되지 않았다. 유니레버는 1990년대 후반까지 모든 공급망 활동을 지역 차원에서 관리했다. 이러한 구조를 통해 각 지역의 조직에 지역 자치권이 제공되었지만, 전사적인 운영 효율성은 저해되었다.

유니레버는 글로벌 기업으로 성장함에 따라 전 세계 모든 제품을 포괄하는 2개의 주요 부서를 만드는 방향으로 사업 구조를 개편했다. 손익에 대한 책임이 전사 차원에서 관리되고, 각 지역에서 더 이상 손익에 대한 부담을 가지지 않아도 되자 전 제품 카테고리에 걸쳐 어떤 재료가 일반적으로 사용되는지에 대한 새로운 통찰이 생겼다. 그 결과 유제품이나 차, 방향제, 오일 등 주요 공급 카테고리들이 급부상했다.

유니레버는 지역적인 민첩함은 유지하면서 전 세계적으로 규모를 키우기 위해 혼합형 SCM 조직 설계를 채택했다.[3] '클러스터cluster'라 불리는 유니레버의 8개 지역팀들은 '최전선의 기능front-line functions'이라고 불리는 수급의 균형, 고객 주문 관리, 생산, 물류 등 일상적인 사업을 관리한다.

한편, 유니레버 SCM 조직은 구매의 95%를 관리한다. 이 같은 방식으로 수요를 통합함으로써 가격변동 위험을 헤지hedge할 수 있다. 또한 이를 통해 팜오일palm oil과 같은 재료의 환경 파괴 없는 생산을 요구하는 것으로 영향력을 가질 수 있다.[4] 유니레버의 SCM 조직은 운영 클러스터가 끊어진 곳 없이 통합되도록 하기 위해 고객 서비스나 품질과 같이 기업에 영향을 미치는 다른 기능들을 관리하기도 한다. 그리고 이 덕분에 각 카테고리의 담당 부사장들은 제품 개발과 브랜드 구축에 집중할 수 있는 여유를 갖게 된다. 클러스터 공급망팀, 전사 공급망 기능 그리고 각 카테고리의 담당 부사장들에 대한 관리는 모두 최고 공급망 책임자CSCO인 피에르 루이지 시기스먼디Pier Luigi Sigismondi가 책임을 진다.

이러한 변화는 공급망을 기업의 진정한 전략적 자산으로 만들었고, 사업 규모를 2배로 확대하는 동시에 제품 품질은 향상시키면서 비용을 절감하고자 하는 유니레버의 노력에 중대한 역할을 했다. 이와 같은 이유로 2012년 가트너Gartner는 유니레버를 세계 10대 최고 공급망 기업으로 선정했다. 피에르 루이지 시기스먼디는 다음과 같이 말했다. "공급망은 유니레버 성공의 중추이다. 공급망은 우리의 비즈니스를 차별화했다. 이 덕분에 우리는 전 세계적인 규모를 보유함과 동시에 지역적 민첩함을 겸비하게 되었다."[5]

▎중앙 집중형, 분권형, 혼합형: 선택 방법은?

SCM 조직 구조는 무엇보다도 기업의 사업 전략을 가장 잘 지원할 수 있는지를 고려해 선정되어야 한다. 기업의 사업 전략은 일정하게 유지되어야 하지만 시간에 따라 진화하기 때문에 SCM 조직 역시 이에 따라 진화해야만 한다. 신규 지역 진출 계획이 있는 기업을 생각해보자. 신규 시장에서는 그 지역 내 조달이 용이하지 않거나 고용에 대한 규제에 직면하거나 현재 생산 시설이 있는 지역으로부터 제품을 운송해오는 비용이 너무 높은 상황에 직면할 수도 있다. 만약 이 기업이 현재 중앙 집중형 구조라면, 프로세스와 기반 시설을 지역적 요구에 맞출 수 있는 혼합형 전략으로의 전환을 고려할 것이다.

또한 SCM 조직 구조에는 기업의 문화가 반영되어야 한다. 공급망이 어떻게 작업을 완료할지에 대해 지시하는 중앙 집중형 구조는 도전적인 기업가 정신을 중시하는 기업에는 이점을 가져다주지 못할 것이다.

복잡성 또한 고려되어야 한다. 분권형 SCM 조직이 필요한 기업일지라도 구매 조직이나 계획을 수립하는 조직이 너무 큰 복잡성을 야기한다면

그림 3.4 글로벌 관리 vs. 지역적 관리 (단위: %)

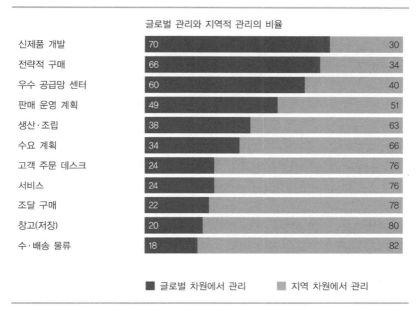

글로벌 관리와 지역적 관리의 비율

	글로벌 차원에서 관리	지역 차원에서 관리
신제품 개발	70	30
전략적 구매	66	34
우수 공급망 센터	60	40
판매 운영 계획	49	51
생산·조립	38	63
수요 계획	34	66
고객 주문 데스크	24	76
서비스	24	76
조달 구매	22	78
창고(저장)	20	80
수·배송 물류	18	82

■ 글로벌 차원에서 관리   ■ 지역 차원에서 관리

주: 이 차트에서 일부 수치는 반올림으로 인해 100을 초과함.
자료: *Next-Generation Supply Chains: Efficient, Fast, and Tailored*, Global Supply Chain Survey 2013(PwC, 2012).

분권형 조직의 이점을 상쇄할 만큼의 비용이 발생할 수도 있다.

결국 지역적 자율성이 이점이 될지 단점이 될지를 생각해보아야 한다. 처음에는 프로세스를 하나로 일치시키는 데 도움이 되는 중앙 집중형으로 시작하는 것이 적합하다고 판단하지만 이후 사업 단위나 지역에 자율성을 더 주는 방식으로 전환하기도 한다.

최근 PwC의 연구에서는 성과가 높은 많은 기업들이 혼합형 모델을 선호한다는 것이 나타났다(그림 3.4). 해당 기업들은 신제품 도입이나 전략적으로 중요한 자재나 서비스의 구매, 공급망 센터 등의 핵심 전략 프로세스 대부분을 중앙 집중화한다. 반면 고객 주문, 서비스, 조달 구매, 납품 등의 기능들은 최대 75%까지 지역 차원에서 관리된다.[6] 이를 통해 구매 활동에서의 규모의 경제 효과뿐만 아니라 지역 내 생산과 지역 내 납품으로 인한 유연성과 민감성을 확보할 수 있다.

또 하나 반드시 고려해야 할 점은 어떤 조직 구조를 선택하든지 간에 선택된 조직 구조를 지원하는 데 적합한 정보 기술이 뒷받침되어야 한다는 것이다. 사업 단위나 지역 간 정보 시스템이 완전히 통합되지 않은 채 중앙 집중형 구조를 선택하면 통합의 이점이나 규모의 경제 효과를 보지 못한다. 그리고 분권형 구조에서는 여러 가지 요소가 포함된 데이터를 일관성 있는 정보로 변환하지 못하면 기업 전체가 하나의 개체로서 어떻게 운영되는지에 대한 윤곽을 파악하지 못할 수 있다.

적합한 인력 배치

SCM 조직 구조와 함께 적절한 기술과 재능, 관심을 가진 적합한 사람들이 공급망의 각 역할에 적절하게 배치되어 있는지 확인할 필요가 있다. 현재는 공급망 운영을 수행하는 것이 10여 년 전보다 훨씬 더 힘들어졌다. 따라서 오늘날처럼 위험 수준이 높은 사업 환경에서는 진화하는 고객 오더order에 대응할 수 있는 기술을 지닌 공급망 전문가가 필요하다.

공급망 리더는 자재 소요 계획이나 재고 관리, 생산 통제 등과 같은 공급망 관리에 사용되는 용어나 기능적인 부분에 능숙해야 한다. 또한 공급망 전문가는 방대한 양의 데이터로부터 산업 전반에 대한 통찰을 이끌어낼 수 있는 강력한 분석력을 보유하고 있어야 한다. 더불어 프로세스에 대한 깊은 지식과 고객 서비스에 대한 열정, 그리고 기업의 사회적 책임에 대한 이해 등을 보유해야 한다. 또한 계획 수립과 스케줄링, 물류최적화 선진 시스템 등과 같은 전사적 성과 개선을 위한 응용 도구에도 숙련되어 있어야 한다. 부서 간 상호적^{cross-functional}이고 전사적으로 적용되는 E2E 공급망의 특성 때문에 공급망 전문가는 폭넓은 운영 경험과 강력한 커뮤니케이션 기술 및 관계 관리 기술을 보유하는 것이 특히 중요하다

너무 많은 것을 요구하는 것처럼 들리는가? 그렇다. 하지만 경영진의 약 60%가 공급망 인재들을 개발하고 확보하는 것이 기업의 성공에 핵심이라고 답한다. 그리고 이것이 오늘날 채용 담당자들이 매우 바쁜 이유 중 하나이다. 그리고 많은 기업들이 성공적인 공급망 매니저를 육성하기 위한 내부 교육 프로그램의 실행을 지원하고 보상을 확대하는 이유이기도 하다.

▌다양한 경험을 보유한 인력

대부분의 공급망 관리 기술은 산업 종류에 관계없이 적용될 수 있다. 고위 경영자 취업 전문업체인 콘페리^{Korn/Ferry}의 고객 관리 부문 고위 파트너인 카를로스 가르시아^{Carlos Garcia}는 대부분의 성공한 고위 경영자들은 폭넓은 경험이 있다고 이야기한다. "최고의 공급망 인재들은 모든 자리에 앉아본 경험이 있다. 그들은 공급망의 핵심 프로세스를 이해할 뿐

만 아니라 판매, 마케팅, 재무, 엔지니어링 등 다른 기능들에 대한 경험을 보유하고 있다."[7]

다른 산업 영역에서 새로운 최고 공급망 책임자를 영입하는 추세가 점차 증가하고 있다. 사실, 아주 잘나가는 사람들은 다양한 산업과 다양한 지역에서의 경험을 보유하고 있고, 많은 수가 공급망과는 상관없는 기능에서 직장 생활을 시작했다. 매우 성공한 최고 공급망 책임자들 중 많은 사람들이 직장 생활 전체를 동일한 산업 영역에서 구축하기도 하지만 폭넓은 경험은 최고 공급망 책임자가 되는 데 점차 중요한 자격 요건이 되어가는 실정이다.

▮ 커뮤니케이션 기술과 관계 관리 기술

과거의 공급망에서는 공급업체를 선정하고 관리하며 생산 시설을 효율적으로 운영하고 자재 계획 메커니즘을 이해하는 것과 같이 가장 기술적인 부분의 역량을 요구해왔다. 이러한 역량들은 여전히 중요하긴 하지만 카를로스 가르시아는 이를 단지 최소한의 통과 관문일 뿐이라고 말한다. 오늘날 공급망 관리자가 되기 위해서는 각 핵심 프로세스의 기본적인 것들에 대한 배경 지식이 밑바탕이 되어야 하며 유관 부서와의 커뮤니케이션과 설득, 미묘한 관계 조정 등의 관계 관리에도 능숙해야 한다. 전 세계 다양한 지역으로 운영을 확장하는 기업들이 증가하면서 이러한 기술의 중요성이 점차 커지고 있다.

일례로 지표 조직에서는 지역의 공급망 관리자가 계약 생산업체들에 대한 일상적인 운영 활동을 담당하고 다양한 지역에서의 관계 구축은 다른 사람이 담당한다. 하지만 지역의 공급망 관리자는 지역을 담당하는 관리자뿐만 아니라 전 세계 계약 생산을 책임지는 고위 경영진에게 계약에 대해 보고해야만 한다. 이렇듯 공급망 관리자는 직접적인 보고체계가 아닌 활동들까지 모두 관리하는 것에 익숙해질 필요가 있다.

강력한 관계 관리 기술은 갈등을 능숙하게 다루는 데 도움이 된다. 예를 들면 구매를 담당하는 사람은 자재 구입 비용과 품질 그리고 자재의 적시 납기 등의 기준으로 평가를 받는다. 반면 CSR을 담당하는 사람은 모든 구매 활동이 노동, 윤리, 지속 가능성 등의 측면에서 기준에 부합하는지 확인해야 할 의무가 있다. 하지만 공정거래 제품, 미분쟁conflict free 지역 생산 제품, 탄소 중립 등을 인증 받은 제품 등은 가격이 더 비쌀 것이다. 그리고 이 같은 상황은 CSR 부서와 구매 부서를 대립관계로 몰아넣을 수 있다. 능숙한 최고 공급망 책임자의 경우, 기업 전체 전략에 기여하는 방향으로 서로 다른 두 그룹 목표 간에 균형을 잡는 방법을 알고 있다.

인재 파이프라인 구축

어느 조직이건 필요한 역량과 현재 보유하고 있는 역량 간의 균형을 맞추는 것이 중요하다. 공급망이 더 길어지고 더 복잡해짐에 따라 이를 관리하는 인재의 필요 역량 역시 변화하고 있다. 인재 부족은 고위 경영진들의 큰 고민이다. 1250명이 넘는 기업 리더들을 대상으로 한 PwC의 최근 조사에서 CEO들은 산업 내 인재를 고용하는 것에 더 많은 어려움을 느꼈고 이러한 제약 조건이 기업의 성장에 실제로 영향을 준다고 판

그림 3.5 인재 부족으로 인한 영향

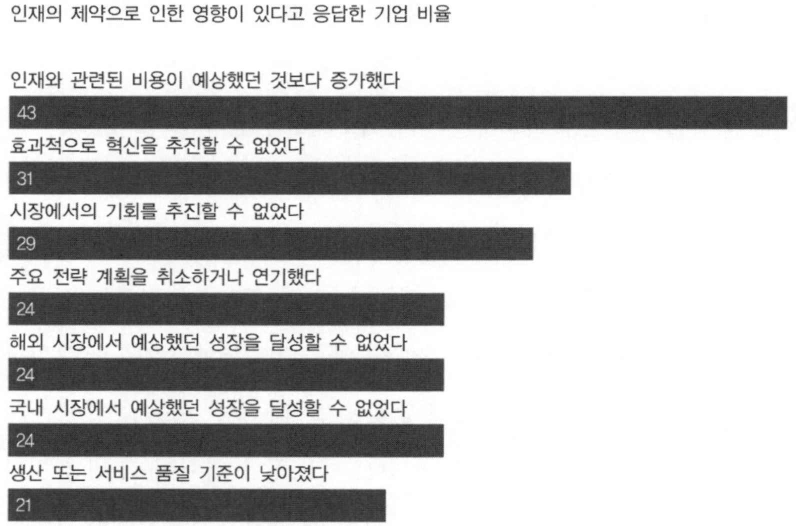

인재의 제약으로 인한 영향이 있다고 응답한 기업 비율

인재와 관련된 비용이 예상했던 것보다 증가했다
43

효과적으로 혁신을 추진할 수 없었다
31

시장에서의 기회를 추진할 수 없었다
29

주요 전략 계획을 취소하거나 연기했다
24

해외 시장에서 예상했던 성장을 달성할 수 없었다
24

국내 시장에서 예상했던 성장을 달성할 수 없었다
24

생산 또는 서비스 품질 기준이 낮아졌다
21

자료: *Delivering Results: Growth and Value in a Volatile World*, 15th Annual Global CEO Survey 2012(PwC, 2012).

단하는 것으로 나타났다. 또한 네 명 중 한 명은 인재가 없어서 시장에서 기회를 발견해도 이를 잡을 수 없거나 전략 계획을 취소 또는 연기해야 한다고 답했다(그림 3.5 참조).[8]

공급망 인재에 대한 수요가 공급을 초과하면 어떤 일이 발생할까? 당신의 회사는 어디에서 인재를 찾고 있는가? 경쟁업체나 기업 내 다른 부서, 새로운 직업에서 성장할 잠재력을 가진 사람들, 고위 채용 담당자, 비공식적 네트워크, 다른 산업에 종사하는 사람들 등 이 모든 것들이 가치 있는 인재 발굴의 원천으로 여겨진다.

그림 3.6 신입 직원 관련 비용

경력직 직원	
신입 직원	

■ 보상·혜택　■ 채용　■ 교육, 훈련, 개발　■ 재배치　■ 기회비용

하지만 먼저 인재를 유치하기 위한 전략이 필요하다. 어떠한 비용·이익 구조를 만들어야 하는가? 역할에 완벽히 부합된다고 생각되는 입사 지원자가 당신이 생각했던 것보다 더 많은 급여를 요구하지는 않는가? 어떻게 비용과 이익의 균형을 맞출 것인가?

이 질문에 대한 해답은 다양하다. 그리고 이러한 의사결정을 위해서는 경험의 수준, 교육훈련 필요 정도, 고객 서비스에 대한 영향 등 수많은 요소를 고려해 이 거래에 대해 분석할 필요가 있다.

한 물류 서비스 제공업체의 사례가 좋은 예이다. 이 업체는 다음 해 인력을 15% 증가시키기로 하고 이러한 인력 충원을 대졸 신입사원으로 할지 더 높은 급여가 필요한 노련한 전문가로 할지를 선택하기로 했다. 지급 급여로 인한 비용을 바탕으로 두 시나리오를 분석한 결과는 신입 직원을 채용하는 것이 상당한 비용 절감을 가져온다는 것을 명확하게 보여주었다.

이 업체는 더 깊이 들어가 경력직 또는 신입을 채용하는 것에 대한 총비용에 영향을 주는 다양한 요소들을 검토했다. 그리고 보상과 혜택, 채용, 교육, 훈련, 개발, 재배치, 기회비용 등의 인재 취득 비용을 살펴보았다(**그림 3.6** 참조). "기회비용"은 경험이 부족한 직원에 의해 발생할 수 있는 모든 문제들, 즉 직원이 업무를 잘하지 못해 발생할 수 있는 고객 불만족이나 초과근무로 인한 해당 직원의 불만족 등을 고려한 비용이다. 그리고 이러한 분석을 통해 "더 낮은 비용의" 직원들이 실제로는 더 많은 비용을 더 장기적으로 발생시킬 수 있다는 것을 알게 되었다. 또한 물적 자산에 적용되는 소유 총비용Total Cost of Ownership: TCO의 개념이 인적 자산에도 적용된다는 것을 발견했다.

많은 기업이 신규 직원을 채용하는 것보다는 내부 직원의 공급망 능력을 개발하는 것을 선택한다. 어떤 기업들은 승진 대상 관리자를 대상으로 고위 임원으로 발전하기 위한 맞춤 리더십 개발 코스를 제공하기도 한다. 또 다른 기업들은 공급망 프로세스에 대한 개요를 단기간에 알려주는 훈련캠프나 공급망 아카데미를 개최한다. 전자 산업의 한 고위 공급망 담당 임원은 이렇게 말했다.

우리 내부에는 엄청난 역량을 지닌 신입사원들이 있다. 그들은 기술 노하우와 산업 전문성을 입증하는 높은 학위를 가지고 들어온다. 하지만 좋은 학력을 가지고 있어도 실무 경험이 적어 문제해결 능력이 떨어진다. 이러한 점이 바로 가르쳐야 하는 부분이다.

인재 개발의 중요성을 과소평가해서는 안 된다. 인재 개발은 최고 수준의 생산 운영이나 수요 계획 프로세스를 보유하는 것만큼 전략적으로 중요하다.

3.2 SCM 조직의 특성

효과적인 SCM 조직은 매우 신중하게 그리고 매우 정교하게 설계된다. 효과적인 SCM 조직은 적합한 구조와 명확하게 정의된 역할 및 책임, 그리고 적절한 역량을 보유한 사람들로 구성되어 있다. 하지만 이 외에도 여러 가지 다른 특성들을 지닌다.

적합한 지위 부여

가장 효과적인 SCM 조직은 모든 핵심 프로세스를 담당하는 한 명의 고위 임원을 둔다. 그리고 그 고위 임원에게 여러 기능들의 협업 성과에 대한 목표와 그것을 달성하는 데 필요한 자원들을 제공한다. 기업들은 점차 공급망 기능의 대표를 공급망 부문 부사장이나 최고 공급망 책임자와 같은 C 클래스C-suite임원으로 지정하고 있다. 한 연구에서는 ≪포춘 Fortune≫이 선정한 125개의 기업 중 25%의 기업이 글로벌 통합 공급망을 담당하는 임원 한 명을 두고 있다는 것이 밝혀졌다.[9]

그러나 조직에서 불리는 공식적인 직함보다 기업 내 실제 관계와 책임이 어떻게 작동하는지가 더 중요하다. 고위 공급망 담당 임원이 제품 디자인, 판매·마케팅 또는 재무 등 핵심 기능에 관여하는 것이 제한되어 있으면 SCM 조직의 영향력이 부족해 통합된 팀으로서 운영될 수 없다.

특히 분권형 조직을 선택한 기업들은 기업 내 가장 높은 레벨 임원을 공급망 담당 임원으로 기용해야만 한다. 하지만 많은 기업들이 독립적인 생산 그룹이나 독립적인 지역으로 운영되고 있음에도 여전히 글로벌 판매 부사장이나 글로벌 마케팅 부사장과 같은 다른 핵심 기능을 책임지는 부사장만을 기용하며, 공급망 담당 부사장은 없는 실정이다.

SCM 조직의 리더가 고위 경영진이 되었을 때, 그리고 그 사람이 중요한 전략적 의사결정을 할 수 있을 때에 기업이 차별화된 공급망을 운영할 가능성이 훨씬 더 높아진다. 대표적인 사례로 유니레버를 들 수 있다. 유니레버의 최고 공급망 책임자는 이사회에서 결정되며 이는 SCM 조직의 위상을 높여준다.

하지만 고위 임원 직함을 수여하는 것 이상으로 더 나아갈 필요가 있다. 많은 기업들이 여전히 영업이나 마케팅, 개발 등이 기업의 전략적 방향의 기초이며 구매, 생산, 물류는 전술적으로 실행하는 것이라는 전통적인 패러다임에 갇혀 있다. 높은 수준의 재고, 선적 지연, 매출 창출 기회 실기 등의 문제가 발생하는데도 많은 기업들이 아직도 공급망 관리를 전략적 잠재 가치를 높여주는 전문성 있는 핵심 분야로 보지 못한다. 공급망 리더가 강력한 통치력을 보유하지 못하면 중요한 기회들을 계속 잃게 될 것이다.

강력한 핵심 역량

최고의 SCM 조직의 리더는 기업의 전략적 차별화 요소나 차별화 요소가 될 수 있는 잠재력을 지닌 활동이 무엇인지를 알고 있다. 공급망 리더들과 C 클래스 리더들은 이러한 주요 활동을 내부에 남겨두거나 가장 믿을 수 있는 파트너에게만 아웃소싱한다. 그리고 다양한 서비스 영역을 제공하는 3자 서비스 제공자들이 더욱 잘 수행할 수 있는 기타 다른 활동들은 외부와의 계약을 통해 수행한다.

생각이 깊지 못한 리더는 우리가 "핵심 솎아내기Thinning the core"라고 칭하는 아웃소싱이 가진 잠재적 위험의 희생양이 될 수 있다. 이와 같은 현상은 기업이 수많은 공급망 일일 활동들을 관리하기 위해 공급망 파트너에게 과도하게 의존할 때 발생한다. 어떤 기업들은 조직 구성 인력 모두가 자재 계획이나 수요 계획과 같은 핵심 운영 프로세스에 대한 경험이 거의 없는 재앙과도 같은 수준으로 운영되기도 한다. 싱가포르의 전자제품 제조 서비스 제공업체인 플렉트로닉스Flextronics의 CEO인 마이크 맥나마라Mike McNamara는 플렉트로닉스와 함께 일하는 많은 기업이 핵심 기능을 너무 적게 가져가고 있다고 지적했다. "공급망에 대해 이야기할 수 있는 누군가를 고객사 내에 확보하는 것이 우리에게는 매우 중요하다. 매우 핵심적인 활동들조차 더 이상 수행할 수 없게 된 기업들이 많다."[10]

이는 고객과의 관계를 제어하는 매개변수들을 개발하는 플렉트로닉스와 같은 기업에는 매우 중요한 사항이다. 또한 이는 일일 공급망 프로세스를 실행하는 데도 중요한 사항이다. 마이크 맥나마라는 "고객사 내에 장기 수요 계획을 세울 수 있는 사람이 없는 경우, 그 고객을 지원하는 가장 효과적인 방법을 만들어내는 것은 매우 어려운 일이 된다"고 말했다.

이러한 위험들이 존재하는데도 아웃소싱은 대세가 되어가고 있다. 많은 기업이 생산 서비스나 물류 서비스 제공업체들을 이용하는 것을 기업

그림 3.7 **과도한 아웃소싱에 대한 의존 위험**

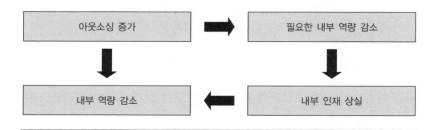

"밖"으로 무언가가 나가는 것으로 보지 않는다. 이들 서비스 제공업체들은 공급망의 추가적인 전략적 파트너인 것이다. 하지만 생산과 물류를 신규 파트너에게 맡기는 데서 생기는 어려움과 아웃소싱의 결과로 발생하는 복잡성을 관리하는 데 소요되는 노력을 과소평가하지는 말아야 한다. 아웃소싱에 과하게 의존하게 되면 내부 역량의 필요성이 적어지고, 인재를 잃게 되며, 내부적 능력이 감소하고 그 결과 더 많이 아웃소싱하게 되는 악순환이 만들어질 수 있다(그림 3.7 참조).

만약 기업의 핵심 공급망 프로세스 중 어떤 부분을 아웃소싱하기로 결정했다면 아웃소싱 파트너를 관리하고 프로세스를 효과적으로 운영하는 것을 중점으로 하여, 핵심 경쟁력을 개발하고 유지하는 것이 필요하다. 예를 들어 생산 부문을 아웃소싱하고자 한다면 산업에 대한 지식과 해당 제품의 생산 프로세스에 대한 심도 있는 지식을 보유해야 할 것이다. 또한 생산역량 및 엔지니어링 역량에 대한 기업 실사를 수행할 수 있는 능력과 계약을 관리하는 능력, 그리고 생산의 산출물을 모니터링하는 능력이 필요하다. 계약생산업체의 현재 진행 중인 활동을 파악하는 능력과

그림 3.8 **아웃소싱 선호도**

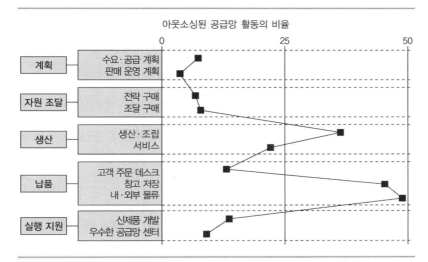

아웃소싱된 공급망 활동의 비율

자료: *Next-Generation Supply Chains: Efficient, Fast, and Tailored*, Global Supply Chain Survey 2013(PwC, 2012).

능숙하게 수요를 계획할 수 있는 능력 또한 필수적이다. 더불어 파트너가 기반을 둔 지역의 관습을 이해하는 것도 중요하다. 여러 전략적 파트너십과 다기능의 팀들을 동시에 관리하는 역량도 필요하다. 특히, 직접 보고하지 않는 사람들을 대상으로 기대만큼 업무를 잘 수행하는지 확인하는 일도 어려운 과제이다.

기업의 핵심을 과도하게 솎아내는 것을 피하기 위해서는 주요 공급망 프로세스와 그 프로세스들을 실행하는 데 필요한 핵심 경쟁력 요소의 리스트를 만드는 데서 시작해야 한다. 이때 현재 필요한 것들만 고려해서는 안 된다. 기업의 장기적인 사업 전략을 고려하는 것 역시 중요하다.

경쟁 우위를 창출하거나 그것을 지켜내는 데 필요한 역량과 사업의 성장과 고객 만족에 필요한 역량들을 요약해보아라. 그다음에는 이미 보유하고 있는 역량과 필요 역량 간의 차이를 확인해라. 마지막으로 이러한 역량을 훈련이나 채용을 통해 내부적으로 개발할 것인지 아니면 공급망 파트너를 이용할 것인지에 대한 내부적인 동의를 얻어야 한다.

선도 기업들은 아웃소싱할 것과 내부적으로 수행할 것을 정할 때 이러한 접근 방식을 활용한다. 그들은 S&OP, 전략적 자원 조달, 제품 개발과 같은 전략적 프로세스들은 내부에서 수행하고, 창고 저장과 물류 활동의 약 50%, 생산·조립의 약 35% 정도를 아웃소싱한다(그림 3.8 참조).[11]

적응력

최고의 SCM 조직은 외부 사업 환경의 변화뿐만 아니라 기업의 전략 변화에 따라서도 진보한다. 새로운 지역으로의 사업 영역 확장, 제품라인 추가, CSR 가이드라인 업데이트, 기업 인수 및 목표 고객 변경 등 그 어떤 변화일지라도 SCM 조직에 대한 대규모 조정을 시행한다. 이러한 변화들은 역할과 책임R&R과 조직 구조, 필요 역량 등에 영향을 줄 것이다. 전략의 변화는 현재 보유한 역량을 쓸모없는 역량으로 만들고 새로운 역량의 필요성을 창출하기도 한다.

이와 같이 전략의 변화나 일반적인 운영 개선에 대한 필요성은 SCM 조직 디자인의 변화를 촉구한다. 기업이 공급 기반을 통합하거나 유통 지역을 추가하거나 아웃소싱 모델로 전환하는 경우, 공급망 프로세스나 공급망 구조에 대한 추가나 수정이 어느 정도 요구된다. 또한 지역적인 운영 환경과 관련해 새로운 역량 도입이 필요하다.

캘리포니아에 있는 한 복합 텔레콤 장비 제조업체는 바로 이러한 문제에 직면했다. 2000년대 초, 이 기업의 주주들은 강한 불만을 제기했고 경영진들은 곤경에 처했다. 이 기업이 보유한 실리콘밸리 공장은 구식이고 비효율적이며 비용이 많이 들었다. 하지만 해외 파트너에게 생산 부문을 아웃소싱하는 것은 기업의 통제 범위 밖에 있는 대상에게 복잡하고 고객 맞춤화된 프로세스를 맡기는 것을 의미했다. 신중하게 아웃소싱 대상 기업을 검토하고 분석한 후, 경영진은 대만에 있는 제조 파트너에게 생산 부문을 이전하기로 결정했다.

생산 부문을 성공적으로 이전시키기 위해서는 핵심 부품의 일일 구매 활동에 대한 책임이 새로운 생산파트너에게 이전되더라도 부품을 제공하는 공급업체들과 견고한 관계를 유지할 수 있어야 했다. 더불어 최종 고객의 요구 사항에 대한 수집·통합과 요구 사항이 가능한 빨리 실행될 수 있을지 확인하는 것이 매우 중요했다. 두 기업 간 물리적인 거리와 문화의 차이가 있는 상황에서 이것은 매우 도전적인 과제였다.

아웃소싱의 유의 사항들을 고려해 경영진은 여러 가지 주요 변화를 실행했다. 그중 하나로 고객 오더가 실제로 발생하기 전에 주요 부품의 이용 가능성을 알려주어 오더 대응 지연을 감소시키는 프로세스를 도입했다. 또한 오더 대응 성과에 대한 책임을 누가 질 것인지에 대한 혼란을 야기할 수 있는 정보의 차이를 제거하기 위해 전체 주문 실행 프로세스를 담당하는 부서를 신설했다. 더불어 두 회사 간 물리적 거리를 줄이고 고객 오더에 대한 의무를 각각 확인하게 함으로써 고객 오더 관리와 계획, 구매 간의 연계를 강화했다.

하지만 이것이 전부가 아니었다. 새로운 아웃소싱 계약과 함께 이 기업은 상시로 발생하는 고객 요구 변화에 따라 생산 일정을 조정할 수 있는 능력을 상실했다. 따라서 제조 파트너에게 생산 시점보다 미리 생산에 대한 예측치를 제공해야만 했다. 이 때문에 이 기업은 계획 수립과 구매에 필요한 역량에 대해 다시 생각해보아야 했다. 글로벌 운영 부사장은 이와 같이 말했다.

새로운 비즈니스 모델은 구매 업무와 자재 계획 업무를 합치는 것을 의미했다. 따라서 단순히 시스템에 의해 생성된 요청에 따라 구매 명령을 수행하는 전술적 거래선을 선택할 수는 없었다. 그렇다고 갑자기 그 거래선을 완벽한 데이터 없이 의사결정을 할 수 있는 계획자로 변화시킬 수도 없었다. 그래서 우리는 많은 재훈련을 해야만 했고, 우리가 원하는 조직을 개발하기 위해 전략적으로 인재를 고용해야만 했다.

생산 이전 일정에 따라 조직에 대한 구조 재조정이 이루어졌고, 다행이 이 기업은 고객 서비스 수준에는 영향을 주지 않고 긴박한 마감 기한을 맞출 수 있었다. 이를 통해 더 예리해진 계획 수립의 능력은 재고를 급격히 감소시켰다. 변경된 SCM 조직은 새로운 공급망을 지원하고 이익을 실현하는 데 핵심적인 역할을 했다.

대부분의 SCM 조직을 자세히 살펴보면, 그것이 설계와 진화의 조합임을 알게 될 것이다. SCM 조직을 설계하는 것은 어떤 정답이 있는 것이 아니라 조직이 가치를 어떻게 창출하고, 어떻게 도달하는지 그 방법을 알아내는 것이기 때문이다. 한 경험 많은 최고 공급망 책임자는 다음과 같이 말했다. "어떻게 하면 잘 돌아가고 어떻게 하면 잘 돌아가지 않는지를 살펴보아라. 그리고 나서 돌아가는 것을 더 많이 해라."

단지 시행착오를 의미하는 것은 아니다. 조직 구조와 필요역량 그리고 필요한 경험과 기술을 사업 전략을 통해 이끌어내야 한다. 이러한 것들을 적절하게 보유해야만 사업 전략을 변화시키면서도 기업의 목적에 맞게 탄력적이고 유연한 조직을 유지할 수 있다.

- 글로벌화 전략과 불확실성의 증가, 인재 전쟁, 기업의 사회적 책임의 부각 등은 SCM 조직을 어떻게 설계할지에 대한 고민을 가져온다.

- SCM 조직을 통합적인 관점으로 보는 기업들은 조직 자체를 하나의 경쟁 우위 원천으로 본다. 이들은 계획 프로세스, 자원 조달 프로세스, 생산 프로세스, 납품 프로세스, 반품 프로세스, 실행 지원 프로세스를 커버할 수 있도록 조직을 구축한다. 그리고 이 모든 기능에 대한 책임을 한 사람에게 부여한다.

- SCM 조직을 위해 가능한 구조는 중앙 집중형, 분권형, 혼합형이 있다. 각 유형은 각기 다른 장점을 보유하고 있기 때문에 여러 가지 주요 조건들에 맞는 가장 적합한 조직 구조는 기업마다 다르다.

- 뛰어난 SCM 조직은 역할과 책임이 명확하게 정의되어 있으며, 이를 통해 업무에 대한 책임감을 더욱 높일 수 있다.

- 오늘날 공급망의 우수성을 확보하기 위해서는 완전히 새로운 역량이 요구된다. 적합한 역량을 적소에 배치하기 위해서는 기업 내·외부에서 필요에 따라 인재를 유치할 수 있도록 해야 한다.

- 적절한 조직 구조를 선택하고 역할을 명확히 하고 그에 요구되는 적절한 역량을 획득하는 것과 더불어 최고의 SCM 조직이 되기 위해서는 "적합한 지위가 부여"되어야 한다. 또한 아웃소싱을 너무 과도하게 하거나 잘못된 아웃소싱을 진행해 핵심 경쟁력을 "솎아내지" 않도록 주의해야 한다. 그리고 내·외부적인 변화를 수용하기 위해 지속적으로 조직의 설계를 재검토해야 한다.

03 하이얼: 고객 감동을 위한 공급망 관리

2008년 8월, 하이얼Haier 그룹의 CEO 장루이민Zhang Ruimim은 중앙 물류 센터의 폐쇄를 발표했다. 새로운 "무無재고" 전략이 시행된 것이다. 그때부터 하이얼의 제품은 이제 중앙창고로 운송되지 않았다. 중앙창고는 단지 고객의 주문이 생길 때까지 제품이 보관되는 곳이며, 대부분의 제품은 공장에서 소매 점포로 직·배송되어야 했다. 하지만 이러한 시스템이 문제없이 운영되기 위해서는 공급망의 운영이 매우 원활해야만 했다.

이 의사결정은 혁명적이었다. SCM 조직은 이제 생산 라인으로부터 나온 제품들을 창고 없이 처리해야 했다. 어려운 과제처럼 보였지만 하이얼은 단 3주 후에 이를 수행하는 원활한 흐름을 가진 프로세스를 도입했다. 더불어 원칙을 강화하기 위해 단 하루치 재고만 저장할 수 있게 창고의 저장 공간을 제한했다.

위의 에피소드는 하이얼의 SCM 전략 방식에 대한 혁신성과 그로 인해 얻을 수 있는 가치를 보여주는 하나의 사례이다. 공급망에는 개선의 여지가 항상 있다는 믿음으로 하이얼은 공급망에 대해 매우 진지하게 고민했다. 그리고 필요에 따라 지속적으로 실험하고 개조해나가고 있다. 특이하게도 이 기업은 성장 과정이 매우 짧다. 중국 칭다오의 한 조그만 냉장고 공장으로 시작한 하이얼은 단 27년 만에 세계에서 가장 큰 백색가전 브랜드 기업으로서 자리매김했으며 현재는 냉장고, 세탁기, 에어컨, 온수기뿐만 아니라 TV, 소형가전, 스마트폰의 주요 생산업체이다. 2011

년 하이얼은 유로모니터[1] 인터내셔널Euromonitor International 랭킹에서 3년 연속 세계 가전제품 부문 브랜드 1위로 뽑혔다. 또한 2011년도 매출은 1509억 위안(미화 233억 달러)으로 글로벌 시장 점유율 기준 7.8%에 이르렀다.

하이얼 그룹의 부사장이자 하이얼 글로벌 백색가전 부문의 사장인 량하이샨Liang Haishan은 이와 같이 말했다. "하이얼에게 공급망은 기업 핵심 경쟁력이다. 공급망이 우리의 핵심 자산이며, 고객의 요구 사항을 놓치지 않게 해주는 자산이라는 것이 우리의 성장 과정을 통해 입증되었다."

중국 최고의 백색가전 브랜드로 성장

초기 칭다오 냉장고 회사Qingdao Refrigerator Company로 시작한 하이얼은 1984년 장루이민이 사장으로 임명되면서 전환기를 맞았다. 이 당시 하이얼은 품질 문제와 인프라 문제로 고심하고 있었다. 이로 인해 한 해에 세 명의 사장이 임명되었다가 퇴임했고, 장루이민 역시 자신도 같은 길을 걷게 될 것이라고 생각했다.

▎품질 우선 정책

장루이민은 첫 번째로 품질 문제를 개선하고자 했다. 생산 라인에서 이제 막 완료된 냉장고 76대에 결함이 있다는 것을 알게 된 장루이민은 대형 망치로 냉장고를 부쉈다. 그리고 오늘 76대였던 불량품이 내일은 760대가, 그다음 날에는 7600대가 될 수 있다고 말했다.

장루이민은 당시 100여 개의 경쟁업체들을 이기기 위해서는 그들과 비교할 수 없는 높은 품질의 냉장고를 만들어내는 것이 매우 중요하다고 생각했다. 서양의 관리 사례에 대해 열심히 연구하던 장루이민은 참고할 만한 가이드를 찾기 위해 해외로 눈길을 돌렸다. 그리고 1985년 냉장고 기술과 장비 획득을 위해 독일의 프리미엄 냉장고 제조업체인 립헬 그룹 Liebherr Group과 파트너십을 맺었다.

그리고 몇 년 후, 중국의 인구 증가와 개인소득 수준 상승에 따라 중국 내 냉장고 수요는 급격히 증가했다. 장루이민의 리더십하에 칭다오 냉장고 회사는 생산량을 확대하는 것보다는 품질 강화와 브랜드 경쟁력 구축에 집중했다. 전략은 적중했다. 경쟁 기업들의 과잉생산은 냉장고 산업에 엄청난 공급 과잉을 초래했고 곧 대대적인 할인에 들어갔다. 장루이민은 품질로 승부한다는 확신으로 가격 인하를 거부했다. 그 결과 경쟁업체들은 문을 닫은 반면 칭다오 냉장고 회사는 번창하기 시작했다.[2]

1992년 하이얼Haier로 사명을 변경한 후, 이 기업은 중국 내 운영을 확장하기 시작했다. 10여 년 동안 하이얼은 운영 상태가 좋지 않은 여러 가전업체들을 인수해 생산 시설을 자신들의 자산 네트워크로 확보해나갔다.

또한 하이얼은 이 기간에 차별화의 가장 큰 원천이 될 수 있는 것을 개발했는데, 바로 A/S 센터이다. 하이얼의 혁신은 고객과의 밀접한 상호작용에 그 기반을 두고 있었다. 이러한 이유로 하이얼은 중국 백색가전 업체들 중 최초로 자동화된 A/S센터를 구축했다. 그리고 이를 통해 제품 성과를 모니터링하고 수천 명의 고객들에게 유지·보수 서비스를 제공하는 것이 가능해졌다.

▌ 소매 유통 네트워크

하이얼은 성장 초기에 중국의 도시 지역을 주요 대상으로 판매 활동을 했다. 하지만 2009년 글로벌 경제 위기에 가전제품 산업 성장 촉진을 위한 국가 보조금 정책 시행으로 농촌 지역의 수요가 증가하기 시작했다.

하이얼은 농촌 지역 유통의 용의성을 높이기 위해 유통 네트워크 발전을 가속화했다. 어느 날 갑자기 중국 전 지역에 하이얼 매장이 생기기 시작했다. 그 결과, 하이얼은 농촌 지역에 6000여 개 매장과 도시 지역에 2만 4000여 개의 매장을, 판매자 15만 명과 서비스 센터 1만 9000개를 보유하게 되었다.

하이얼은 유통네트워크를 중국의 도시 등급에 따라 다르게 설정했다. 중국의 도시 등급은 도시의 경제 규모와 인구를 기반으로 지정된다. 1급 도시는 베이징, 상하이, 광저우 등이며, 2급 도시는 각 지방의 수도이다. 3급 도시에는 칭다오가 포함되며, 4급 도시는 지방의 소도시나 마을 단위이다. 우선 하이얼은 1·2급 도시에 대해서는 대형 양판점量販店 유통 채널을 활용하도록 했다. 여기에는 월마트와 중국의 선도적인 가전 유통 매장들, 그리고 중국 가전제품 쇼핑몰 궈메이GUOMEI와 중국 종합쇼핑몰 쑤닝Suning이 포함된다. 칭다오와 같은 3급 도시에는 앞서 언급한 대형 양판점들뿐만 아니라 하이얼 제품만을 단독으로 판매하는 작은 매장들을 유통 채널에 포함시켰다. 4급 도시에는 하이얼 브랜드 매장을 설치했다. 4급 도시의 매장 규모는 매우 작아서 어떤 농촌 마을에서는 우산 하나로 표시된 가판대 수준이기도 하다.

어느 지역이든지 관계없이 모든 유통 매장은 하이얼이 고객에게 가치를 제공하는 데에 결정적인 역할을 한다. 모든 매장은 소비자가 자신의 니즈에 가장 적합한 모델에 대해 알아보고 구매할 수 있는 역할을 하며 하이얼 브랜드 매장의 경우, A/S센터의 역할을 하기도 한다. 고객들은 수신자 부담 직통번호로 전화를 한 뒤, 가전제품을 수리하기 위해 근처 하이얼 매장으로 제품을 가져갈 수 있다.

▎고객 접점 최전선에 있는 직원들

하이얼 브랜드만 판매하는 매장뿐만 아니라 여러 브랜드를 함께 판매하는 양판점에도 하이얼은 자체적으로 직원들을 배치한다. 그리고 소비자가 냉장고를 고르는 것을 돕게 한다. 하이얼의 전체 직원 8만 명 중 38%인 3만 명 정도가 판매 담당 직원이며, 이는 생산 부문 직원 수와 비슷한 수치이다. 이렇게 많은 판매 인력은 하이얼이 최종 소비자와 높은 수준의 상호작용을 할 수 있도록 한다. 하이얼의 중국 시장 담당 매니저인 양치아오샨Yang Qiaoshan은 "이러한 방식을 통해 고객은 더 나은 구매를 경험할 수 있고 동시에 기업은 고객 요구에 더 잘 부합하는 제품을 개발하는 데 필요한 정보를 얻을 수 있다"라고 이야기했다.

하이얼의 판매 담당 직원들은 제품에 대해 매우 박식할 뿐만 아니라 주문·재고 관리에도 중요한 역할을 한다. 중국 전 지역 매장의 판매 직원들은 e-스토어 라고 불리는 하이얼이 특허를 가진 시스템을 사용해 S&OP에 유용한 데이터를 본사에 지속적으로 보낸다. 이를 통해 SCM

조직에 관련된 사람들은 각 모델별 주간 판매량을 항상 볼 수 있고, 또한 이는 다음 주 주문량을 예측하는 데 도움이 된다.

각 매장에서 수집되는 정보는 매우 중요하다. 수요 정보는 빈번하게 제공될수록 더 정확하며 이를 통해 더 정확한 생산 계획을 수립할 수 있다. 이를 통해 하이얼은 재고를 절반 가까이 줄이고 원재료 재고를 감소시키며 완제품 재고는 거의 4분의 3까지 줄일 수 있었다.

▎SCM 혁신과 제품 혁신의 결합

도시 소비자와 농촌 소비자의 라이프스타일은 서로 매우 다르다. 하이얼의 운영 모델은 이러한 차이점을 반영해 다양한 고객을 만족시킬 수 있도록 설계되었다.

하이얼이 생산하는 제품은 저가형 브랜드, 실속형 브랜드, 고급형 브랜드로 나뉘며 각각의 브랜드에는 수십 개의 모델이 존재한다. 이것을 제품 종류로 나누면 몇 백 개 이상이다. 하이얼의 각 공장들은 이렇게 각 브랜드별로 수십 개가 넘는 모델들을 대량생산할 수 있도록 설계되어 있다. 생산의 80% 이상은 판매 주문에 의해 이루어진다. 하지만 나머지 20%는 "판매 약속에 의한 생산"이다. 약속에 의한 생산은 소매점들이 팔기로 약속한 물량을 기준으로 설정되며 이때는 좀 더 고객 맞춤화된 제품을 생산한다.

하이얼의 모든 냉장고 제품은 하이얼 공업 단지에서 생산되며 각 공급업체들도 이 공업 단지 내 하이얼 공장 옆에 위치하고 있다. 하이얼 제1 냉장고 사업부인 칭다오 공업 단지의 경우, 2문형 냉장고와 3문형 냉장고를 중점적으로 생산하고 있으며 연 생산량이 200만 대에 이른다.

하이얼은 많은 종류의 냉장고를 생산하면서도 수익성을 유지하는데, 이것이 가능한 이유에는 여러 가지가 있다. 첫째, 제품 설계 시 공급망 측면을 고려해 반영했기 때문이다. 하이얼의 냉장고는 모듈로 설계된다. 모듈은 외곽 프레임, 도어, 전기제어 시스템, 냉각 시스템, 포장 등 주요 시스템 5개와 하위 시스템 23개로 구성되어 있다. 설계의 속도를 높이고 생산을 용이하게 하기 위해 하이얼은 제품에 모듈화를 적용했다. 하이얼의 제품 모듈화 담당 임원인 저우시원Zou Xiwen은 다음과 같이 말했다. "플랫폼화와 모듈화는 디자인의 모듈화와 공급의 모듈화, 지능형 유연통합 생산Intelligent Manufacturing, 가상형 네트워크 마케팅의 통합을 의미하며, 이는 고객의 요구 사항에 대한 E2E 통합 관리의 핵심이다."

모듈화에서 공급업체와의 협업은 중요한 역할을 한다. 냉각 시스템을 예를 들면, 과거에는 압축 장치 부분을 만들 때 압축 장치, 증발 장치, 액화 장치를 각각 여러 공급업체에서 공급받아 조립했다. 하지만 최근 하이얼은 공급업체를 단 두 곳으로 줄이고, 그 두 업체가 전체 모듈을 공급하도록 했다. 그리고 새로운 협업 설계 프로세스를 활용한 공급업체와의 협업을 통해 제품 출시 기간time to market을 33% 줄이면서 냉장고의 에너지 소비량을 30%까지 줄일 수 있는 냉각 시스템을 개발했다.

수익성을 유지할 수 있는 또 하나의 이유는 하이얼 로지스틱스Logistics라는 자회사이다. 하이얼 로지스틱스는 하이얼의 조달 물류Inbound Logistics와 판매 물류Outbound Logistics를 모두 담당한다. 평균적으로 트럭 1000대가 생산된 완제품을 가득 싣고 매일같이 전국에 있는 하이얼 공장에서 출발

한다. 이러한 납기 역량 덕분에 하이얼의 소매점들은 최종 소비자들에게 빠른 배송을 약속할 수 있다. 또한 대부분의 지역에서 24시간 배송을 보장할 수 있다. 실제로 어떤 매장에서는 아침에 구매한 냉장고를 오후에 배송 받는 것이 가능하다.

하이얼은 운전자본 관리에 매우 집중한다. "현금은 공기와도 같다"는 것이 이 기업의 모토motto이다. 사람이 물과 음식 없이는 며칠을 살아도, 공기 없이는 한시도 살 수 없는 것과 같이 기업은 현금 없이는 살 수 없다는 것이다. 또한 매우 엄격한 재고 관리를 위해 소매 유통업체 고객이 대금을 모두 지불하기 전까지는 제품을 발송하지 않는다.

하지만 이 모든 것보다 중요한 것은 성장과 수익성의 원동력이 되는 최종 소비자들에게 집중하는 것이다. R&D 과정에서부터 A/S와 고객 지원을 고려해 제품이 개발된다. 이상적으로 고객이 원하는 바를 반영하지 않은 제품은 개발하지 않고, 고객의 실제 주문 없이는 제품을 생산하지 않는다는 원칙이다. 하이얼의 부회장인 량하이산은 이렇게 말했다. "더 나은 제품 디자인을 통해 고객에게 더 큰 가치를 제공하는 것뿐만 아니라 우리 회사 자체에도 더 큰 가치를 가져온다."

글로벌 리더로의 도약

중국에서 하이얼의 성공을 이끌었던 고객 중심의 경영은 글로벌 사업 확장에서도 원동력이 되었다. 유럽에서 비디오 메시징video messaging 장치가 문에 부착된 가정용 냉장고를 출시한 것과 미국 대학생들을 위해 책상 밑에 넣을 수 있는 소형 냉장고를 만든 것과 같이 하이얼은 지속적으로 고객의 니즈에 부합하는 제품을 개발하기 위해 노력하고 있다.

┃ 어려운 일은 먼저, 쉬운 일은 나중에

1990년 하이얼은 자신들의 비즈니스 이념을 정의한 3단계 전략을 시행했다. 먼저 개발도상국 시장에서 시작하는 대신 "어려운" 시장이라고 여겨지는 선진국들로 구성된 서부 시장을 목표로 잡았다. 그리고 많은 중국 기업들처럼 저가 제품을 공급하는 것이 아니라 채워지지 않은 틈새 시장을 찾고 가격에 대한 타협 없이 이러한 틈새시장을 채울 수 있는 제품을 만들어냈다. 하이얼은 이 전략이 자신들의 브랜드 자산을 구축하는 데 핵심적인 역할을 했다고 믿는다.

그림 ▶ 하이얼의 2011년 글로벌 거점 현황

미주		유럽		중국	
R&D 센터	2	R&D 센터	4	R&D 센터	2
공장	4	공장	3	공장	17
판매처	10,860	판매처	12,622	판매처	105,547

아프리카와 중동		아시아·태평양 지역	
R&D 센터	0	R&D 센터	2
공장	7	공장	14
판매처	3,750	판매처	10,453

자료: 하이얼.

이러한 전략에 따라 첫 번째 목표 시장은 미국이 되었다. 미국은 생산 비용 수준이 높고 수많은 경쟁자가 존재하는, 분명히 어려운 시장이었다. 이때 이미 소형냉장고 제품은 뉴욕의 무역회사를 통해 미국으로 수입되고 있었다. 하이얼은 대대적으로 미국 시장에 진출하기 위해 홈디포 Home Depot, 베스트바이Best Buy, 월마트Wal-Mart와 같은 가장 큰 규모의 대형 매장big-box stores들과 계약을 맺었다. 그리고 동시에 중국 외 지역으로는 처음으로 미국에 생산 공장을 건립했다. 공장은 사우스캐롤라이나에 세워졌고 동시에 뉴저지에 창고를 세워 중국에서 수입된 제품들은 그곳에 저장했다.

▌정착하다

어려운 시장에서 틈새시장용 제품은 단지 시장 진입 방법에 지나지 않는다는 것을 깨달은 하이얼은 주류 시장을 공략하는 제품을 생산하기로 결심했다. 그리고 어려운 시장에서는 유명 브랜드가 되는 것이 핵심이라고 보았다. 하이얼은 이러한 목표를 세운 후, 해당 지역의 고객 요구 사항을 이해하고 고객의 니즈를 만족시키기 위해 디자인과 생산, 마케팅 모두를 지역 특성에 맞추는 "쓰리 인 원three in one" 전략을 펼쳤다.

▌선두에 서다

그 후 하이얼은 해당 지역의 고객들에게 사랑받는 브랜드가 되기 위해 총력을 기울였다. 이를 위한 전략으로 하이얼은 유행의 선도자로서 자신의 위치를 차별화할 수 있는 혁신적인 제품들을 출시했다. 이러한 제품의 한 사례가 아프리카에서 출시된 냉장고이다. 하이얼은 전기가 끊기는 일이 다반사인 아프리카의 특성을 고려해 전기가 끊겨도 100시간 동안 음식을 냉동 상태로 유지하는 성에가 끼지 않는 냉장고를 개발했고, 이 제품의 성공으로 하이얼은 나이지리아에서 시장 점유율 1위를 차지할 수 있었다.

때때로 인수 합병을 통해서 3단계 확장 전략을 보완하기도 했다. 그 중에서 가장 큰 사건은 2011년 일본 산요^{Sanyo}의 백색가전과 소비가전을 인수한 것이다. 이를 통해 하이얼은 일본 시장에서의 성장기반을 마련했다.

오늘날 하이얼은 미주, 유럽, 중동, 동남아시아, 동아시아, 남아시아 등 중국 이외에 6개의 큰 시장을 무대로 활동하고 있다.

글로벌 공급망과 국내 공급망의 연결

중국 내에서 성장한 방법과 세계 시장에서 성장한 방법이 상이할지라도 이러한 성공을 뒷받침해주었던 하이얼의 공급망 측면에는 공통적으로 중요한 특징이 몇 가지 있다.

첫 번째는 글로벌 SCM 조직이다. 하이얼은 해외사업 운영을 위해 백색가전 산업의 세계적인 선도 기업에서 경험이 있는 각 지역 매니저들을 지속적으로 고용한다. 이렇게 고용된 지역 매니저들이 지역에서 활동할 자신의 팀원을 고용해 지역 유통 판매 채널을 개발한다.

두 번째는 프로세스 공용화이다. 하이얼의 공용 프로세스들은 지역이나 부서에 관계없이 전체의 협업을 이끌어낼 수 있도록 개발되었다. 수요 계획과 구매, 생산, 물류, 납품 활동들을 포괄할 수 있는 조화로운 공급망 프로세스를 정의하기 위해 하이얼은 글로벌 리더십을 모으는 단일 지점을 만들었다. 하이얼의 글로벌 공급망을 담당하는 공급망 부사장인 림친차이Lim Chin Chye는 다음과 같이 말했다. "주어진 조직 구조 환경에서 효과적으로 협업하기 위해서는 공통의 업무 방식이 필요하다. 즉 표준화된 언어와 프로세스, 그리고 KPI 정의의 표준화 등이 필요하다. 그리고 하이얼은 이를 위해 SCOR® 모델을 채택한다."

또 다른 핵심 요소는 S&OP 프로세스이다. 하이얼에서는 중국 본사의 임원들과 전 세계에 있는 지역 영업소들이 주 단위로 판매 수량과 생산 계획을 일치시키는 작업을 한다. 중국에서 생산되는 냉장고의 SKU 수만 200개가 넘고 중국을 제외한 전 세계에 판매되는 제품의 SKU가 400여 개인 상황에서 매주 판매와 생산을 일치시키는 것은 보통 일이 아니다.

또한 공급망 속도와 예측 가능성, 유연성 등 SCM 성과 지표를 중국 내뿐만 아니라 글로벌 공급망에도 모두 동일하게 적용할 것을 강조하고 있다. 공급망의 속도를 측정할 때는 주문 처리에 걸리는 시간뿐만 아니라 주문부터 생산까지 걸리는 시간이나 주문부터 발송까지 걸리는 시간 등 주문 처리에 관련된 다른 요소들까지 많은 측정 지표들을 이용한다. 또한, 특허 받은 시스템을 이용해 주 고객 단위뿐 아니라 공장 단위까지 예측 역량과 공급망 속도에 대한 성과를 확인하고 있으며 이 덕분에 필요 시에는 바로 어떤 조치를 취할 수 있다.

하이얼에서 SCM 성과 관리는 단순히 성과를 추적하고 리포팅하는 것이상이다. "개개인의 목표 일치시키기"라는 모델을 가지고 목표가 개인과 팀에 직접적으로 할당된다. 이렇게 할당되는 목표는 각 팀별로 다르다. 영업팀에게는 예측 정확성을 할당하며 계획팀에는 주문부터 고객에게 도착하기까지의 사이클 타임을, 공장 관리팀은 주문부터 선적까지의 사이클 타임을, 생산 라인에는 일일 주문 접수 건수를 의미하는 일간 주문 처리량을 목표로 할당한다. 다른 기업들과 하이얼의 차이점은 목표를 달성하지 못했을 때 어떠한 결과가 돌아온다는 것이다. 만약 한 지역의 영업 관리자가 너무 많은 주문을 넣어 목표 재고 수준을 초과했다면 그 사람이 받는 보상이 줄어든다. 반대로 주문했던 것보다 더 많이 팔아 목표 재고 수준보다 재고가 낮으면 보상은 증가한다.

영원한 성공은 없다

하이얼은 지난 27년간 먼 길을 걸어왔지만 이 여정은 여기서 끝이 아니다. 중국에서의 성장 기회가 아직 무궁무진하기 때문이다. 중국에서 소득세를 부과하는 최소 월 임금은 3500위안이지만 이 이상을 받는 사람이 아직 2400만 명밖에 되지 않는 상황에서 국민들의 삶의 수준은 점점 더 나아지고 있다. 그리고 이는 하이얼의 최고급 브랜드인 카사르테 Casarte를 위한 새로운 시장의 개막을 의미한다.

현재 글로벌 운영에 대한 시야가 더욱 넓어진 하이얼은 "3/3" 전략에 매진하고 있다. 이 전략은 전체의 3분의 1은 중국에서 생산하고 중국에서 판매하며, 3분의 1은 중국에서 생산하고 해외에서 판매하며 나머지

3분의 1은 해외에서 생산하고 해외에서 판매한다는 전략이다. 하이얼은 아직 여기까지 도달하지는 못했지만 지금 현재 이를 향해 나아가고 있다.

청다오의 하이얼 본사에 위치한 하이얼 박물관에는 "영원한 성공은 없다"라는 슬로건이 커다란 글씨로 쓰여 있다. 개선 사항을 지속적으로 찾고 현재의 상황을 있는 그대로 받아들이기를 거부하는 것은 하이얼 DNA 중 하나이다.

이들의 여정이 어떻게 흘러갈지 예측하기는 어렵지만 하나는 분명해 보인다. 하이얼은 산업 내 최고의 자리를 유지하기 위해 계속해서 도전할 것이다. 그리고 고객에게 감동을 주는 공급망은 계속해서 하이얼의 성공의 핵심이 될 것이다.

제4장

네 번째 원칙

협업 모델 구축

Build the right collaborative model

공급망 파트너들과 효과적으로 협업을 한다면 자사뿐만 아니라 협업 대상 파트너
사까지도 재무적 성과와 전략적인 가치를 얻을 수 있다. 이러한 성과를 달성하기
위해서는 실행 가능한 모든 협업 모델을 이해하고 파트너십 안에 내재된 위험 요
소들을 피하면서 가장 적합한 협업 모델을 선정해 이를 실행해야 한다.

오늘날 기업들은 핵심 역량 강화를 위해 파트너십을 다양한 지역에서
확장하고 있다. 그리고 이를 통해 좀 더 적은 비용으로 제품을 좀 더 빠
르게 개발하고 생산하며 전 세계로 자신들의 고객 기반을 넓혀간다. 경
기 변동 주기는 짧아지고, 자연재해는 점점 더 빈번해지며, 정치적인 불
안정성이 커지는 상황에서 파트너십 구축의 중요성은 이전보다 더 부각
되고 있다. 이를 증명하듯 공급망 관리, 구매, 생산 운영 분야의 최고 경
영층 374명을 대상으로 실시된 최근 조사 결과, 이들 중 약 60%가 협업
이 사업 전략의 일부라고 응답했다.[1]

하지만 파트너십 구축이 점점 더 어려워지는 것 또한 사실이다. 직접

적인 통제가 불가능한 자원과 전략 부분에 대한 의존도가 커짐에 따라, 기업들은 단순히 협업을 하는 것이 아닌 효과적인 협업을 이루어야만 한다. 이를 위해서는 수많은 협업의 유형을 이해하고, 각 협업 유형별로 자신이 할 수 있는 것과 없는 것을 파악해야만 한다.

4.1 협업에 대한 이해

그렇다면 정확히 협업이란 무엇인가? 이 책에서는 협업을 "공급망 내에서 함께 일하는 기업들이 공동의 목적을 위해 아이디어와 자산, 정보, 지식, 리스크·보상을 공유하는 것"이라고 정의한다. 단순하게는 비즈니스 구성단위 간의 정보를 공유하는 것부터 더 나아가서는 제품 개발과

표 4.1 **협업의 이점**

고객 측면의 이점	- 시장 예측 정확도 향상에 따른 향상된 고객 서비스 - 낮은 주문 관리 비용 - 좀 더 효율적인 프로모션 예산의 분배
공급자 측면의 이점	- 재고 감축 - 낮은 창고 비용 - 자재 가용성의 향상
서비스 제공자 측면의 이점	- 신제품 출시 시간의 단축 - 신제품 혁신의 향상 - 물류비 감축 - 납기 신뢰도 향상 - 유연 생산 시스템의 구축 - 설비 투자비와 감가상각비용 감축

마케팅 프로젝트까지 넓은 범위의 공동 활동을 뜻한다.

어떠한 협업 유형을 취하는가에 관계없이 효과적인 협업관계는 참여 당사자 모두에게 중요한 전략적·재무적 이익을 가져다준다(표 4.1 참조). 효과적인 협업관계는 기업이 진입 장벽이 높은 시장으로 진출하는 것을 돕기도 한다. 예를 들면, 내부적으로 개발하기에는 비용이 너무 많이 들거나 개발하기 어려운 기술, 관련 전문가 확보 등을 협업을 통해 이룰 수 있다. 또한 협업을 통해 비용을 절감하거나 매출을 증진시킬 수도 있다.

협업 스펙트럼

공급망 관리 내에 협업 파트너는 고객이 될 수도 있고, 자재 공급사나 생산이나 물류 영역 등의 운영 서비스를 제공해주는 업체가 될 수도 있다. 협업을 확장하는 방법은 파트너사 형태나 전략적 중요도에 따라 다양하다. 그러나 대부분의 협업관계는 몇 가지 유사한 형태로 구분이 가능하다. 협업관계의 형태는 표 4.2와 같이 나타낼 수 있다.

기업들이 협업하는 방식은 폭넓고 다양하다. 협업 방식은 협업관계의 깊이와 참여자의 수에 따라 달라진다(그림 4.1 참조). 하지만 실제로는 단순거래관계transactional를 맺는 경우가 통합적 협력관계synchronized를 맺는 경우보다 훨씬 더 많은 것으로 나타났다.

표 4.2에 나타난 서로 다른 협업 유형 간에 경계선이 없다는 점에 주목할 필요가 있다. 명확한 경계선이 없는 이유는 협업이 연속적으로 이루어지는 과정이지, 명확하고 상세하게 설명할 수 있는 경영 관리 방식이

표 4.2 네 가지 협업 방안

협업 정도	설명	특징
단순 거래관계	파트너들은 지정된 기간에 특정 거래의 가격을 고정하거나, 특정 구매의 일정 수량·금액에 대해 가격을 고정시키는 협약을 맺음	- 매일 반복되는 거래에 투입되는 수고를 최소화하며, 특정 공급업체들과의 거래에 대한 의사결정이 가격에 국한되어 있을 때 활용됨 - 협업에 대한 노력과 투자, 정보 공유가 적게 요구됨
상호 협력관계	파트너들은 납기 확약 정보나 수요 예측 정보, 재고 가용성, 구매 주문, 주문·납기 현황 등을 서로 공유함	- 높은 수준의 정보 공유가 요구됨 - 데이터가 자동 혹은 수동으로 다른 파트너에게 보내지거나pushed, 정보를 받는 파트너가 직접 데이터에 접근해야 함pulled - 데이터의 형태나 종류가 표준화되어야 함
전략적 협력관계	파트너들은 서로의 역량에 의지해 장기적으로 관례를 지속할 것을 약속함	- 파트너 간의 양방향 정보 흐름을 기반으로 계획과 실행 프로세스를 강하게 일치시킴 - 높은 수준의 협의와 타협이 요구됨 - 정보 교환을 위한 사설 시스템이 요구됨
통합적 협력관계	공급망 운영 부문을 넘어 다른 주요 비즈니스 프로세스에서도 관계를 유지함	- 파트너들과 R&D 프로젝트나 공급자 개발에 대해 공동 투자하거나, 지적 재산권 개발에 대해 공동 투자함으로써 상호 간의 전략적 가치를 창출함 - 파트너들이 물질적·지적 자산과 인력을 공유함 - 파트너들이 공동으로 정보를 개발함

아니기 때문이다. 또한 이러한 협업 유형들로 이루어진 스펙트럼의 방향이 협업 역량의 성숙도를 나타내는 것도 아니다. 협업 스펙트럼은 단순히 실현 가능한 협업관계들의 특징을 표현하는 방법이다.

고객과의 관계나 공급업체와의 관계에는 모두 어느 정도의 협업이 내포되어 있다. 그러나 더 나아가 공급망 내 파트너들과의 관계를 시스템적으로 구축하기 위해서는 먼저 협업 스펙트럼상의 협업 정도에 따른 협

그림 4.1 협업 스펙트럼

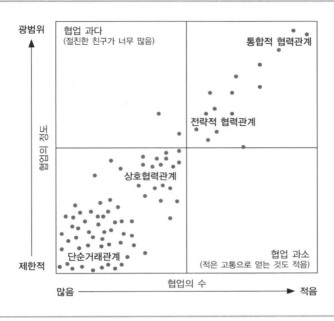

업 유형들을 이해하고, 자사가 무엇을 필요로 하는지를 명확하게 정의하며, 어떤 공급업체와 어떤 형태의 협업관계를 맺는 것이 가장 도움이 될지 또는 어떤 협업이 자사가 필요한 것을 충족시키는 데 가장 효율적일지를 생각하는 데 많은 시간을 투자할 것을 권고한다. 대부분의 경우 많은 수의 파트너와 협업관계를 구축하는 것보다 적은 수의 파트너와 심도 있는 협업관계를 맺는 것이 더 낫다. 각 공급망 파트너와 어느 정도의 협업관계를 맺을지를 결정하는 방법에 대해서는 이 장의 후반부에서 다룰 것이다.

단순거래관계

단순거래관계transactional collaboration의 협업은 가장 기초적인 협업 모델로서 현재까지도 가장 널리 사용된다. 이 협업관계는 일정 기간 또는 판매량이 일정 수량과 금액에 도달하는 동안 특정 제품의 가격을 고정시키는 형태로 나타난다. 구매자는 일정 최소 수량을 구매하는 대신 계약 기간에 고정된 가격으로 제품을 공급받고, 공급자는 자재 계획과 생산 계획의 변동성을 축소시킨다.

이러한 형태의 협업은 참여 파트너 간의 효율적이고 효과적인 거래를 목표로 한다. 단순거래관계 협업이 전략적인 가치를 제공하지 못한다는 의미는 아니지만, 이러한 협업관계의 파트너들은 공급망 전반의 원가를 절감한다거나 수익을 향상시키기 위해 협업에 참여하는 것은 아니다. 그 대신 그들은 거래 협상을 계속 다시 하는 수고를 없애는 것과 같은 거래 실행의 용이성을 높이는 목적을 가지고 있다. 일반적으로 전략적으로 조금 덜 중요한 파트너에 대해서는 장기적 관계보다는 일상적으로 일어나는 거래에 대한 수고를 최소화하는 데 집중하는 경향을 보인다.

단순거래관계에서는 복잡한 정보 시스템이 필요하지 않기 때문에, 대부분의 기업들은 상호 간 정보를 교환할 때, 이를 자동으로 제공하지 않는다. 이러한 이유로 단순거래관계에서의 정보 제공은 대부분의 경우 수작업으로 이루어진다.

상호협력관계

 상호협력관계cooperative collaboration에서는 단순거래관계에서보다 높은 수준의 정보 교류가 이루어진다. 상호협력관계에 있는 파트너들은 확정 납기일과 같은 정보를 자동으로 제공하기도 한다. 또한 수요 예측 정보나 사용량, 재고 가용량, 주문 상황, 납기 상황 등과 같은 정보를 공유하기도 한다. 보통 한 파트너가 정보를 올리면 다른 파트너가 그 정보를 보고 실행하는 하는 형태로 이루어진다. 이러한 단방향 커뮤니케이션에서는 데이터가 다른 파트너에게로 자동 혹은 수동으로 보내지거나pushed, 정보를 받는 사람이 직접 접근해볼 수 있도록pulled 공개하는 방식으로 교류되기도 한다. 보통 제공되는 데이터의 종류나 형태는 표준화되어 있다.

 POSpoint-of-sale 데이터의 수집 및 제공 방식은 이러한 상호협력관계 협업의 대표적인 사례이다. POS 데이터는 소비자가 제품을 구매하고 결제하는 과정에서 자동으로 수집된다. 소매상들은 판매된 물품의 가격과 수량에 대한 POS 데이터를 매일매일 수집한다. 이러한 POS 데이터는 제품 프로모션이나 특별 판매와 같이 판매를 촉진시키는 데에 자주 활용된다. 공급업체는 이러한 데이터를 통해 최근 고객의 구매 성향이나 판매 유형·수요에 영향을 주는 요인들을 파악할 수 있으며, 이는 향후 계획 수립에 도움을 준다.

전략적 협력관계

전략적 협력관계coordinated collaboration에서는 공급망 내 파트너들이 좀 더 서로 가깝게 함께 일하며, 서로의 역량에 좀 더 많이 의지한다. 따라서 이러한 수준의 협업에는 파트너 간 쌍방향 정보 교환이 요구되며, 계획·실행 프로세스를 좀 더 강하게 일치시킬 필요가 있다. 따라서 협업관계를 지원하기 위한 정보 공유 인프라나 프로세스가 상호협력관계보다 더 복잡해진다. 이 때문에 대부분의 전략적 협력관계의 협업은 공급망 내 파트너들 중 전략적 중요도가 높은 파트너들을 대상으로 시행된다.

공급자 주도형 재고 관리Vender Managed Inventory: VMI는 이러한 전략적 협력관계 협업의 좋은 예이다. VMI에서 공급업체는 고객이 항상 충분한 재고를 보유할 수 있도록 하는 책임을 진다. VMI의 형태 중에는 수동으로 관리되는 형태도 존재한다. 예를 들면, 공급자가 직접 고객 현장을 방문해 재고 수준을 파악한다거나, 구매 부서가 칸판 카드Kanban Card(재고 보충 요구에 대한 신호)를 조달 부서로 보내서 조달을 진행하는 경우도 있다. 하지만 현재 대부분의 경우, VMI의 모든 작업은 자동으로 진행된다. 수요 예측이나 과거 재고 사용 이력을 바탕으로 공급업체가 원격으로 재고 보충 시점을 결정하거나, 현재 소비 정도와 POS 데이터, 재고 수준 등을 바탕으로 재고 보충 시점을 결정한다. 이때, VMI 성공의 핵심 요인은 효과적인 데이터 교환이다.

전략적 협력관계는 실제로 실행되는 경우가 드물다. 단순거래관계나 상호협력관계와는 다르게 전략적 협력관계는 두 파트너 모두에게 광범위한 부분에 대한 협의와 장기적 관계에 대한 확신을 필요로 하기 때문이다. 또한 높은 수준의 데이터 공유를 위해서는 보안 시스템도 필요하다. 따라서 협업 양측 모두는 이러한 관계 구축으로 인한 효율성 증가로 이익을 얻는 대신 협업을 위해 필요한 프로세스와 시스템을 구축하는 데 많은 시간과 돈을 투자해야 한다.

통합적 협력관계

스펙트럼 내 가장 깊은 수준의 협업인 통합적 협력관계synchronized collaboration 의 협업은 프레임의 1사분면에 위치한다. 이 모델은 공급망상에서뿐만 아니라 사업의 중요한 프로세스에서도 파트너와 협력적인 관계를 맺는다. 파트너들은 R&D 프로젝트에 공동으로 투자하거나, 신규 공급업체 개발이나 지적 재산Intellectual Property: IP 개발을 함께 진행하기도 한다. 이러한 물질적·지적 자산의 공유는 인력의 교환까지도 확장될 수 있다. 통합적 협력관계의 협업은 전략적 제휴의 형태로도 나타날 수 있는데, 한 기업이 다른 기업에게 기술 라이선스license를 제공하거나, 두 기업이 공동으로 한 기업을 위한 제품을 개발하는 것이 그러한 사례이다.

통합적 협력관계 중 우리에게 익숙한 사례는 소프트웨어가 장착된 상태로 출시되는 PC의 사례이다. 통합적 협력관계는 제품이나 서비스에 대한 공동 개발이나, 정보 공유에 대한 공동 개발, 또는 함께 일하는 새로운 방법이나 더 나은 방법에 대한 개발 등의 형태로 나타나기도 한다.

공동 개발은 훌륭한 가치를 산출해낼 수 있다. 신제품 개발에서 공동 공급망 내 파트너들 간의 공동 개발 업무를 통해 새로운 방식으로 운영 프로세스를 통합함으로써 상당한 수준의 프로세스 개선을 이룰 수 있다. 이를 통해 좀 더 효과적으로 함께 일할 수 있으며, 효율적으로 그 성과를 공유하는 것이 가능해진다.

그림 **통합적 협력관계의 협업을 통한 공동 개발**

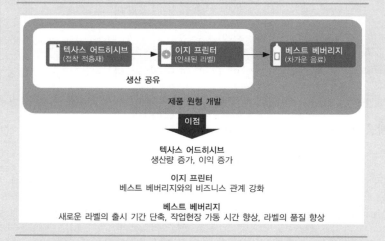

위 그림은 통합적 협력관계를 통한 공동 개발의 사례이다. 여기서 텍사스 어드히시브Texas Adhesive의 공급망 내 파트너는 이지 프린터EZ Printer와 베스트 베버리지Best Beverage이다. 텍사스 어드히시브는 음료수 병에 부착되는 라벨의 접착제를 생산하는 업체이다. 텍사스 어드히시브의 고객사는 이지 프린터로 이 회사는 라벨을 프린트해 이를 베스트 베버리지에 공급하고 있다. 베스트 베버리지는 이것을 차가운

음료의 병에 부착한다.

텍사스 어드히시브는 종이 라벨보다 기능적으로나 모양 측면에서 더 향상된 기능이 있는 적층 플라스틱 라벨로 교체하는 계약을 베스트 베버리지와 체결했다. 하지만 이지프린터의 입장에서는 텍사스 어드히시브에게 종이 라벨보다 비싼 적층 플라스틱을 공급받아 베스트 베버리지가 원하는 가격에 적층 플라스틱 라벨을 판매하면, 기존보다 손해를 보게 되는 상황이었다.

원가를 낮추기 위해서 텍사스 어드히시브와 이지 프린터는 양쪽 회사의 제조 공정을 최적화할 수 있도록 생산 스케줄을 일치시키는 방법을 공동 개발했다. 또한 이지프린터의 생산직 관리자가 텍사스 제품 불량과 같은 적층 플라스틱 라벨에 관련된 생산 이슈들을 어드히시브에 직접 피드백할 수 있도록 시스템을 구축했다. 텍사스 어드히시브는 이러한 피드백 정보를 생산을 개선하는 데에 활용했으며, 그 결과 두 회사 모두 생산성 향상과 원가 절감 효과를 얻을 수 있었다.

이러한 노력을 확장시켜 텍사스 어드히시브와 이지 프린터 그리고 베스트 베버리지, 이 세 회사는 공동으로 라벨 신제품을 디자인하고 테스트할 수 있는 제품 원형 개발 설비를 개발했다. 이러한 공동 개발은 텍사스 어드히시브의 라벨 디자이너들과 베스트 베버리지의 마케팅팀 양쪽 모두에게 어떤 형태의 라벨 디자인이 라벨 제조와 부착에 가장 효율적인지를 가늠할 수 있도록 해주었다. 이렇게 세 업체 모두가 참여한 작업을 통해 세 회사 모두의 우선순위를 만족시킬 수 있는 라벨을 탄생시키는 길을 열 수 있었다.

또한 각각의 공급망 내의 파트너들은 이러한 공동작업 참여를 통해 각자의 이득을 취할 수 있었는데, 텍사스 어드히시브의 경우 생산량과 이익의 향상을 가져왔고, 이지프린터는 베스트 베버리지와의 비즈니스가 증가했으며, 베스트 베버리지는 새로운 라벨을 출시하는 데 소요되는 시간을 단축하는 동시에, 내부 공정 시간과 라벨 품질을 향상시킬 수 있었다.

개발을 진행할 경우, 주요 자재의 공급업체나 생산 파트너 업체들이 개발에 참여함으로써 최고의 공급망 성과를 창출할 수 있는 제품 디자인을 창조해내기도 한다(사례: 통합적 협력관계의 협업을 통한 공동 개발 참조). 다른 형태의 협업을 하는 기업들은 단순히 제품 정보만 공유하는 데 비해 통합적 협력관계에 참여한 기업들은 제품 정보 관리 시스템Product-data-management-system: PDMS을 공유한다.

협업이 어떠한 형태로 이루어지든 관계없이 모든 통합적 협력관계에서 정보는 단지 교환되거나 전달되기만 하는 것이 아니라 공동으로 창출된다. 또한 통합적 협력관계는 단기적 계획과 전술 실행이 아닌, 미래의 전략적 비전에 집중한다. 파트너들 간 장기적 관점의 금융 투자는 이러한 형태의 협업에서 나타나는 전형적인 특징이다. 또 다른 특징은 파트너들 간의 분쟁과 계약에 대한 우려 등 문제가 발생하는 경우 단순히 협업관계를 끊는 것이 아니라, 이를 해결하기 위해 파트너와 함께 광범위한 업무를 수행해 나아간다는 것이다.

스펙트럼 내에서 적절한 위치 찾기

협업 스펙트럼은 공급망 내에 파트너들과의 관계를 위치로 나타낸다. 회사의 협업 전략을 디자인할 때는 반드시 어떤 파트너가 어떤 형태의 협업관계와 잘 맞는지를 정의해야 한다. 협업 스펙트럼은 이러한 협업관계에 대한 옵션을 제시한다. 스펙트럼 내에 보이는 대각선에 위치한 각각의 협업관계들 사이에는 옳고 그름이 없지만, 대각선 바깥 영역에서는 협업 모델을 선택할 때 피해야만 하는 관계들이 존재한다.

첫 번째로 설명하는 것은 "협업 과소(적은 노력으로 얻는 것도 적음)" 영역이다. 이 영역은 협업관계를 맺는 파트너가 극히 제한적인 경우를 의미한다. 이 영역의 협업 모델을 택하면 투자 금액이나 위험 요소가 매우 적지만 그와 비례해 얻는 이득도 적다. 물론 제한된 협업을 택하는 경우에도 누적되는 재무적 이익이 생길 수 있지만, 이 영역은 협업에 요구되는 투자 금액에 비해 얻을 수 있는 이익이 가치가 없어서 협업 전략으로 선택하기에는 효과적이지 않은 형태를 의미한다.

두 번째로 피해야 하는 영역은 "협업 과다(절친한 친구가 너무 많음)" 영역이다. 이 영역의 협업관계는 다수의 공급망 내 파트너들과 깊은 협업관계를 맺는 것을 목적으로 한다. 흥미롭게도, 협업관계 기법을 개발하는 개발자들은 종종 이것을 가장 최적화된 모델이라고 말하기도 하는데, 이들의 주장은 기술의 발달로 인해 협업이 광범위해지고(다수의 공급망 내 파트너들과 함께할 수 있음) 깊어질 수 있다(각각의 파트너들과 확장된 협업관계를 맺음)는 것이다. 하지만 이러한 통합이 가능할지는 몰라도 보통의 경우에는 실행되기 어렵다. 가장 큰 이유는 다수의 파트너들과 사업의 목표를 일치시키고, 각 파트너들의 운영 방식을 구미에 맞게 변경시키는 것이 매우 어렵기 때문이다.

현재 이루어지는 대다수의 협업관계는 단순거래관계이거나 상호협력관계이다. 이 협업관계들은 제한된 활동 영역에 집중하는데, 일반적으로는 구매와 생산 영역이 그 대상이다. 이 두 가지 협업관계에서는 협업에 필요한 투자 규모가 작다. 그리고 협업의 결과가 회사의 전략이나 신제품 출시 혹은 신기술 개발에 항상 영향을 주는 것은 아니다. 따라서 이 협업관계의 참여자들은 협업을 통해 재고 수준의 축소나 고객 서비스 수준의 향상, 인력의 효율적 사용, 납기의 정확성과 납기 속도 향상 등을 기대하지는 않는다.

일반적으로 단순거래관계와 상호협력관계의 목표는 "일상적으로 발생하는 거래의 실행에 대한 점진적 개선"이다. 이 협업관계에서는 정확히 협업을 목표로 한 것만을 수행한다. 그렇다고 단순거래관계나 상호협력관계가 가치가 없다는 의미는 아니다. 그리고 이 두 가지 협업관계가 더 복잡하고 전략적인 협업관계로의 첫 디딤돌로 간주되는 것도 아니다. 좀 더 발전된 형태의 협업을 위해서는 더 많은 투자가 요구되고, 그것을 지속적으로 유지해야 하며, 협업관계를 해칠 수 있는 상황들에 대해 늘 주의해야 하기 때문에, 발전된 형태의 협업이 모든 고객이나 공급자들과의 관계에 적용하기에 적합한지 아닌지를 인지할 필요가 있다.

기업들이 수직 통합vertical integration의 전통적 모델을 적용하는 것을 점점 꺼리고 있고, 이에 따라 선별된 일부 공급망 파트너들과의 깊고 밀접한 협업관계에 대한 요구가 증가하고 있다. 협업으로 인해 기업이 보유한 내부 역량을 일부 처분하게 되지만, 이는 그 역량을 더는 필요로 하지 않는다는 의미가 아니라, 단순히 그 역량의 원천을 회사의 직접적인 통제 영역 밖으로 옮기는 것을 뜻한다. 이렇게 외부 관계를 성공적으로 관리하는 역량은 그 자체가 기업의 핵심 역량이 될 수 있다(제3장 참조).

협업을 할 때에 이론적으로 가능한 것과 기업 전략을 실행하기 위해 필요한 것, 그리고 일상적인 운영상 현실적으로 실행 가능한 것이 있다. 이 세 가지의 균형을 맞추는 것이 협업을 실행하는 데에 가장 어려운 부분이다. 협업 스펙트럼은 각 회사마다 다르게 나타날 수 있는데 이는 가장 최적화된 협업관계의 수나 그 형태가 매우 다양하다는 의미이다. 대부분의 기업이 자신들에게 꼭 맞는 최적화 영역과 동떨어져 있는 영역에 위치해 있지만 점점 상호협력관계와 전략적 협력관계의 숫자는 증가하고 있다. 단, 최적의 협업 모델 적용 가능 여부는 파트너가 협업을 할 능력을 보유하고 있는가에 따라 제한될 수 있다.

협업관계가 점점 더 깊어지고 확장될수록 모든 참여자들의 공급망 핵심 프로세스를 통합하는 것이 더욱 중요해진다. 핵심 프로세스의 통합은 통합될 프로세스에 관한 관리 규칙을 확립하고, 반드시 필요한 통합 수준이 어느 정도인지를 결정하여 이루어진다.

지금으로부터 약 50년 전에 도요타는 이러한 협업 공급망을 최초로 도입했다. 도요타 모델이 장수할 수 있었던 이유는 이러한 전략적 협력관계가 오랫동안 실행되고 유지되었기 때문이다. 세계 최대의 자동차 안전 시스템 업체인 오토리브^{Autoliv}와 도요타의 관계가 전략적 협력관계의 좋은 사례이다. 오토리브 미국 유타 공장의 생산이 난항을 겪어 제품을 제시간에 공급할 수 없게 되자, 도요타는 자신들의 제조 전문가를 오토리브 공장에 파견해 도요타 생산 시스템을 오토리브 인력들에게 가르쳤다. 그 결과 3년 만에 오토리브의 제조 프로세스는 변화했으며 이는 두 기업 모두에게 이득을 가져왔다.[2]

4.2 성공적인 협업의 길

협업관계 구축의 성공 여부는 기업과 그 파트너가 상호 협약을 기초로 파트너십을 실행할 수 있느냐에 달려 있다. 모든 파트너십의 형태는 각각 다르겠지만, 아래 가이드라인은 모든 파트너십에 해당될 수 있는 성공 요인들이다.

- 외부 파트너와 협업하기 전에 내부 협업을 완결시켜라.
- 파트너를 세분화하고, 각각의 세분화 그룹에 대해 적절한 협업 수준을 정하라.
- 파트너를 신뢰하되 자신의 이익은 관철시켜라.
- 이득과 손해, 이 모두를 공유하라.
- 협업을 지원해주는 기술을 활용하라.

먼저 내부 협업부터 완결시켜라

우리는 내부 협업을 통해 중요한 이점들을 얻을 수 있다. 규모의 경제나 범위의 경제를 이룰 수 있으며, 효율성을 더 높일 수 있고, 지식을 공유하고, 노력의 이중 투입을 줄일 수 있다. 또한 내부 협업은 프로세스, 시스템, 조직 구조를 연결해 공동의 목표를 달성하기에 적합하게 만들기도 하며, 이를 실행할 때에 발생하는 위험도 낮다. 내부 협업의 성공은 협업 자체가 실질적으로 이득이 된다는 것에 대한 반증이기도 하다. 이러한 이유로 내부 협업은 공급망 내의 파트너들과 외부 협업을 진행하기 위한 발판이 될 수 있다.

그러나 내부 협업은 결코 쉽지 않다. 기업 내부에는 업무 영역이나 기능에 의해 나누어진 조직들이 존재하는데, 이렇게 나누어진 각 조직은 회사 전체의 성과를 생각하기보다는 각자 자신의 성과를 극대화하는 데 집중하기 때문이다. 또한 각 부서의 사람들이 자신의 의사결정이나 행위가 다른 부서나 기능에 어떠한 영향을 미치는지에 대해 알기 어렵기 때문에, 내부 협업에 의한 새로운 방식의 상호작용이 회사 전체의 관점에서 어떠한 이득을 가져오는지에 대해 즉각적으로 인지하기 어렵다. 또한 각각의 부서들이 서로 다른 정보 시스템을 가지고 있어 정보를 교환하기에 적합하지 않을 수도 있다. 공용 데이터 플랫폼이 없고 기능을 공유하지 못하고 표준화된 형태가 없는 분리된 시스템은 효과적인 협업을 막는 장애물이 될 수 있다.

이러한 난제들을 극복하기 위해서는 고위 임원들이 내부 협업이 비즈니스에 가져오는 이점들을 사실에 근거해, 특정 용어를 사용하여 명확하게 설명할 수 있어야만 한다. 또한 내부 협업이 한 부서의 이득을 다른 부서의 비용으로부터 창출하는 제로섬^{zero-sum} 게임이라는 고정관념을 떨쳐버려야 한다. 마지막으로 현재 회사가 보유한 인프라가 각 부서에 부정적인 영향을 미쳐서 협업을 좌절시키지 않도록 해야 한다.

로지텍^{Logitech}은 이러한 내부 협업을 완성한 좋은 사례이다. 로지텍은 PC 네비게이션, 게임, 인터넷 커뮤니케이션, 디지털 음악, 홈 엔터테인먼트에 사용되는 제품을 만드는 회사이다. 이 회사는 전 세계에 위치한 오프라인 소매점과 인터넷 기반 온라인 소매점에 제품을 판매하며, 전 세계 OEM 업체에 생산을 위탁하는 등 글로벌한 공급망을 보유하고 있다.

로지텍은 소매점에서 판매되는 제품이 고품질의 혁신적인 자사 제품 이미지를 표출할 수 있도록 눈길을 사로잡는 패키지를 적용했다. 많은 제품들이 그렇듯이, 제품에 꼭 맞는 패키지는 제품의 겉모습과 제품 자체가 주는 느낌이 그 어떤 각도에서든 부각될 수 있다. 또한 이러한 제품들은 소매점의 선반이나 가판대에 진열되거나 선반에 걸려서 전시되기 때문에 패키지가 소매점의 디스플레이^{display}와 얼마나 잘 매치^{match}될 수 있는지도 중요한 요소였다.

하지만 위와 같은 제품의 마케팅적 요소는 공급망 운영의 최적화와 대립될 수도 있다. 예를 들어 패키지 디자인 때문에 제품 운송 시 한 팰릿^{pallet}에 들어갈 수 있는 제품의 수량이 줄어들어, 운송의 효율성을 떨어뜨릴 수 있다.

로지텍은 제품 패키지의 형태를 결정할 때 공급망 운영 측면보다는 상품 마케팅적인 측면에 집중하는 양상이었다. 제품 패키지는 한 번 그 형태가 디자인되고 판매되기 시작하면, 그 이후에 디자인을 바꾸는 것은 매우 어려워진다. 왜냐하면, 소매점 입장에서는 제품의 패키지만 변해도 완전이 새로운 제품으로 인식하기 때문에, 소매점에서 보유하고 있는 기존 제품을 업데이트된 새로운 제품으로 교체하기를 원하기 때문이다.

이러한 문제점을 해결하기 위해 로지텍은 패키지 디자인 과정에서 마케팅팀과 공급망 관리팀이 함께 협업할 것을 요청했다. 로지텍의 임원들은 두 부서의 요구를 모두 만족시키는 패키지 형태를 타협해서 만들어낼 것을 독려했다. 로지텍은 이러한 협업의 결과로 만들어진 디자인을 통해 제품을 공급하는 과정에서 효율성이 향상되었고, 이와 동시에 고품질의 혁신적인 이미지도 유지할 수 있었다.[3]

파트너들을 세분화하고, 각각의 세분화 그룹에 대해 적절한 협업 수준을 정의하라

고객이나 공급사 등 공급망 내 모든 파트너들과 깊은 협업관계를 맺는 것이 좋게 보일 수도 있다. 하지만 모든 파트너들과 깊은 연관관계를 갖는 것은 현실적으로 불가능하며 비용 측면에서 효율적이지도 않다. 집중적인 협업관계를 맺는 과정은 복잡하며, 그 속에 많은 어려움이 존재하기도 한다. 또한 이를 위해서는 자원이나 프로세스, 시스템 등에 많은 투자를 필요로 하기도 한다. 고객 측면에서는 모든 고객이 동일한 수익성을 보장해주지 못하며, 동일한 가치를 보유한 것도 아니다. 파트너 측면에서는 많은 잠재적 파트너들이 협업을 할 역량을 가지고 있지 못하며, 역량이 있다고 해도 당신의 회사가 원하는 만큼의 협업 정도를 원하지 않을지도 모른다.

이러한 이유로 협업 프로그램을 진행하기 전에 먼저 파트너를 분류하는 과정이 필요하다. 이 과정은 마케팅에서도 타깃 고객을 세분화하는 접근 방식과 유사하다. 마케팅에서도 고객을 세분화함으로써 가장 높은 투자회수율Return on Investment: ROI을 가져올 수 있는 고객군에게 보유 자원을 집중 투자한다.

그렇다면 파트너를 어떻게 세분화해야 할까? 일반적으로 기업들은 전략적으로 중요한 주요 고객군, 공급자, 제품 등에 대한 리스트를 보유하고 있을 것이다. 그렇다면 어떠한 근거로 그 리스트가 산출되는가? 파트너사의 규모인가? 원자재나 서비스의 가격인가? 그 항목들에 대한 회사의 의존 정도인가? 회사에 이익을 가져다주기 때문인가?

파트너에 대한 의사결정을 한두 가지의 간단한 평가 요소로만 판단하는 것은 매우 위험하다. 따라서 잠재적 파트너들을 다방면으로 평가할 수 있는 방법을 제시한다. 잠재적 파트너에 대해 이러한 다면 평가를 적용해봄으로써, 전략을 가장 잘 지원해줄 수 있는 관계가 어떤 형태인지 결정하는 데 도움이 될 것이다.

- **전략적 중요도** 잠재적 파트너의 규모나 사업의 규모, 잠재 파트너의 보유 기술이나 전문가 보유 정도, 잠재 파트너가 공급하는 원자

재나 부품, 잠재 파트너의 시장 포지션position 등이 회사에 얼마나 필수적인 요소인가? 그 파트너가 회사가 영위하는 사업에 주는 영향이 크면 클수록 그 파트너와 더 깊은 협업관계를 맺어야 한다.

- **기대하는 관계 유지 기간** 이러한 파트너십 관계가 얼마나 지속될 것 같은가? 한 달인가? 일 년인가? 단기 파트너십에서는 전략적 협력관계나 통합적 협력관계가 요구하는 수준의 강도 높은 재무적 약속이나 노력들을 보장받을 수 없다.

- **잠재 파트너의 수** 현재 보유하고 있는 파트너들과 동일한 품질, 동일한 수량, 동일한 기술 역량을 가진 다른 회사는 없는가? 파트너 교체는 용이한가? 만약 다른 회사들도 당신이 원하는 수준의 품질·수량·기술을 제공할 수 있다면, 현재 파트너와 단순거래관계나 상호협력관계를 유지하는 것이 쉬워질 수 있다.

- **제품 중요도** 공급자가 제공하는 제품이나 서비스가 당신 회사 제품의 형태나 기능에 매우 핵심적으로 적용되는가? 다른 회사의 제품으로 대체할 가능성은 없는가? 파트너는 공동 개발 연구에 참여할 의사가 있는가? 만약 파트너의 제품이 당신 회사의 제품에 매우 핵심적인 요소라면, 반드시 더 깊은 협업관계를 맺어야 한다.

- **잠재 위험** 파트너사와 함께 일하는 것 자체가 사업 중단의 리스크를 내포하고 있지는 않은가? 파트너사가 지리적이나 정치적으로 취약한 환경에 위치하고 있지는 않은가? 이러한 위험 요소들은 예비 생산능력 확보나 할당량 보장과 같은 공급망 붕괴 발생 대비를 위한 공동 계약을 통해 줄여나갈 수 있다. 하지만 이러한 공동 계약

은 전략적 협력관계나 통합적 협력관계에 있을 때만 가능하다.

- 제품 브랜드에 대한 기여도 고객들이 당신 회사의 제품을 구매하는 이유가 특정 공급자가 공급하는 일부 부품에 가치를 두기 때문인가? 또는 그 공급자 제품의 브랜드가 당신 회사의 제품에 주는 영향 때문인가? 만약 그렇다면 그 공급자와는 반드시 통합적 협력관계를 구축해야 한다.

- 기타 평가 요소 기업 문화의 적합도 같은 것들은 정량화해 평가하기가 쉽지 않다. 당신의 회사와 파트너사의 기업 문화와 기업가치가 서로 매우 다르다면, 서로 간의 문화적 충돌이 협업에 대한 노력을 방해하는 요소로 작용할 것이다. 만약 어떤 공급자가 전략적으로 중요하다고 판단되어 완전히 다른 기업 문화를 가졌음에도 확장된 협업관계를 구축하고 싶다면, 먼저 이런 어려운 점들을 확실히 표출할 필요가 있다. 그리고 협업을 시작할 때, 기업의 사회적 책임이나 환경적 책임에 대한 일반적인 측정 지표를 설정하거나 직원들의 권한이나 의사결정에 대한 일정한 가이드라인을 반드시 설정해야 한다.

모든 평가 요소가 동일하게 중요한 것은 아니다. 현재 비즈니스 환경에서는 적절한 협업 수준을 결정할 때 사업 중단 리스크에 대한 평가를 진행하는 것이 매우 중요하다. 2011년 일본의 쓰나미나 태국의 대홍수 사태가 발생했을 때, 수천 개 회사의 공급망이 얼마나 취약해지는지 경험할 수 있었다. 대다수의 회사들은 마음만 먹으면 공급망 내의 공급자들을 손쉽게 바꿀 수 있다고 생각했었지만, 현실은 그렇지 못했다.[4] 따라서 협업 평가 프레임워크를 진행하기 전에 이러한 리스크 요인에 대한 조사를 먼저 진행할 필요가 있다.

또한, 공급자 입장에서 당신의 회사가 얼마나 중요할지도 고려해야 한다. 당신의 회사가 어떤 파트너를 핵심 파트너로 생각한다고 해서, 이 파트너들도 당신의 회사와 똑같이 많은 투자를 진행하기를 바랄 것이라고 단정해서는 안 된다. 당신의 회사가 파트너에게 기대하는 것들에 대해 먼저 그들과 타협하는 과정을 진행해야 한다. 전자 업계의 전자제조 전문 서비스Electronics Manufacturing Service: EMS 업체와 위탁계약 생산업체contract manufacturers가 이러한 경우의 좋은 사례이다. 이 업체들은 수백 개의 OEM 업체들과 비교적 깊은 협업관계를 유지하고 있는데, 그 이유는 이들이 기반 기술enabling technology에 대한 소유권을 보유하기 때문이다. 하지만 이 업체들이 모든 고객들과 계획·실행단의 통합적 협력관계의 협업을 하는 것은 아니다. 통합적 협력관계는 오직 가장 전략적으로 중요하거나 가장 규모가 큰 고객을 대상으로 한다. 그리고 이러한 특별 고객들에게는 이미 수립된 자사 공장의 생산 계획을 변경해주거나 부품을 더 빨리 공급해주는 등의 특별한 대우를 기꺼이 제공한다.

파트너를 세분화하는 가장 좋은 접근법은 세분화를 진행하기 전에 평가 프레임워크를 만드는 것이다. 프레임워크 개발은 평가 요소를 나열해 보는 것에서 시작된다. 이때 평가 요소들은 명확한 용어로 표현되어야 하며, 각각 네 가지 협업 정도에 파트너들이 얼마나 부합되는지 평가할 수 있게 구성되어야 한다. 그림 4.2는 이러한 평가 프레임워크를 창출하

그림 4.2 파트너 평가 프레임워크

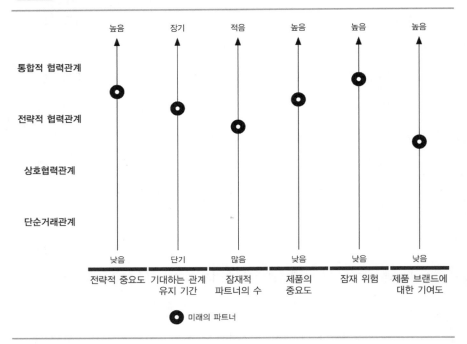

는 방법에 대한 예를 보여준다. 평가 요소가 산출되었으면 그다음에는 평가 대상 파트너들이 각각의 평가 요소에 부합되는 정도에 따라 순위를 매겨야 한다. 이 과정을 통해 반드시 필요한 평가 요소들을 만들어낼 수 있고, 평가 요소에 부합되지 않은 파트너를 제외시킬 수도 있다.

맥도날드McDonald's는 공급사들의 세분화를 전략적으로 실행한 사례이다. 맥도날드는 냅킨이나 빨대와 같은 공산품의 경우, 다수의 각 지역 현지 공급업체들과 계약하고 그 공급사들과 제한적 수준의 협업을 맺는다.

이와는 반대로 소고기나 생선, 닭고기 등과 같은 주요 식재료나 음식 포장 재료는 공급자 수를 제한하고 본사에서 전 세계로 공급한다. 또한 이러한 전략적 공급업체들과 함께 사업 목표 달성에 중요한 프로세스들을 만들어내고 함께 밀접한 관계로 일한다.

일례로 햄버거 패티patty를 만드는 회사인 그라인더스Grinders와의 협업을 들 수 있다. 맥도날드는 식자재에 대한 안전성이 가장 중요한 과제이기 때문에 이들은 그라인더스와 아주 밀접한 협업관계를 맺기 위한 대규모 투자를 진행했다. 이를 통해 이 업체가 공급하는 제품을 맥도날드의 품질 수준에 맞출 수 있도록 했다. 맥도날드에서 근무했던 전前 SCM 전략 임원 호세 루이스 브레턴Jose Luis Bretones는 이에 대해 다음과 같이 설명했다.

> 그라인더스와의 협업 내용 중 한 부분은 맥도날드의 브랜드 이미지가 항상 유지될 수 있도록 하는 것이었다. 그라인더스는 패티를 생산할 때, 다른 업체에 공급하는 패티를 생산하는 영역과 우리에게 공급하는 패티를 생산하는 영역을 분리해 이 둘의 재료가 혼합되거나 오염물이 전염되지 않도록 보장해주었다.[5]

깊은 협업관계에서 더 큰 가치 창출을 위해서는 다음 세 가지 요소가 필요하다. 첫째, 사람들끼리 회의를 하거나 전화 통화를 하거나 프로젝트팀을 구성하는 등 두 회사 간에 상호작용이 있어야 한다. 둘째, 임원 혹은 지식 보유 인력, 어떤 분야의 전문가 인력이나 지식의 단순 거래가 있어야 한다. 셋째, 데이터베이스나 업무 문서, 기록 보관소의 정보 등 체계화된 정보들이 존재해야 한다.

깊은 협업관계를 이끌어내기 위해서 시스코Cisco와 같은 기업들은 공급망 내에 "협업 효과 영역"을 만들어놓았다. 협업 효과 영역은 파트너들과의 정보와 전문 정보의 교환이 가장 빈번하고 가장 집중적으로 일어나는 영역을 의미한다. 협업 효과 영역을 잘 관리하면 조직의 비즈니스와 조직 관리 방안을 강화할 수 있다.[6] 기업들은 협업 효과 영역을 통해 투자 회수율에 가장 큰 영향을 미치는 협업 부분에 대해 집중할 수 있게 된다.

파트너를 신뢰하되 자신의 이익은 관철시켜라

협업관계의 형성과 양측 간 정보의 공유뿐만 아니라 관계가 발전됨으로써 얻는 이익에 대한 공유가 있어야 협업이 효과적으로 이루어질 수 있다. 즉 파트너에게 아무것도 주지 않으면서, 파트너에게 무언가를 요구할 수는 없다는 의미이다. 파트너에게 요구하는 무언가는 대부분의 경우 정보이며, 어떤 경우에는 가격 할인이나 부가가치 서비스의 제공이 될 수도 있다. 예를 들면, 만약 어떤 회사가 자신들의 주문을 자동으로 발주하는 인프라 시스템을 공급사에 설치하고자 한다면 공급사의 입장에서는 수요 예측 정보가 있어야 주문에 바로 대응할 수 있기 때문에 당연히 수요 예측 정보 공유를 요청할 것이다. 정보의 공유는 신뢰를 바탕으로 이루어진다. 만약 그 회사가 수요 예측 정보의 공유를 원하지 않는다면 이러한 협업에 필수적인 요소인 파트너사의 신뢰를 얻지 못할 것이다.

최고의 SCM 전문 컨설팅 그룹 PwC PRTM의 **SCM 전략과 실행**

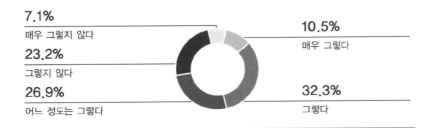

그림 4.3 파트너십의 목표 일치 정도에 대한 우려

"우리 회사와 파트너사가 동일한 목표를 추구하지 않는 것이 우려된다"라는 항목에 대한 응답

7.1%
매우 그렇지 않다

10.5%
매우 그렇다

23.2%
그렇지 않다

26.9%
어느 정도는 그렇다

32.3%
그렇다

자료: *SCM World*, March(2012).

대부분의 기업들이 협업 파트너에게 전략적 정보를 제공하는 것에 대해 회의적인 데에는 이유가 있다. 신뢰라는 것은 항상 깨질 수 있기 때문이다. 극비의 가격 정보가 경쟁자들 손에 넘어갈 수도 있고, 공급자들은 항상 최적 가격에 공급한다고 말하지만 알고 보면 다른 회사들은 동일한 공급자에게 더 좋은 가격에 제품을 공급받고 있을 때도 있다. 게다가 파트너십에 대해 참여자들이 동일한 목표를 추구하지 않는 것에 대한 우려도 크다. 최근 연구 결과 43%의 응답자가 이러한 점에 대해 우려한다고 응답했다(**그림 4.3** 참조).[7]

어떤 사람들은 신뢰가 깨질 수 있다는 것 자체가 비즈니스의 자연 섭리라고 이야기한다. 하버드 비즈니스 스쿨의 윌리 시Willy Shih 교수에 따르면, 1870년대 미국 섬유 회사들은 직원들을 영국 공장으로 보내 섬유 설비에 대한 정보를 빼내오도록 했다. 또한 냉전 시대에 러시아인과 동독인은 미국의 컴퓨터와 컴퓨터 칩chip 디자인을 훔쳤다. 윌리 시 교수는 이

것을 정상적인 발전 패턴이라고 주장했다.[8]

월리 시 교수의 주장에 대한 동의 여부와 관계없이 많은 기업들은 단지 깊은 협업관계를 개척해가고 있기 때문에 지적 자산[IP] 정보 유출을 비즈니스상에서 벌어지는 일반적인 의례로 받아들여야 한다고 생각하지 않는다. 이것이 바로 기업들이 자신들의 이익을 보호하기 위해 취할 수 있는 모든 계획을 다 취하는 이유이다. 하지만 이 세상에 존재하는 계획이란 가끔은 완벽하지 않다.

애초에 협업을 맺지 않는다면 이러한 실패 또한 없겠지만 한편으로는 협업을 통해 회사를 보호하는 방법이 한 단계 더 발전할 수 있다.

▎ 견고한 계약의 체결

아무리 주의를 기울여 계약 구조를 만들어도 어떤 부분에서는 구멍이 있을 수 있다. 발생 자체를 방지할 수 있는 확실한 방법이 존재하지는 않지만 그나마 다행인 것은 기밀 위반으로부터 회사를 보호하는 방법이 이전보다 점점 더 발전하고 있다는 점이다. 협업 파트너십은 일반적으로 계약이나 기밀 유지 조항을 포함하고 있어서 법적 보호를 받을 수 있다. 계약이나 기밀 유지 조항은 "신뢰"라는 한 단어로 명확하게 표현하지 못하는 부분을 명확하게 바꾸는 방법이다. 잘 구성된 계약 구조는 위험 요소를 최소화할 수 있다. 하지만 협업관계가 틀어졌을 때 이러한 계약 구조 자체가 법적인 구제를 제공할 것이라고 기대해서는 안 된다. 대부분의 경우, 계약 위반이 발생해 법정으로 가면 비용이 많이 들고 소모적인 활동일 때가 많다. 그 대신 협업관계의 역할과 책임을 정의하고 통제와 관리는 어떻게 할 것인지를 정의하는 수단으로 계약을 이용해야 한다.

▎사이버 보안

또 하나 생각해야 하는 부분은 데이터의 교류이다. 데이터를 암호화하는 기술이 많이 존재한다 해도, 현실적으로는 그 기술들이 모든 데이터를 보호해주지는 못한다. 이 때문에 많은 기업이 종합 보안 서비스를 개발해 파트너들이 규정된 보안 절차를 따르도록 하고 있다. 파트너들의 경우 암호를 입력해야만 데이터에 접근 가능하다. 또한 복잡한 이력 확인 절차를 거치고 비밀 보호 협약에 동의한 몇몇 사람들만 서버나 단말기에 접속할 수 있도록 하여, 접속 가능한 사람들의 수를 제한한다. 정보나 특허에 대한 접근은 허용된 인터넷 프로토콜과 MAC 주소를 통해서만 가능하도록 설계되어 있다.

국제 표준화 기구International Organization for Standardization는 기업들의 정보 보안 리스크 관리를 돕기 위해 정보 보안 정책부터 BCMBusiness Continuity Management(비즈니스 연속성 관리) 분야까지 모범적인 방법을 제시하는 복합적인 컨트롤 방법을 만들었다. 기업들이 기존에 일반적으로 파트너에게 요구해왔던 절차나 방법에 비해 정보 보안 부문에서 좋은 성과를 낼 수 있는 프레임워크이기 때문에 일부 기업들은 협업 파트너들에게 이러한 표준 절차를 준수하도록 요구한다. 국제 표준화 기구에서 제시하는 기준에는 재해 발생 시 복구 계획이나 네트워크에 연결되는 모든 디바이스에 대해 안티 바이러스 보안 제품이 지속적으로 사용되는지 등의 평가 기준도 포함되어 있다.

공급망은 매우 변화무쌍해서 기존에 존재하는 파트너십은 더욱 발전하고 새로운 고객이나 공급업체가 공급망에 일상적으로 추가된다. 이 때문에 모든 정보의 보안 위험 요소를 제거하는 것은 현실적으로 불가능하고 비용도 감당하기 어렵다. 따라서 적절한 수준의 보안 강도를 설정할 필요가 있다. 이를 위해서는 먼저 사업에 큰 영향을 미칠 수 있는 상황들을 정의해야 한다. 핵심 시스템의 사용이 불가능해지거나 데이터의 완전성이 깨지거나, 파트너들과의 커뮤니케이션이 방해를 받는 상황을 예로 들 수 있다. 상황이 정의되면 이러한 상황이 발생할 수 있는 가능성을 최소화하기 위한 절차와 장치들을 적소에 설치해야 한다.

이득과 손실, 이 모두를 공유하라

협업이란 단어의 의미에는 "성과 배분"의 의미가 포함되어 있다. 이는 파트너십을 통해 얻어지는 이익을 공유한다는 의미이기도 하며, 여기에는 발생되는 손실을 공유한다는 의미도 포함된다.

▌비용 절감을 통한 성과 배분

일반적으로 성과 배분은 공급망 내의 파트너들 간에 비즈니스 관계에서 얻어지는 재무적 이익을 분배하는 개념으로 알려져 있다. 공급망 전반에 걸친 비용을 낮추기 위해 각각의 파트너들이 함께 노력하고 그로부터 절약되는 부분을 서로 공유하도록 동의한 것이다. 이에 대한 자세한 사항들은 보통 법적 계약에 의해 이루어진다. 나비스타 인터내셔널^{Navistar}

International과 멘로 월드와이드 로지스틱스Menlo Worldwide Logistics의 협업은 이러한 성과 배분의 사례를 잘 나타낸다.[9]

나비스타는 상업용 트럭과 버스, 디젤 엔진을 생산하는 제조업체이다. 그들은 1000여 개에 달하는 딜러dealer 네트워크를 전 세계에 보유했고 이 네트워크를 확장하길 원했다. 공급망은 트럭 사업부와 엔진 사업부, 부품 사업부가 함께 운영했으며, 공급망 운영 부분에서 수많은 운송업체와 3PLThird Party Logistics 물류업체에 의존하는 상황이었다. 따라서 각각의 사업부 내에 있는 독립적인 물류 조직들은 많은 어려움에 봉착할 수밖에 없었다. 회사 전체의 요구 사항을 통합할 수도 없었고, 전 세계에 퍼져 있는 재고 상황에 대해 명확하게 알기 어려웠으며, 공급망 내 실패 포인트를 찾아내기도 어려웠다.

2008년 나비스타는 거래하던 물류업체 중 하나인 멘로 월드와이드 로지스틱스와 협약을 맺었다. 그 협약의 내용은 공유 협약 모델Shared Collaboration Model이라고 칭해지는 두 회사 간 파트너십에 대한 협약이었으며, 나비스타의 전체 물류 비용을 5년간 25%까지 줄이는 것을 목표로 했다. 이와 동시에 멘로는 물류 네트워크 전반을 향상시키는 것이 목적이었다. 멘로가 나비스타 물류 비용을 5년간 25%까지 줄일 경우, 나비스타는 이로 인해 발생된 이익을 멘로의 물류 인프라 개선에 투자할 것을 약속했다.

멘로는 나비스타를 위해 일할 팀원을 선발해 팀을 꾸렸고, 나비스타도 멘로를 위해 일할 팀을 선발했다. 두 회사 간의 인력 교환은 매우 성공적으로 이루어져서 나중에는 누가 나비스타의 직원이고 누가 멘로의 직원

그림 4.4 **비용 절감의 성과를 배분하라**

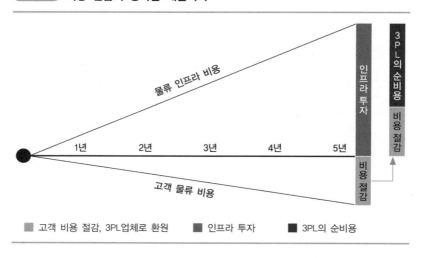

■ 고객 비용 절감, 3PL업체로 환원   ■ 인프라 투자   ■ 3PL의 순비용

인지 구분하기 힘들 정도였다. 이러한 빠른 성공 뒤에는 나비스타의 운송 비용 합리화와 새로운 핵심 수송 프로그램의 도입, 차량 운송 프로세스 재설계, 나비스타 공장의 린 자재 흐름Lean materials-flow에 대한 파일럿pilot 프로젝트 적용 등이 있었다. 나비스타는 파트너십을 시작한 지 2년째 되던 해에 이미 11%의 비용 절감을 이루었다. 이는 5년간 25% 절감이라는 목표에 비해 훨씬 더 빠른 속도의 발전이었다(그림 4.4 참조).[10]

❘ 혁신을 촉진하기 위한 성과 배분

성과 배분에는 재무적 협약만 수반되는 것이 아니다. 신상품이나 새로운 서비스의 투입 비용이나 비용 절감 부분에 대해 정확한 산정 없이 공동 이익을 취하는 협업 방식을 선택할 수도 있다.

온라인 소매상들에게 납기 개선을 위한 웹 기반 서비스를 제공하는 영국의 신생 택배 서비스 회사인 슈틀Shutl의 예를 들어보자. 온라인을 이용하는 고객은 원하는 제품을 몇 초 안에 고르고 구매할 수 있지만, 배송을 받을 때까지는 며칠을 기다려야 한다. 이러한 시간의 지체는 소비자가 온라인에서 구매하는 것을 꺼리게 만든다. 이것이 바로 온라인 소매상들의 가장 큰 고민거리이다.

슈틀은 온라인 소매상들과 지역 택배 회사들이 협업을 하게 함으로써 이례적으로 배송을 매우 빠르게 하고 비용도 효율적으로 만들었다. 소비자들은 구매 후 90분 이내 배송, 1시간 소요, 수일數日 소요 등 세 가지 중에서 운송 시간을 선택할 수 있다. 이후 과정은 GPS가 가능한 지도를 통해 실시간으로 추적 가능하다. 택배 회사의 서비스 가능 여부, 위치, 과거의 서비스 성과 정도, 가격 등에 따라 개개인의 운송 주문을 각 택배 회사에 연결하는 것이 슈틀의 기술이다. 택배 회사들은 서비스 단가를 조정해 운송 업무 입찰에 참여하고 운송 주문을 따내면서 동시에 그들이 보유한 운송 역량을 십분 활용할 수 있다. 이와 동시에 고객이 직접 운송 시간을 선택하게 함으로써 배송 지연에 의한 납기 실패 비용을 줄일 수 있었다.

여기서 협업의 가치가 분명하게 보인다. 슈틀의 서비스에 대한 수요는 늘어났고 온라인 소매상들의 주문 횟수와 평균 주문 수량은 증가했으며, 택배 회사들은 유휴 운송 시간을 활용해 수익성을 높일 수 있었다. 고객들 역시 이러한 슈틀의 서비스를 매우 긍정적으로 평가했다.[11]

▎경쟁사와의 성과 배분

성과 배분의 대상이 공급망 파트너만으로 한정되는 것은 아니다. 공동 이익을 위해서는 경쟁사와도 성과 배분 방법을 적용할 수 있다. 보통 이러한 전략을 "수평적 협업"이라고 부른다. 이 협업관계에서는 2개 혹은 그 이상의 기업들이 물류 네트워크나 생산 용량capacity을 공유한다. 이를 통해 트럭 한 대 분량을 못 채우고 운송되어 낭비되는 비용이나 생산 유휴 시간으로 인해 낭비되는 비용을 절감하는 것을 목적으로 한다.

경쟁사와의 성과 배분의 좋은 예로는 타이어 업체 세 곳의 협업사례가 있다. 타이어 업체 세 곳은 영국 시장에서 비슷한 어려움에 직면해 있었다. 영국의 타이어 소매상들은 주문한 지 24시간 이내에 제품을 공급할 것을 생산업체에 요구했다. 이 때문에 한 번에 공급되는 타이어의 개수를 나타내는 "드롭 사이즈drop size"가 점점 작아지고, 그와 동시에 운송 횟수는 증가하고 있었다. 이는 높은 물류 비용을 유발시켰고 회사의 탄소 발자국이 많이 발생되는 결과를 낳았다.

이러한 문제를 해결하기 위해 타이어 업체들은 동일한 납품 프로세스, 고객과 운송지를 공유하는 파트너십을 맺었다. 세 타이어 업체는 각각의 브랜드 아이덴티티identity를 유지하는 것 등을 포함해 각종 조건을 걸고 협업 계약을 맺었다. 세 회사의 비용에 대한 공유 방법과 KPI에 근거한 투명성 확보 방법을 개발했다. 그리고 파트너십 시작 전, 일정한 커뮤니케이션 프로세스를 만들고 공동 기밀 유지 계약을 맺었다. 그 결과, 세 회사 모두 트럭 운송 거리가 감소했고, 이에 따라 운송 비용과 탄소 배출량도 많이 감소하는 결과를 얻을 수 있었다.

협업관계를 지원하는 기술을 활용하라

　공급망 협업에 관한 시스템 공급업체들의 능력 향상이 비록 협업을 성공으로 이끄는 가장 핵심적인 요소는 아닐지라도 시스템 업체들의 기술 자체는 활용 가능한 중요한 이점임에 틀림없다. 중요한 것은 바로 이러한 기술이 공급망 내 파트너들 간의 더 나은 커뮤니케이션을 제공해준다는 것이다. 기술은 각 기업 간의 장벽을 허물고 정보의 흐름을 향상시키며, 데이터를 유용한 정보로 전환할 수 있다.

▌기술의 조기 도입

　1990년대 말부터 2000년대 초까지의 닷컴붐dot-com boom 시대에는 협업 파트너십에 기술을 활용하는 데에 많은 기업들이 소극적인 태도를 보였다. 일부 회사들의 경우, 복잡한 정보 시스템에 대한 이해도가 매우 낮았다. 다른 회사들 역시 정보를 활용하기 위해 선제先制되어야 하는 분석, 프로세스 재설계, 새로운 애플리케이션 도입을 위한 조정 등 시스템의 최고 성능을 얻기 위해 필요한 일련의 작업은 수행하지 않은 채 시스템을 통해 이점을 거두기만을 기대했다. 더욱이 협업을 위한 정보의 교류, 메시지의 교환을 위한 통일된 e-비즈니스 표준도 존재하지 않았다. 시스템 장치는 여러 데이터 형태들을 해석해 통역해야 했다.

　그 결과, 대부분의 B2BBusiness to Business 포털portal이 정보를 일방적으로 제공하기만 하는 단순한 데이터베이스 형태가 되었다. 예를 들면 A 회사가 사이트에 데이터를 올리면, B 회사가 그 정보를 인지하는 방법은 가용성에 대해 스스로 인지하거나 주기적으로 사이트를 체크하는 방법밖에 없었다. B 회사는 자신이 보유한 시스템에 그 정보를 다운받아 이를 활용해 어떤 의사결정을 할지 결정해야 했다. 이러한 포털 형태는 그 기능이 제한적이었음에도 몇몇 산업에서는 큰 효과를 나타냈다. 제약 업계의 경우, 엄격한 국가 승인에 필요한 요구 사항들을 만족시키기 위해 이러한 포털 형태를 활용할 수 있다고 생각했으며 이를 위해서는 데이터 표준이 필요했다.

┃ EDI

최근까지 EDI^{Electronic Data Interchange}는 POS 정보나 그 외의 데이터를 전달하기 위한 가장 일반적인 커뮤니케이션 수단으로서, 정보의 흐름이 소유주의 EDI 네트워크 안에서만 이루어졌다. EDI를 갖추지 못한 회사들은 자체 제작한 공급업체 포털이나 허브^{hub}, 엑스트라넷^{extranet} 등을 대체 수단으로 활용했다. 대부분의 이러한 시스템에는 내장된 워크플로^{workflows}를 통해 문서, 서식, 특정 데이터, 업무 등의 절차를 자동화하는 문서 작성·관리 기능이 존재한다. 시스템이 데이터를 국지적으로 저장하고 이를 공급업체에 방출할 때 특정 커뮤니케이션 프로토콜이 요구된다. 이러한 교류 방식은 플랫폼과 운영 시스템의 제한을 필요로 하며, 이러한 시스템을 만드는 데 소요된 비용은 그것을 운영하는 제조업체에 전가된다. 따라서 오늘날에는 극소수의 회사들만이 EDI를 활용한다.[12]

현재는 협업 툴의 대다수가 공급망 내에 발생되는 이벤트 관리에 대한 기능을 포함하고 있다. 이벤트란 공급업체가 납기를 놓친다든지 예상치 못한 고객 오더가 들어왔든지 하는 사례들을 의미한다. 이렇게 조기 경고early warning를 줌으로써 대응 옵션에 대한 빠른 분석이 가능해지며, 이를 통해 공급자와 고객 간의 관계를 강화할 수 있다. 유명한 산업 표준 시스템으로는 로제타넷RosettaNet의 PIPsPartner Interface Processes나 CPFRCollaborative Planning, Forecasting, and Replenishment이 있다. 로제타넷의 PIPs와 CPFR 둘 다 흐르는 데이터의 포맷이 일관적이며, 비즈니스 프로세스의 정의가 표준화되어 있다.

▎클라우드 컴퓨팅

클라우드 컴퓨팅cloud computing 서비스의 발달은 협업에 필요한 전자 문서 교환에 사용되는 시스템에 대한 투자 비용을 대폭 축소시켰다. 기업들은 이제 서버나 애플리케이션, 플랫폼platform 같은 컴퓨팅 자산을 구매하거나 소유하지 않아도 된다. 그 대신, 자산이 필요할 때마다 클라우드 컴퓨팅 서비스 제공업체에 돈을 내고 인터넷으로 접속해 사용하면 된다(사례: 클라우드 컴퓨팅의 장점과 단점 참조). 클라우드 컴퓨팅은 기업들의 자본 투자 비용을 줄여주고 비스니스 상황에 따라 컴퓨팅 자본의 규모를 빠르게 줄이고 늘릴 수 있게 해준다. 기술 발달이 지속되고 이러한 기술을 활용하는 기업의 역량이 계속 향상됨에 따라 정보의 흐름과 의사결정은 더욱 향상될 것이다. 하지만 아무리 기술이 발전하고 정교화되더라도 노련한 공급망 전문가나 최적 프로세스를 대체할 수는 없다. 훌륭한 협업 시스템은 데이터를 모으고 미리 지정된 비즈니스 룰에 의해 대안을 제안할 수는 있지만 이러한 비즈니스 룰이 현재 상황에 적합한지를 가늠하거나,

클라우드 기반의 컴퓨팅 시스템을 통해 기업들은 공급망 소프트웨어 솔루션을 활용하면서도, 컴퓨팅 소프트웨어 라이선스에 투자되는 비용을 최소화할 수 있다. 또한 클라우드는 높은 가시성과 중앙 집중적 스토리지storage 데이터 관리를 제공함으로써, 높은 수준의 협업 공급망 네트워크 구축을 가능하게 한다. 단순화되고 표준화된 업무 흐름workflows을 통해 자본비용과 조직의 혼란을 최소화하면서 빠르게 업무 변화를 따라잡을 수 있다. 그리고 이러한 서비스가 더 필요하지 않을 때는 단순히 서비스 사용을 중지하면 비용이 더 들지 않는다.

클라우드 컴퓨팅은 전 세계 수백 개 기업들 간의 협업을 가능하게 하는 잠재성을 가지고 있다. 완전히 새로운 정보 공유 모델information-sharing model을 통해 매우 고도화되고 복잡한 파트너 교류 네트워크를 구축할 수 있다. 우리가 흔히 사용하는 소셜 네트워크 사이트에서 실시간으로 그룹 멤버들에게 인스턴트 메시지로 현황 업데이트를 하는 것처럼, 클라우드 기반의 공급망 네트워크는 구매 오더, 물품 선적 정보, 각 지역별 재고 수준 등의 모든 현황을 네트워크 전반에 업데이트할 수 있게 해준다.

그러나 아직 클라우드 컴퓨팅을 통해 공급망 파트너들과 정보를 교환하는 것에 대한 우려가 남아 있는 것은 사실이다. 전체 기업들 중에 E2E 공급망 전체를 보유·운영하는 기업은 극소수이며, 클라우드 기술을 사용하는 의사결정에는 여러 파트너들이 포함되어 있어 참여하는 조직 간 복잡성과 민감성을 야기하기 때문이다. 더구나 기업들은 지적재산권과 고객들을 보호하는 것에 대한 강한 니즈가 있다. 데이터가 유출되고 이것이 잘못 사용되었을 경우 복구할 수 없을 정도의 손실을 입을 수 있기 때문이다. 이러한 이유로 기업들이 클라우드를 활용할 경우 반드시 파트너와 충분히 신뢰할 수 있는 관계를 구축해야 하며, 보안 수준이 높은 방식으로 정보를 교류할 수 있는 인프라를 먼저 갖추어야만 한다.

적절하지 못한 요구가 공급망 파트너에게 주는 영향은 계산해낼 수 없다. 기술은 성공의 수단이지 성공을 만들어내는 주체가 아니기 때문이다. 기술 투자에 대한 비용을 충분히 활용하기를 원한다면 비용을 활용할 수 있도록 조직을 먼저 만들어야 한다. 그러기 위해서는 기존의 조직 구조나 프로세스, 인센티브 계획, 성과 측정 방법 등을 바꾸어야 할지도 모른다. 또한 프로세스와 시스템의 개발에는 반드시 공급업체와 고객이 참여해 시스템 디자인을 직접 향상시킬 수 있도록 하거나 최종 단계에서 그들의 피드백을 받아 시스템에 반영해야 한다.

타협할 마음을 가져라

다른 기업에 협업 파트너가 될 것을 제의할 때 협업 상대방에게 운영 방안에 대한 근본적인 변화를 요청하게 된다. 협업 스펙트럼상에서 더 깊은 관계의 방향으로 갈수록 이러한 변화 요구는 더 많아진다. 협업을 요청하는 회사가 크고 힘이 강하면 협업 파트너를 더 많이 압박하는 위치에 있게 된다. 이와 반대로 협업을 요청하는 회사가 작고 약할 경우 협업을 진행할 때는 잠재 파트너를 버릴 준비가 되어야 한다.

OEM이나 EMS 제공업체의 경우 협업관계를 위한 "마스터플랜master plan"을 세우는 경우가 많다. 공급업체는 비즈니스를 지속하는 대가로 부가가치가 창출value-added되는 서비스를 제공할 수 있다. 만약 당신이 더 많은 서비스를 제공받기를 원하면서, 그때 부과되는 리스크 비용은 없기를 바란다면 공급업체 구하기가 쉽지 않을 것이다. 설령 그런 공급업체를 구해서 계약을 한다고 해도, 결국은 공급업체 측에서 당신이 원하는 요구사항을 맞추는 것은 불가능할지도 모른다. 이러한 상황을 피하려면, 공급업체가 이해하고 투자할 수 있는 충분한 가치를 공급업체에 제공하기 위해 밀접하게 협업해야 한다. 당신이 원하는 수준의 서비스를 공급업체가 제공하는지 정확히 가치를 측정하고 그에 대한 적절한 추가 보상을 해주는 계약을 맺어야만 한다.

성공적인 협업 사례에서는 이러한 부분에 대한 타협점을 찾고, 파트너들을 지원하기 위한 노력이 많이 들어간다는 것을 명심해야 한다. 공장의 작업 여건을 개선하기 위한 비용을 계약 위탁 생산자와 함께 나눠서 부담하거나, 공급망 내 파트너에게 공동의 기술 솔루션을 거의 무상으로 지원하고 파트너가 이 솔루션을 빨리 적용할 수 있도록 도와주는 경우를 예로 들 수 있다. 현대자동차의 경우 경기 불황으로 인해 공급업체가 어려울 때, 그들의 R&D 비용을 지원하고 저금리 대출을 제공해 공급업체를 도왔다.

마지막으로, 협업관계의 결과를 모니터링할 수 있는 방법을 반드시 구축해야 한다. 주기적으로 업데이트와 점검을 할 수 있고, 협업의 목표 가치value-proposition와도 부합되는 평가 방법을 파트너와 함께 구축해야 한다.

협업 모델 구축의 모토는 "융통성adaptability"이 되어야 한다. 협업 모델은 항상 현재진행형이어야 한다. 모델을 비틀고, 때때로 점검도 해서 최대한 기업의 경쟁 우위를 유지할 수 있도록 해야 한다. 사업 환경이나 우선순위가 변화함에 따라 이를 맞추기 위해 사업 전략과 SCM 전략이 변화되어야 하며, 그때에는 협업관계의 형태도 같이 교체할 필요가 있다. 맺은 협업관계의 정도를 수정하게 될 수도 있고, 어떤 경우에는 협업관계를 끝내야 할 수도 있다.

4.3 성공적인 협업을 위한 점검 사항

아래 제시된 사항에 대해 뛰어난 능력을 보유하고 있을 때, 공급망 내 효과적인 협업관계를 구축할 가능성이 높다.

- 비전vision 협업 전략에 대해 명확한 단일 그림이 그려져 있고, 협업에 대한 명확한 목표 의식 같은 특정 요소가 그림에 포함되어 있어야 한다. 또한 회사가 현재와 미래에 필요로 하는 핵심 역량에 대한 회사 차원의 이해가 비전에 반영되어야 한다. 이것은 협업 전략이 핵심 역량과 일치할 수 있도록 보장하기 위해서이다. 하지만 협업을 위해 어떤 역량을 개발해야 한다면, 작게 시작하라. 제한된 역량

에 초점을 맞추고, 파트너 후보를 선정하고, 한 번에 다하기보다는 어떤 작업을 먼저 할지 선정하라.

■ 사업 감각business acumen   공급망 협업을 발전시킬 수 있도록 시스템을 어떻게 발전시킬 것인가에 대해 관심을 집중해야 한다. 그리고 현재 기술을 발전시키는 기회 요소와 위험 요소에 대해 정의해야 한다. 사업 자체와 경제 현황에 따라 협업관계와 협업을 관리하는 방법을 자연스럽게 바꿀 수 있어야 하며, 이와 동시에 협업 초기에 미래에 협업이 확장되었을 때를 대비해 조직을 구축해야 한다.

■ 책임감accountability   협업 전략의 목표와 회사의 보상체계를 일치시키는 방법을 알고 있어야 한다. 또한 협업 파트너를 효과적으로 관리해야 하며, 주기적으로 협업 성과를 모니터링할 수 있는 복합적인 평가 프로그램이 있어야 한다.

☞ 핵심 내용 요약 !

· 협업관계는 네 가지 수준으로 나눌 수 있다. 단순거래관계, 상호협력관계, 전략적 협력관계, 통합적 협력관계
· 내부 통합의 성공은 뛰어난 외부 협업의 발판이 된다.
· 공급망 내 파트너 분류를 통해 기업들은 각 파트너들과의 적절한 협업 수준을 정할 수 있다.
· 협업 파트너와 이익과 손해, 둘 다 공유하라.
· 기술은 협업을 성공시키는 하나의 수단이지 성공을 이끄는 방편이 아니다.
· 상호 신뢰와 타협은 매우 중요한 기본이다.

대부분의 선진국에서 건강에 대한 지출이 수입보다도 빠르게 증가하고 있다. 이러한 문제는 특히 미국에서 급격하게 나타난다. 미국은 1인당 헬스케어에 대한 지출액이 다른 나라보다 클 뿐만 아니라, 지난 몇 십년간 전체 국민 수입에서 차지하는 비중이 증가해왔다. 실제로 1985년에 전체 국민 수입 중 헬스케어에 대한 지출이 10%였던 것에 반해 2010년에는 17%로 증가했고, 2037년에는 25%로 증가할 것으로 예측된다.[1] 의료 비용은 업계 전반에 걸쳐 빠르게 상승했다. 여기에는 병원 입원, 의사 진료, 의약품, 의학 실험, 신기술, 공공 의료 관리, 의료비 보험료 등이 포함된다. 아이러니하게도 치료 옵션이 점점 더 발전함에 따라 점점 더 소수의 사람들만 그 비용을 감당할 수 있게 되었다.

의료 지원을 좀 더 합리적인 비용 수준으로 만들기 위한 목적으로 미국의 '환자보호 및 의료비용합리화법Patient Protection and Affordable Care Act'이 2010년 제정되었다. '환자보호 및 의료비용합리화법'은 매년 인상되었던 의료 비용을 의료 사업자와 의료 서비스 이용자들이 감당해왔던 몇 십년간의 의료 산업 환경을 바꿈으로써, 의료 서비스 제공업체들은 이제 완전히 새로운 국면을 맞이하였다. 이제 업체들은 살아남기 위해, 환자에게 제공하는 의료 서비스 수준은 유지한 채 비용은 줄이고 효율성은 높이기 위해 노력해야 했다.

반면 카이저 퍼머넌트Kaiser permanente는 이미 이러한 '환자보호 및 의료 비용합리화법'의 내용을 도입하고 벌써 상당한 진척을 보이고 있었다. 1945년 설립 이래 카이저 퍼머넌트 메디컬케어 프로그램^{KP Medical Care} Program은 높은 수준의 진료와 비용이 적절한 수준에서 서비스를 제공하는 데 집중해왔다. 카이저 퍼머넌트는 이다음 단계로 SCM 혁신을 추진함으로써 새로운 시대에 조직이 단지 살아남는 것뿐만 아니라 더욱 번성할 수 있도록 꾀하고 있다.

카이저 퍼머넌트 네트워크의 구축

미국 캘리포니아 오클랜드에 본사를 둔 카이저 퍼머넌트는 미국에서 가장 큰 비영리 건강보험이며 900만 이상의 가입자를 보유하고 있다. 카이저 퍼머넌트 조직은 비영리 목적의 카이저 재단 병원과 영리 목적의 퍼머넌트 메디컬 그룹, 그리고 비영리 목적의 카이저 재단 건강보험 등 3개의 독립 법인과 몇 개의 자회사들로 구성된다. 카이저 퍼머넌트는 9개 주와 콜롬비아 지구에 메디컬 센터 37곳과 600개가 넘는 진료소를 보유하고 있다. 2011년 기준 매출은 480억 달러였다.

1930년대에는 많은 사람들이 가난 때문에 의사의 진료를 받기가 어려웠다. 2차 세계대전 직후 설립된 카이저 퍼머넌트는 설립 시점부터 지금까지 합리적인 비용으로 높은 수준의 진료를 제공해 많은 사람들이 진료를 받을 수 있게 할 것을 약속해왔다.

조직 내의 다양한 부문들과의 협업은 카이저 퍼머넌트가 이러한 약속을 지킬 수 있게 하는 중요한 열쇠가 되어왔다. 카이저 퍼머넌트는 1차

독점 판매 계약

독점 판매 계약

카이저 재단 의료보험

퍼머넌트 메디컬 그룹

카이저 재단 병원

기업(품질, 재무, 브랜드 관리, 인사, 의료보험 운영, 병원 운영)

정보 기술

자료: 카이저 퍼머넌트.

진료, 2차 진료, 병원 진료에 이르는 의료 서비스를 신중하게 조정해 더 높은 수준의 의료 서비스를 제공할 수 있도록 했다. 또한, 적절한 곳에 인프라 시설을 구축해 의료 서비스의 질에 대한 관리 감독을 가능하게 하고 직원 모두가 "사람들을 건강하게 하고, 병원으로부터 멀어지게 한다"는 공동의 목표에 집중할 수 있도록 했다.

카이저 퍼머넌트의 협업이 이렇게 성공적이었던 이유 중 하나는 최첨단 정보 시스템에 대한 대규모 투자였다. 최첨단 정보 시스템을 통해 프로그램 전반에 걸쳐 환자 기록에 대해 접근이 가능해졌고, 그 결과 의사의 진료 기록부터 수술 후 처리 기록에 이르는 환자에 대한 거의 모든 기록이 시스템 내에 담겼다. 카이저 퍼머넌트는 이를 통해 높은 수준의 치료를 할 수 있도록 하여 임상 전문의들의 역량을 향상시킬 수 있었으며, 치료 과정 전반의 환자들의 경험도 향상시킬 수 있었다. 하나의 예를 들면 카이저 퍼머넌트의 의사들은 환자 기록에 접근해 전자 왕진e-visit이나 전화를 이용한 상담이 가능해졌다. 이 덕분에 불필요한 직접 방문이 줄어들었으며 좀 더 나은 의료 결과를 얻고 환자의 만족도 또한 높일 수 있었다.[2]

협업과 정보 시스템 통합에 초점을 맞춘 결과 카이저 퍼머넌트는 상당한 비용 절감 효과를 얻을 수 있었고, 시장 내에 가장 낮은 보험 상품을 출시해 비용 절감 효과를 가입자들과 공유했다. 카이저 퍼머넌트의 가입자들은 일반적으로 매달 일정 금액의 보험료를 내고, 병원 방문 시마다 고정된 금액의 기본 진료비를 내며, 기본 진료비의 고정 금액은 일반 병원과 대형 병원, 그리고 진료 받을 의사를 어떤 사람으로 선택하느냐에 따라 다양하다. 이러한 보험이 아닌, 각 진료별로 보험료를 지불하는 전통적인 방식의 보험을 보유한 사람들은 항상 치솟는 보험료와 증가하는 기본 진료비, 어떤 병원에서 어느 의사에게 진찰받느냐에 따라 주머니에서 줄줄 새는 비용과 싸워야만 한다.

카이저 퍼머넌트는 일상적인 건강관리를 강조하기 때문에 낮은 가격 정책을 취함으로써 가입자들이 정기적으로 건강검진을 받고 라이프 스타일에 대한 상담counseling을 받도록 했다. 카이저 퍼머넌트는 2011년 NCQANational Committee for Quality Assurance가 시행한 진료 유효성 측정에서 77개 중 20개를 받으며 상위에 올랐다. 진료 유효성 측정은 적극적인 질병 예방 정도를 측정하는 것으로 어린이들의 비만도 관리와 종합적인 당뇨 관리, 항우울제 투약 관리 등이 포함된다.[3]

공급망 관리에 대한 새로운 접근법 도입

'의료비용합리화법Affordable Care Act'이 강력해짐에 따라 카이저 퍼머넌트는 비용을 절감하면서 헬스케어 서비스 수준을 지속적으로 향상시킬 수 있는 새로운 방법을 모색하고 있었다. 이때 주요 타깃 중 하나가 헬스케어 서비스에 사용되는 의료 장비와 의약 용품에 대한 공급망이었다. 의약 용품은 전체 병원 운영 비용의 40%를 차지하며 인건비 다음 두 번째로 큰 비중을 차지한다.[4] 하지만 일반적으로 헬스케어 부문의 의약 용품 공급망 관리 수준은 다른 산업군에 비해 한참 뒤떨어져 있다.

이러한 점이 의료 장비와 의약 용품에 연간 20억 달러를 지출하는 카이저 퍼머넌트의 생각을 일깨웠다. 큰 변화가 필요하다고 인지한 카이저 퍼머넌트는 각 제품 산업 분야에 관련된 공급망 전문가들을 영입했다.

로럴 정크Laurel Junk는 이러한 전문가 중 한 명으로, 2009년 바이오 산업의 선두 기업인 암젠Amgen에서 카이저 퍼머넌트의 SCM 담당 부사장으로 영입되었다. 그는 이렇게 말했다.

우리는 물질적으로 압박하고 있는 의료 개혁과 환급비 절감이라는 불타는 플랫폼burning platform에 서 있다. 우리는 다른 산업군에서 받는 비용에 대한 압력을 동일하게 받고 있다. 단지 다른 산업군에서는 우리보다 훨씬 빨리 임계점critical point에 도달했을 뿐이다.

▎데이터 표준의 도입

의료 분야가 다른 산업에 비해 효율성이 떨어지는 주요 이유는 의료·수술 용품에 대한 일관된 데이터 표준이 부족하기 때문이었다. 일관성 있는 데이터 표준은 시스템적인 방법으로 제품을 구별하고 설명할 수 있게 해준다. 일반적으로 의료업계에서는 동일한 제품(장갑, 봉합선, 기구 등)에 대해서도 각 병원마다 사용되는 부품 번호가 다를 뿐 아니라 제품 설명서와 제조사도 매우 다양했다.

이러한 문제는 의료 네크워크 간의 커뮤니케이션에서 발생할 뿐만 아니라 심지어 동일 시스템 내에서도 발생했다. 그리고 시스템의 규모가 커지면 커질수록 잠재된 문제점들은 더 많았다. 표준의 일원화 없이 하나의 조직으로서 수만 개의 의료용품 주문을 통합하는 것이 불가능하기 때문에 각각의 카이저 퍼머넌트 병원은 각자 주문을 해야만 했다. 카이저 퍼머넌트는 미국 내에서 가장 큰 규모의 의료 시스템을 보유했기 때문에 대량 주문에 대한 가격 할인 효과를 많이 볼 수 있었지만 이는 효율적인 계획과 구매 프로세스가 존재할 때만 가능했다.

데이터 표준을 사용하면 효율성 부분에서뿐 아니라 의료 서비스 공급자들이 서로 특정 환자 치료에 사용된 장비나 의료 제품에 대한 정보 교환도 가능하다는 이점이 있다. 이 정보는 서비스 공급자들이 어떤 의료 제품이나 장치를 사용해야 하는지, 혹은 사용하지 말아야 하는지를 판단하는 데 도움을 주는 유용한 툴이 될 수 있다. 특히 응급 상황이 발생했을 때나 생산자가 리콜을 결정했을 때 특히 이러한 정보가 중요해질 수 있다.

그림 업무에서의 바코드 표준 적용

자료: 의료업계 GSI 표준을 기반으로 한 프로세스.

2010년 카이저 퍼머넌트는 HTG^{Healthcare Transformation Group}를 창설했다. HTG는 카이저 퍼머넌트를 비롯해 가이징거 의료 시스템^{Geisinger Health} ^{System}, 인터마운틴 헬스케어^{Intermountain Health Care}, 메이요 클리닉^{Mayo Clinic}, 멜시 의료 시스템^{Mercy health systems} 등 5개의 의료 시스템의 컨소시엄 형태로 구성되었다. HTG는 즉시 각 의료 기관이 모든 제품에 대해 일원화된 코드를 부여할 수 있도록 표준을 만들어 배포했다. GSI®은 선택의 기준이었다.[5]

식료품 쇼핑을 가본적이 있다면 아마 GSI 기준이 미국 내 모든 소매 제품에 적용되는 UPC^{Universal Product Code} 형태로 적용된 것을 본적이 있을 것이다. 의료 산업에서 적용하는 바코드도 UPC와 매우 흡사하다. 이는 생산업체, 유통업체, 병원 체인 등 공급망 내 참여자들을 하나로 묶어주는 역할을 한다.

일부 공급업체는 비용이 들어간다는 이유로 이러한 바코드 도입을 거부했지만 HTG 5개 업체들은 우리가 보유한 상위 20개 공급업체에 그해 말까지 바코드를 도입하지 않으면 더는 사업을 하지 않겠다고 했다.

❙ 재고에 대한 도전

데이터 표준화는 공급망의 구매 측면에 도움을 주었을 뿐 아니라 내부 효율성 향상을 가져왔고 의료 서비스의 질을 높이는 데 큰 역할을 했다. 우선, 제품을 받았을 때 일정 장소에 보관하는 절차와 환자에게 사용하기 위해 그것을 꺼내 쓰는 과정을 생각해보자. 이 과정에서 재고에 대한 기록에 오류가 생기면 전체 재고 수준에 대한 정보가 부정확해진다. 이러한 이유로 병원에서는 재고의 입출고를 바코드 스캐닝을 통해 관리하고자 한다. 그러나 바코드가 통일되지 않고 다양한 바코드가 사용되면 어떤 바코드를 사용해야 하는지 헷갈리기 쉽다. 어떤 경우에는 레이블 label이 다른 레이블 위에 붙어 있어 사용해야 할 바코드를 정확하게 스캔하기가 불가능할 수도 있다.

이러한 문제를 방지하기 위해 어떤 병원들은 수기 작성으로 재고를 관리하는 방법을 선택하기도 한다. 하지만 수기 기록에는 문제가 있다. 작성하는 데 시간이 많이 걸릴 뿐만 아니라, 오류를 발생시켜 실제 어떤 재고를 얼마만큼 보유하고 있는지에 대해 부정확한 정보를 제공할 수 있기 때문이다. 재고가 일정 수준 이하로 떨어지면 위험 신호로 감지되어 구매 부서에서 더 많은 주문을 하게 되고 종종 높은 긴급 비용이 발생되기도 한다.

하지만 초과 재고나 긴급 비용이 가장 큰 문제는 아니다. 가장 큰 문제는 시간의 낭비다. 환자를 치료하기 전에는 항상 필요한 용품을 창고에서 꺼내와야 하는데 이는 보통 수술 카드procedure card를 통해 이루어진다. 보통의 쇼핑 리스트와 비슷하게 이 수술 카드에는 어떤 의료 용품이 어떤 수술에 필요한지 명시되어 있다. 그런데 원래 용품이 위치해야 하는 장소에 필요한 용품이 없으면 의사들은 그 용품을 찾으러 돌아다녀야 한다. 2009년 실시된 병원 업계 조사에서 간호사의 70%가 이러한 용품을 찾기 위해 돌아다니는 시간이 전체 근무 시간의 5~20% 혹은 그 이상이라고 응답했다.[6] 12시간의 근무시간 동안 적어도 30분에서 2시간 30분은 의료진이 환자를 돌볼 수 없는 것이다.

카이저 퍼머넌트는 이러한 문제점들을 해결하기 위해 병원에서 몇 단계의 개선을 시도했다. 맨 처음에는 수술 카드에 기재된 의료 용품을 가져오는 업무를 공급망 인력들에게 옮겼다. 이를 통해 환자를 돌보는 데 투입되는 간호 인력의 시간을 보장할 수 있었다. 그다음으로, 재고의 위치를 정의하고 자재의 사용과 반납에 대한 규칙을 만들었다. 관련 파트를 특정한 한 곳에 보관하도록 재고의 위치를 지정함으로써 물건을 찾을 때 쉽게 찾을 수 있도록 했다. 또한, 바코드의 일관된 사용으로 제품이 한 장소에서 다른 장소로 이동되거나 치료에 사용 시 수기로 작성하는 것을 줄이도록 했다.

특정 수술에 사용되는 용품에 대한 정확한 기록을 통해 궁극적으로는 가장 빈번히 사용되는 제품을 판별하고 수요 예측 수준과 각 아이템의 안전 재고 수준을 더욱 정확하게 관리할 수 있었다. 더 중요한 것은 환자 기록에 어떤 용품을 사용했는지 기록되기 때문에, 병원 측에서 어떤 제품이 어떤 절차로 이용되었는지에 대한 상황을 정확하게 추적할 수 있는 좀 더 확실한 방법을 마련할 수 있다는 점이다.

▌예술에서 과학으로 수요 계획을 바꾸다

대다수의 병원은 우리가 알고 있는 일반적인 수요 계획을 하지 않는다. 수많은 계획되지 않은 수술과 응급 상황이 발생하는 병원의 상황에 비추어 볼 때 이는 그리 놀랄 일도 아니다. 하지만 카이저 퍼머넌트는 수술 일정을 미리 계획함으로써 수요 계획 프로세스를 병원에 최초로 도입했다. 예를 들면, 대기 수술의 경우 몇 달 전에 수술이 계획되며 여름 시즌이나 휴가 기간에는 수술 일정이 평소보다 적게 잡힌다. 이러한 정보가 정확한 과거 수술 스케줄 데이터와 결합되어 미래의 수요를 좀 더 정확하게 그릴 수 있도록 도와준다.

카이저 퍼머넌트는 예측하지 못한 수술이 발생했을 때 적절한 제품을 사용할 수 있도록 하는 데 이러한 수요 계획을 활용한다. 과거에는 간호사들이 재고 수준에 대한 타깃을 세웠다. 재고 부족이 늘 문제였기 때문에 간호사들은 항상 과다 주문을 했다. 공급망 관리 상무인 브룩 판Brooke Fan의 말에 따르면, 간호사들은 평균적으로 10개가 필요하면 혹시 모를 사태를 대비해 15개를 주문한다고 했다. 이러한 "추측에 의한 예측"은 생각보다 그 파급 효과가 클 수 있다. 50%의 여유분 때문에 증가된 재고가 수백 개의 창고에 있는 수천 개의 용품에 적용되었을 때는 수백만 달러가 그냥 흘러 나갈 수 있다. 그러면서도 제품 부족 사태를 다 해소하지 못한다.

이 때문에 카이저 퍼머넌트의 공급망팀은 미래 수요를 예측하기 위한 방법으로 좀 더 분석적인 기법을 도입했으며, 이를 통해 어떤 타입의 제품을 언제 얼마나 사용하는지, 그 제품이 무엇을 하는 데 쓰이는지, 제품의 보관 기간은 어느 정도인지를 측정했다. 그뿐 아니라 수요와 제품 공급 리드 타임의 변동성을 관찰함으로써 적절한 안전 재고 수준을 계산했다.

이러한 일반적인 수요 계획과 정확한 재고 레벨 관리를 통해 각각의 카이저 퍼머넌트 병원들은 필요한 용품을 주문할 때 주문 수량이 정확하고, 제품 부족 현상이 적거나 거의 없다는 것에 확신을 가질 수 있었다.

❙ 길을 선도하다

데이터 표준 적용, 자동화 교류, 일반적인 수요 계획 적용은 모두 카이저 퍼머넌트의 SCM 전략의 일부분으로서 역할을 했다. 어떤 의학 용품이 어떻게, 얼마나 효율적으로 사용되는지에 대해 측정하는 좀 더 향상된 측정 기법은 얼마나 더 구매해야 하고 언제 어디에 공급을 받아야 하는지에 대한 의사결정을 하는 데 기준을 제공했다. 조직의 역할 변화를 통해 의료진이 자재 관리가 아닌 환자를 치료하는 데에 좀 더 집중할 수 있도록 했다. 그리고 내부의 정교한 환자 기록 시스템에 특정 용품에 대한 사용 기록을 일치시킴으로써, 헬스케어 정보 시스템의 리더로서의 위상까지 차지할 수 있었다.

의료 과학과 기술의 발전으로 인해 새로운 수술 기법과 의약품, 의료 기기 등을 만들어냈으며, 이들은 인간의 생명을 구하고 생명의 질을 향상시키는 데에 초점을 맞추어왔다. 카이저 퍼머넌트에서는 이러한 기술이 환자의 예후에 상당히 좋은 영향을 미쳤다. 이들은 지속적으로 최고의 신기술들을 적용하면서도 높은 수준의 진료를 비용이 적절한 수준에서 제공하는 기본 포지셔닝을 유지하려 하며, 이를 통해 가장 낮은 비용으로 최고의 환자 예후를 만들고 있다.

정보 시스템을 통해 각 공급망의 거래 데이터를 모아 전체 조직의 정보를 통합해 구매 프로세스를 단순화하고, 사업체 간 자원을 공유하게 하며 공급업체 및 운송업체들과 밀접하게 협업한다. 이것이 바로 카이저 퍼머넌트 조직의 큰 역량이다.

비록 의료법 개정은 헬스케어 산업에 아주 큰 변화를 불러왔지만 카이

저 퍼머넌트는 공급망 전략을 통해 비용 절감에 대한 도전을 맞이하면서
그 길을 선도하고 있다.

제5장

다섯 번째 원칙

명확한 성과 지표의 운영

Use metrics to drive performance

SCM 전략을 적절히 수립하고, 체계적인 프로세스를 구축하고, 공급망을 관리하는 통합 조직을 구성하고, 파트너들과 긴밀한 협업체계를 구축하고 유지하는 등의 앞서 이야기한 모든 활동을 이미 모두 수행하고 있을지도 모른다. 하지만 이 활동들을 통해 SCM 성과가 어떻게 창출되는지 이해하지 못하면, 성과에 관련된 문제점을 찾아내거나 고심할 수 없다. 이번 장에서는 복잡한 SCM 성과를 측정할 수 있는 지표들을 살펴보고, 이를 활용해 성과를 평가하고 관리하는 방법에 대해 다루고자 한다.

대부분의 경영진들은 "측정할 수 없는 것은 관리할 수 없다"라는 말에 공감할 것이다. 기업 전반의 성과를 가시적으로 파악하고 성과 창출에 방해가 되는 문제들의 근본 원인을 찾고 개선 기회를 명확히 도출하는 데 효과적인 성과 측정 프로그램이 큰 도움을 줄 수 있다. 하지만 그 중요성을 인지하고 있음에도 대다수 기업들은 이를 제대로 운영하지 못하고 있다. 왜일까? 이유는 의외로 간단하다. 성과 측정 프로그램을 만드는 일 자체가 매우 고난도의 과제이기 때문이다. 지표를 선택하고 목표를 설정하는 것은 고사하고, 어떤 부분을 측정할지에 대해 회사 내부 관리자들 간의 합의를 이끌어내는 것만으로도 많은 노력이 요구된다.

대부분의 기업에서는 고객 서비스 부문과 조달 부문, 생산 부문 등 각 부문별로 각기 다른 평가 방법을 적용한다. 일부 소수 기업만이 주문 충족 리드 타임이나 현금화 사이클 타임과 같은 다기능 측면을 평가하는 공급망 지표를 주기적으로 관리한다. 하지만 지표를 활용해 전체 공급사의 E2E 프로세스를 최적화하는 방법에 대해서는 이런 기업들조차도 대부분 숙지하지 못하고 있다.

더 문제가 되는 것은 대다수의 지표가 수익성이나 매출, 자산 수익률, 투자 수익률과 같은 재무 성과에만 초점을 맞추는 경향을 보인다는 것이다. 하지만 기업들이 반드시 정기적으로 재무 상태에 대해 보고해야 하고 결산 완료 후 재무 지표를 얻기가 비교적 쉽다는 점을 감안할 때, 이는 크게 놀라운 일이 아니다. 또한 2002년 제정된 '사베인즈옥슬리법Sarbanes-Oxley Act'과 같은 강화된 재무 규정으로 인해 재무 자료를 입증하고 관리하고 모든 절차를 문서화하는 것이 의무화되었고, 이는 기업들이 재무 지표를 더욱 강조하는 계기가 되었다.

재무 지표는 틀림없이 기업의 성과를 측정하는 중요한 지표이지만 다른 지표를 고려하지 않은 재무 지표만으로는 성과 측정이 적절히 이루어진다고 보기 힘들다. 재무 지표에는 제품 납기 성과와 고객 서비스 수준과 같은 재무 성과에 큰 영향을 미치는 중요 운영 활동 관련 정보는 나타나지 않는다. 게다가 대부분은 후행 지표lagging indicator로서 과거에 기업이 달성했거나 달성하지 못했던 결과를 나타낼 뿐이다.

반면 공급망 지표는 미래를 계획할 수 있는 지표로 활용 가능하다. 공급망 지표는 SCM 성과의 개선이나 악화 여부 혹은 미래의 악화 가능성 등을 이해할 수 있는 최선의 방법이다. 또한 성과가 지속적으로 악화되는 경우, 더 큰 위기를 초래하기 전에 지표를 통해 문제를 해결할 수 있다.

예를 들면, 주문에 대한 납기 지연은 향후 기업 매출에 악영향을 줄 수 있다. 고객들은 주로 가장 최근에 받은 서비스 경험을 토대로 다른 주문의 추가 여부를 결정하는 경향이 있기 때문이다. 또한, 납기가 지연되면 채권 회수 기간도 연기되기 때문에 현금화 주기에 악영향을 주게 된다. 그러므로 서비스 품질은 공급망의 성과를 측정할 수 있는 중요한 선행 지표가 될 수 있다. 고객 경험이 핵심 경쟁력이나 차별화 요소가 아닌 기업이라 할지라도 서비스 품질은 중요한 선행 지표이다.

이뿐만이 아니다. 적절하게 SCM 성과를 측정하면 자신의 성과를 다른 회사의 공급망 성과와 효과적으로 비교하는 것이 가능해진다. 다른 경쟁사들과의 비교 분석 데이터를 활용하면 공급망 담당 직원들과 성과 기대치에 대한 원활한 소통이 가능하며, 성과에 대한 향후 목표를 설정하고 지속적인 개선을 유도하는 것이 수월해진다.

그렇다면 '지표'란 무엇을 의미하는가? 지표란 명확하게 정의된 측정 기준으로서 공급망 관점에서 프로세스가 얼마만큼 성과를 내는지를 정량적으로 평가하고, 과거의 성과와 현재의 성과를 비교하는 것은 물론 경쟁자들의 성과와 비교하는 것을 가능하게 하는 도구이다.

KPI는 상위 레벨의 지표로 보통 경영진들에게 전반적인 경영 성과를 보여주기 위한 대시보드dash board의 일부로 설계된다. KPI는 경쟁 우위 확보에 핵심이 되는 프로세스의 성과를 측정하는 것이 다른 지표들과 구분되는 독특한 점이다. 예를 들어, 원가로 경쟁하는 기업의 경우 재료비, 공임율, 물류비와 같은 원가와 관련된 다양한 KPI를 관리할 것이다. KPI는 대부분 어떤 문제가 발생한 근본적인 원인에 대한 통찰력을 제공하기보다는 각각의 프로세스가 예상 대비 혹은 목표 대비 성과를 어느 정도내고 있는지 현황을 보여주는 지표라 할 수 있다. KPI의 결과가 예상 대비 많은 차이를 보이는 경우, 관리자들은 KPI에 영향을 주는 프로세스와기능들을 자세히 관찰하고 조사할 필요가 있다.

효과적인 공급망 지표를 설계하는 데 어떤 지표를 활용할지 결정하는것은 가장 중요한 일 중 하나이다. 이번 장에서는 성과 측정과 성과 관리라는 두 가지 주제에 대해 집중적으로 설명할 예정인데, 이 중 성과 측정은 공급망의 효과를 평가할 수 있는 적합한 지표를 도입하는 것이다. 반면, 성과 관리를 통해서는 모든 지표의 성과 목표와 실제 결과를 비교하고 이에 필요한 개선을 이끌어낼 수 있다. 다르게 이야기하면, 성과 측정은 비즈니스 전략을 지원하는 데에 공급망이 얼마나 효과적인가를 평가하는 것으로 이 행위를 통해 우리가 얻을 수 있는 것은 가시성뿐이다. 결국 성과를 변화시키는 것은 성과를 관리 것이다.

5.1 SCM 성과 측정: 적합한 지표의 선택

공급망 지표에는 계획, 조달, 생산, 납품, 반품, 실행 지원이라는 여섯가지 주요 공급망 프로세스가 포함된다. 아래 가이드라인은 적합한 지표를 어떻게 선택할지에 이해하는 데에 도움을 준다.

- 표준 지표의 이해
- 비즈니스 전략과 지표와의 연계
- 균형적이고 포괄적인 지표 선택
- 각 지표의 목표 설정

표준 지표의 이해

산업이나 기업에 특화된 지표를 선택할 수도 있지만 모든 산업과 기업에 공통적으로 적용되는 표준 지표를 활용하는 것도 큰 가치가 있다. 운영 측면의 표준 지표는 전체 공급망 관리 비용, 운전자본 수익률, 현금화 주기와 같은 내부 관리를 위한 지표들이 주를 이룬다(표 5.1). 하지만 완전 주문 충족*이나 주문 충족 사이클 타임*과 같이(표 5.2) 고객 관점의 중요한 성과를 측정할 수 있는 외부 지표들도 일부 포함된다. 운영 지표

- 완전 주문 충족 Perfect Order Fulfillment   전체 오더 중 납기 지연 없이 정상 완료된 오더 비율. 정상 완료란 납품 중 파손이나 손실이 없으며 납품 관련 서류(패킹 슬립, 인보이스, 선하 증권 등)가 정확하게 납기 내에 완료된 것을 의미하며, 납기는 고객이 지정한 적시 납기를 의미한다 — 옮긴이.
- 주문 충족 사이클 타임 Order Fulfillment Cycle Time   고객 오더를 충족시키기 위해 필요한 시간 주기의 평균. 오더의 입수부터 오더를 완료했다는 승인을 고객으로부터 받을 때까지의 시간을 의미한다 — 옮긴이.

표 5.1	공급망 관리 전체 비용
영역	**발생 가능 비용**
주문 관리	- 파트너들이 물질적·지적 자산과 인력을 공유, 신제품 출시, 단계적 도입, 유지 - 고객 오더 창출 - 오더 입수와 오더 유지 - 계약 관리, 프로그램 관리, 채널 관리 - 시스템 등록 계획installation planning - 주문 충족 - 유통 - 운송, 운임, 관세 - 시스템 등록 - 고객 송장 작성, 결산
자재 구매	- 자재 관리·계획 - 납품업체 품질 관리 - 조달 운임, 관세 - 입고, 자재 보관 - 수입 검사 - 자재 처리와 부품화 - 툴링tooling
재고 보유	- 기회비용 - 손실(분실, 파손, 도난 등) - 보험, 세금 - 원자재, 재공품, 완제품 전반에 걸친 재고 진부화 - 채널 재고 진부화 - 서비스 부품 진부화
재무 관리 및 경영 정보 시스템 Management Information System: MIS 계획	- 공급망 재무 비용 - 수요·공급 계획 비용 - 공급망 IT 비용MIS

자료: PwC PMG(Performance Measurement Group).

operations metrics는 운송비처럼 하나의 기능에 대해 집중해 운영될 수도 있고, 전체 주문 관리 비용과 같이 여러 기능에 걸쳐 운영될 수도 있다.

표 5.2 SCOR 레벨 1 지표

레벨 1 지표	성과 측정 요소				
	고객 측면			내부 측면	
	신뢰성	대응성	민첩성	비용	자산
완전 주문 충족	∨				
주문 충족 사이클 타임		∨			
수요 급증에 대한 공급망 유연성[1]			∨		
수요 급증에 대한 공급망 적응성[2]			∨		
수요 급감에 대한 공급망 적응성[3]			∨		
총 활동 비용[4]				∨	
OVaR[5]			∨		
현금화 사이클 타임[6]					∨
공급망 고정자산 수익률[7]					∨
운전자본 수익률[8]					∨

주 1: 수요 급증에 대한 공급망 유연성upside supply chain flexibility 수요가 계획 없이 20% 증가 시, 이에 대응하는 데에 걸리는 시간. 이때 서비스나 비용에 대한 페널티penalty 없이 대응하는 부분만을 의미한다 ─ 옮긴이.

주 2: 수요 급증에 대한 공급망 적응성upside supply chain adaptability 계획된 오더 대비 실제 오더 증가 시, 30일 내에 대응 가능한 수량 ─ 옮긴이.

주 3: 수요 급감에 대한 공급망 적응성downside supply chain adaptability 계획된 오더 대비 실제 오더 감소 시, 납기 30일 전에 최대로 감소시킬 수 있는 수량 ─ 옮긴이.

주 4: 총 활동 비용total cost to serve 전체 공급망 활동에 소요된 고객별 비용.

주 5: OVaROverall Value at Risk 정상적인 시장 상황에서 일정 기간에 발생할 수 있는 전체 최대 손실 금액 ─ 옮긴이.

주 6: 현금화 사이클 타임Cash-to-cash cycle time 원재료 구매나 자원에 대해 지불한 비용의 단위 금액이 회사의 수익으로 회수되기까지 소요되는 시간 ─ 옮긴이.

주 7: 공급망 고정자산 수익률Return on Supply Chain Fixed Asset 공급망에 대한 고정자산 투자 비용 대비 전체 조직이 얻는 수익의 비율 ─ 옮긴이.

주 8: 운전자본 수익률Return on working capital 공급망으로부터 얻는 수익 대비 회사의 운전자본에 관련된 투자의 정도를 평가하는 측정 지표. 운전자본에는 매입채무, 매출채권, 재고, 공급망 수익, 제조원가COGS, 공급망 관리 비용 등이 포함된다 ─ 옮긴이.

자료: *Supply Chain Operations Reference Model*, Revision 11.0(Supply Chain Council, October 2012).

SCOR® 모델은 운영 측면 성과를 평가하는 데 사용되는 표준 지표를 제공한다. 이 모델의 각각의 지표에는 지표에 대한 표준 정의와 지표가 어떻게 산출되는지에 대한 설명이 포함되어 있다.

SCOR에는 SCOR 전체 구조와 일치하도록 사전에 정의된 지표가 3단계 레벨로 구성되어 있다. 이 중 레벨 1은 상위 수준의 성과 모니터링을 하기 위한 진단 단계 지표이며, 내부 성과와 외부 성과의 측정에 중점을 둔다(표 5.2).[1] SCOR을 활용하는 많은 기업들은 레벨 1 지표를 KPI로 활용한다. 레벨 2 지표는 레벨 1을 진단하는 역할을 하며 레벨 1에서 나타난 성과 차이의 근본 원인을 파악하는 데 도움을 준다. 레벨 3은 레벨 2를 진단하는 역할을 한다.

비즈니스 전략과 지표와의 연계

공급망 지표는 기업의 비즈니스 주요 목표와 일치하도록 설계되어야 한다. 그래야만 지표를 통해 공급망이 사업 전략을 얼마나 효율적으로 지원하는지, 또는 성과 향상에 필요한 조치를 잘 수행하고 있는지를 평가할 수 있다.

일반적으로 기업들은 성과 관련 데이터를 측정할 때 일부 지표만 단독으로 분리해 측정하지만 이는 역효과를 초래할 수 있다. 기업의 전략적 목표부터 시작해 이 목표를 지원할 수 있는 SCM 성과 지표들을 찾는 것이 좀 더 효과적인 접근 방법이다. 사전에 모든 비즈니스에 적합하게 정의된 지표는 존재하지 않는다는 것을 항상 명심해야 한다. 지표를 선택할 때에는 공급망의 목적과 연계해 성과 측정 변수parameter를 반영할 수 있는 것을 선택해야 한다.

PC 주변 장치 제조사를 생각해보자. 이 업체는 원가 절감과 고객 주문을 신속하게 처리하는 것으로 서로 경쟁한다. 제품 생산은 주로 싱가포르와 중국에서 이루어지며, 고객 주문을 받으면 제품이 선적되어 해상 수송을 통해 각 지역에 있는 유통 센터로 보내진다. 표준 원가에는 계획된 원자재와 물류 비용만 포함된다.

공급망은 원가를 낮은 수준으로 유지하는 쪽으로 설계되었지만 해상 운송이라는 물류 전략으로 인해 리드 타임이 상당히 증가했다. 이 때문에 유통 센터로 운송하는 기간이 길게는 5주까지 걸리기도 했다. 또한 이렇게 운송 리드 타임이 길고 예측이 힘든 상황에서 짧은 제품 수명 주기는 정확한 물류 계획 수립을 더욱 어렵게 만들었다. 그 결과, 신속한 운송을 위해 평소의 3배에 달하는 운송비를 지불하며 항공을 통해 운송해야 하는 일이 자주 발생했다. 또한, 지역 유통 센터에서 고객 주문에 따라 포장을 풀거나, 재구성 또는 재포장하는 등의 재작업이 필요해져 추가 비용이 발생하기도 했다.

하지만 추가 운송비나 재작업 비용이 제품 마진에 영향을 주지 않기 때문에 각 제품 사업부에서는 이런 상황에 대해 인지하지 못했다. 결국 이러한 비용들로 인해 운영비가 증가했고 이는 전체 이익에 악영향을 끼쳤다. 이는 경영진과 주주들에게는 불만족스러운 상황이었다.

회사는 이 문제들에 대한 좀 더 심도 있는 이해를 위해 자신들의 경쟁 기반인 원가 절감 역량과 신속한 고객 주문 충족에 구체적으로 연관된 지표를 측정하고 이를 리포팅하기 시작했다.

분석 결과, 이 업체의 운송비는 산업 평균보다 훨씬 높은 수준이었으며 많은 주문이 고객에게 제시한 리드 타임보다 지연된 것으로 나타났다. 또한 수요 예측의 정확성이 낮고 제품 디자인 자체에서 모듈화가 부족하다는 사실을 추가적으로 알게 되었다. 관리 부서는 제품 단위의 예측 정확성과 이익률이 낮은 제품들의 재작업비를 추적하기 시작했다. 이러한 분석을 통해 과도하게 발생된 비용의 일정 부분을 특정 제품에 배분해 제품 마진에 영향을 미치도록 하는 것이 가능해졌다.

이러한 지표 분석은 예측 프로세스의 수준을 향상시키는 원동력이 되었으며 고객의 주문이 입수되기 전까지 특정 구성으로 조립되지 않도록 제품을 디자인하게 되었다.

균형 있고 포괄적인 지표 선택

성과 관리의 목적은 모든 방면에서 우수성을 확보하는 것보다는 사업 전략을 최대한 지원하도록 하는 것이다. 그렇지만 혁신, 고객 경험, 품질, 원가와 같은 경쟁의 기본적인 요소들을 이해하는 기업들도 성과의 우수성을 반드시 보유해야 하는 부분과 단순히 "우수성을 보유하고 있으면 좋다" 정도에 해당하는 부분을 분별하는 것을 어려워한다. 균형 있는 성과 지표는 이러한 트레이드 오프trade-off 관계를 이해하는 데 매우 중요하다. 균형 있는 지표에는 내부 관점과 외부 관점, 재무 관점과 비재무 관점, 한 부분에 특화된 관점과 부분 간 상호적인 관점, 지속적인 향상을 독려하는 관점의 지표가 모두 포함된다.

한 실험 계측 장비 제조사의 경우를 살펴보자. 이 회사는 고객으로부터 가격 인하를 요구받았다. 이 회사의 경영진은 마진에 영향을 최소화하기 위해 원자재 비용 절감을 최우선 과제로 삼았다. 따라서 구매 부서에 더 낮은 구매 가격 협상을 요구했고, 적극적인 원가 절감 목표를 설정하고 목표 달성을 개인의 보상과 연계하는 정책을 수립했다.

구매 부서는 대량으로 부품을 구매해 상당한 할인을 받았고 더 저렴한 가격에 부품을 공급하는 공급업체도 찾았다. 이러한 노력으로 부품당 단가를 낮출 수 있었고 경영진이 설정한 목표도 달성할 수 있게 되었다.

하지만 몇 달 후, 원자재 비용만 집중적으로 관리한 것이 다른 부문의 공급망에 악영향을 미친다는 사실을 알게 되었다. 대량 구매로 재고는 급격히 증가되었고 저렴한 공급업체로 교체하면서 부품의 품질이 기존 대비 낮아졌다. 제조 수율manufacturing yield 또한 기존 대비 낮아졌으며 불량품 발생률이 증가했고 이로 인해 초과 근무도 늘어났다.

이 사례에 대한 교훈은 명백하다. 한 부문에 국한된 지표에만 집중하면 다른 부문에 원치 않은 결과를 초래하고 공급망 전반의 효과적인 관리를 방해할 수 있다. 한 부문의 지표 그 자체로는 나쁘지 않으나 전체적인 E2E SCM 성과를 포괄하는 상호 기능적 지표와 결합되지 않는다면 결과적으로 악영향을 미칠 수 있다.

로버트 캐플런Robert Kaplan과 데이비드 노턴David Norton이 개발한 BSCBalanced Scorecard 방법론은 균형적이고 포괄적인 성과 지표의 중요성을 나타낸다.[2] 이 방법론에는 재무 목표 달성을 위한 것뿐 아니라 기업의 전략 수

표 5.3 BSC: 네 가지 관점

관점	공급망 지표의 예
재무적 관점	- 제조원가COGS - 공임 - 거리당 운송비 - 부가가치 생산성 - 자산 회전율
고객 관점	- 주문 약속에 대한 적시 납기율 - 주문 충족 사이클 타임 - 주문 충족률 - 완전 주문 충족
내부 프로세스 관점	- 예측 정확도 - 생산 품질 - 생산 유연성 - 내부 사이클 타임
임직원의 학습과 성장	- 공급망 전문 자격증을 보유한 임직원의 수 - 6시그마 교육을 이수한 임직원의 수

주: 부가가치 생산성value-added productivity은 매출을 달성하기 위해 필요한 비용과 생산성 성과를 측정하는 지표 — 옮긴이.

행을 위한 중요한 세 가지 관점이 추가되었다. 이 세 가지 관점은 바로 고객, 내부 프로세스 그리고 임직원의 학습과 성장이다. 표 5.3은 이 네 가지 관점의 공급망 관련 지표를 나타낸다.

❙ 인과관계 이해를 위한 지표의 분해

지표 포트폴리오를 균형 있게 구성하기 위해서는 각각의 인과관계를 이해해야 한다. SCOR 레벨 1 지표는 공급망 전반의 건전성에 대해서는 나타내지만 성과 목표 이상 또는 이하의 성과가 나타난 원인에 대해서는

그림 5.1 성과 분석을 위한 지표의 분해

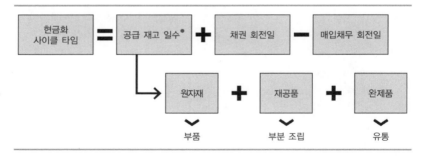

설명하지 않는다. 이러한 인과관계를 이해하기 위해서는 상위 지표에 영향을 미치는 또 다른 지표들을 활용해야 한다. SCOR에서는 이렇게 인과관계를 분석하는 프로세스를 "지표 분해법"[3]이라고 한다.•

하나의 예를 들어보자. 재고자산 회전일수가 허용치보다 높아 문제가 되는 경우에 재고를 확인할 때에는 내부 보유 재고뿐 아니라 공급업체와 고객이 보유한 재고까지 원자재, 재공품Work-In-Process: WIP, 완제품 등 모든 형태의 재고를 파악하고 확인해야 한다(그림 5.1). 여기에서 어느 부분의 재고 수준이 높은지를 파악해야 그 하부의 근본적인 프로세스를 살펴볼 수 있다. 보통 과잉 재고는 부정확한 예측, 긴 리드 타임, 낮은 품질, 수요 변동성과 관련 있다. 다음 단계에서는 이와 같은 지표를 검토해 어떤

• 공급 재고 일수 Inventory Days of Supply 상품을 생산해서 판매하기까지 소요되는 일수와 재고에 대한 투자가 상품의 판매로 전환되기까지의 시간, 재고자산을 일평균 매출액으로 나누어 산정한다 — 옮긴이.

프로세스가 추가적으로 분석이 필요한지 결정한다.

▮ 고객의 관점으로 측정

공급망은 E2E 프로세스이기 때문에 이를 지원하기 위한 지표를 설정하기 위해서는 고객의 관점을 고려해야 할 필요가 있다.

한 타이어 업체의 사례를 들면, 이 회사는 2년이 넘는 시간 동안 모든 지역과 전 고객 그룹을 대상으로 납기에 대한 성과 지표를 설정하고 실행했으며 이를 통해 위에서 언급한 교훈을 직접적으로 배울 수 있었다.

이 업체는 소매업자, 유통업체, 수리점 등에 타이어를 판매했다. 이들은 모든 제품을 주문 후 1일 내 납품할 것을 약속했다. 그리고 적시 납기율의 정의를 고객 주문 후 1일 이내에 제품을 받는 비율로 정했다. 월요일에 들어온 주문이 화요일에 고객에게 배달 완료되면 정시 배달로 인정되는 것이었다.

납기 성과의 평가 결과는 매우 좋아서 대부분의 타이어가 고객이 주문한 지 1일 이내에 스케줄대로 배송되는 것으로 나타났다. 하지만 고객들은 예상보다 납기 성과에 감동받지 않았고, 심지어 배송 지연이 잦다고 불만을 토로하기도 했다. 이런 고객 불만족의 결과는 타이어 산업 전체를 대상으로 진행된 고객 여론조사에서도 여실히 드러나 이들의 고객 만족도가 경쟁사보다 낮은 것으로 나타났다. 이는 높은 고객 만족도를 기대한 관리팀에게 매우 충격적인 결과였다.

정밀한 조사 결과 "적시 납기on-time delivery"의 의미와 관련해 몇 개의 중요한 차이점들이 드러났다. 주문 데스크를 담당하는 인력들은 창고에 재

그림 5.2 **타이어 회사의 성과: 고객 관점의 지표와의 불일치**

고객 주문=타이어 100개	회사 지표=80% 적시 납기	고객 지표=60% 적시 납기
	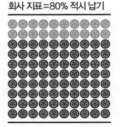	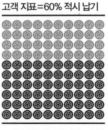
	주문 후 1일 뒤 80개만 적시 납기 완료되었고, 20개는 주문 후 1일 이상 소요됨	10개는 주문 후 1일 이상 소요됨

고가 있는 것을 확인하거나 지역 유통 센터로 운송 중인지 확인하기 전까지는 "납기 시간 측정을 시작"하지 않았다. 그리고 재고 가용 여부를 확인한 후에야 고객에게 납기 가능한 일자를 제공했다. 적시 납기율은 전체 주문 중 다음날 납기 스케줄이 실제로 잡힌 주문의 비율을 의미한다. 하지만 주문 데스크에서는 납기가 계획한 대로 실행되는지는 확인하지 않았다. 그들은 오로지 그 다음날 납기 스케줄만 확인했다. 일단 납기 스케줄이 잡히면 모두 적시 납기가 될 것이라는 예상 때문이었다. 반면, 고객들에게 적시 납기란 전체 주문 중에 약속된 날짜에 완전하게 충족된 주문의 비율을 의미했다.

이런 다양한 차이들로 인해 "적시 납기"라는 동일한 역량에 대한 지표가 넓은 범위로 나타났다(그림 5.2).

관리팀은 이러한 관점의 차이를 해결하기 위해 2개의 주문 납기성과 지표를 개선했다. 우선 "주문 약속에 대한 적시 납기"는 약속된 납기일에 주문량이 도착해 완료된 오더의 비율로 정의했다. 둘째, "주문 충족 사이클 타임"은 주문이 접수된 시간부터 납기가 완료되는 시점까지를 추적해 측정하는 것으로 정했다.

회사는 차이점들을 분석하면서 매우 중요한 새로운 사실을 알게 되었다. 실제로 고객들은 전체 처리 시간보다는 모든 주문이 도착하는 정확한 납기 일자를 더욱 중요하게 생각한다는 것이었다. 고객에 대한 이러한 이해를 통해 이 업체는 고객 경험 전략을 다시 점검할 수 있게 되었고, 신속한 납기뿐 아니라 정확한 납기일을 제공하는 데 더욱 집중하게 되었다.

▌적절한 수의 지표 설정

무수히 많은 지표와 마주하게 되면 기업들은 실제 필요한 것 이상으로 많은 지표를 선택하게 된다. 관리자들이 한두 가지 중요한 지표를 설정해 운영하다가 그 성과가 처음으로 가시적으로 보이는 경우, 이러한 현상은 더욱 두드러지게 나타난다. 재무적 지표에만 익숙한 기업들이 주요 공급망 프로세스의 성과에 대한 통찰과 이해를 제공하는 데이터는 굉장히 효율적이고 영향력이 있을 수 있다. 모든 프로세스에 대해서 이러한 데이터를 요구하는 것은 어떻게 보면 매우 자연스러운 현상이라고 할 수 있다.

모든 지표를 정기적으로 모니터링하는 것이 불가능한 경우나 모니터링 결과를 토대로 어떠한 조치를 취하기 힘든 경우임에도 새로운 지표를 개발하기도 한다. 실제로 많은 기업들은 가능한 모든 지표가 포함된 운영 리포트를 매달 작성한다. 조달 부서나 제조 부서와 같은 각 부서들은 이 리포트 중에 자신들이 맡은 부분에 대해 완성할 책임을 진다. 그리고 모든 리포트들은 전자 문서로 발송되기 전에 다수의 인원들에게 배부되기 위해 두꺼운 바인더binder로 취합되어 제작된다. 그리고 관련 대상자가 모두 열람할 수 있도록 온라인상에 기재된다.

운영 리포트를 모으는 작업은 결코 쉬운 일이 아니다. 어느 산업 기계 제조사에 근무하는 주문 관리 책임자는 이에 대해 다음과 같이 언급했다. "우리는 맡은 부분에 필요한 데이터를 찾기 위해 많은 시간을 투자한다. 그 작업이 끝난 후, 수백 개의 숫자들을 입력해 40개의 지표를 만든다. 하지만 그만큼의 작업 시간이 소요됨에도 불구하고 얼마나 많은 사람들이 그 결과물을 업무에 참고해 활용하는지는 확신할 수 없다."

주문 관리 책임자가 본인이 의무적으로 제공해야 하는 정보의 가치가 없다고 보는 것은 그리 놀라운 일은 아니다. 너무 많은 지표를 모니터링하면 단순히 계산되어 나온 정보와 정말 의미 있는 정보를 구분하기가 어렵게 된다. 하지만 이와 반대로 너무 적은 수의 지표로는 SCM 성과를 포괄적으로 이해하기 힘들 것이다.

운영의 효율성을 위한 적절한 수의 지표를 선택하는 일은 반복적인 프로세스라고 할 수 있다. 관리팀은 항상 너무 많은 수나 혹은 너무 적은 수의 지표로 시작해서 필요에 따라 접근 방법을 수정한다. 예를 들어 기업의 사업 전략과 가장 연관성이 깊은 주요 공급망 프로세스들을 포함하고 사업 전략과 연관 없는 지표들은 제거한다. 각 기업의 독특한 비즈니스 환경과 현황이 중요하므로 회사가 운영해야 할 지표들의 특정한 수와 리스트가 존재하는 것은 아니다.

각 지표의 목표 설정

지표를 선정한 후에는 각 지표의 목표를 설정해야 한다. 거리당 운송비를 어느 정도 절감하고 싶은가? 주문 충족 리드 타임을 며칠로 단축하고 싶은가? 공임율을 어느 수준으로 유지하고 싶은가?

목표 설정은 어떤 면에서는 예술과 비슷하다고 할 수 있다. 적절한 행동들을 유발할 수 있도록 동기를 부여하기 위해 목표를 설정하지만 각각의 지표별로 어느 수준의 성과를 원하는지 어떻게 정할 것인가? 이에 대해서는 다음과 같은 방법들이 도움을 줄 수 있다.

▎내부 벤치마킹 수행

만약 회사의 규모가 크다면 일정한 기준을 사용해 회사 내의 각 기능, 부서, 사업부, 시설 등으로 나누어 성과를 비교해야 한다. 예를 들면, 제조 시설, 창고, 유통 센터, 구매팀, 주문 관리팀의 성과를 비교하는 것이다. 가장 잘하는 사업부를 선정하고 그 부서의 지표를 회사 내 유사한 기능의 부서가 벤치마킹할 수 있도록 한다.

내부 벤치마킹 데이터 수집은 타 기업의 성과 데이터 수집보다 훨씬 수월하다. 하지만 내부 벤치마킹 노력은 지속적으로 자세히 모니터링해야 한다. 드물지만 내부 벤치마킹이 사업부 간의 비효율적인 경쟁을 유발하는 경우도 있다. 극단적인 경우에는 각 사업부가 성과를 위해 "시스템 조작" 등을 시도하려고 할 수도 있다. 만약 이러한 일이 발생한다면 이를 근절하기 위해 즉각적인 조치를 취해야 한다.

▌외부 벤치마킹 수행

지표의 성과를 다른 회사들의 성과와 비교해보아라. 비교 대상은 같은 산업 내의 회사들로 제한할 수도 있고, 다른 산업의 회사들을 포함할 수도 있다. 외부 벤치마킹은 성과 수준에 대한 정량적인 이해를 도와준다. 그리고 더욱 중요한 것은 목표로 하는 수준의 성과를 이끌어내기 위해 어떤 업무를 수행하는 것이 좋은지 알 수 있게 해준다. 다른 산업 내 회사를 비교 대상으로 선택하는 경우, 비슷한 공급망 특성(생산 프로세스, 유통 채널, 또는 적절한 비교를 위한 기타 구조적 유사성)을 가지고 있는 회사들로 한정해야 한다는 명심해야 한다.

외부 벤치마킹의 수행을 위해서는 회사 내부 성과 데이터뿐만 아니라 타사 데이터도 상당량 수집되어야 한다. 하지만 많은 회사들이 이러한 데이터를 경쟁사에 제공하기 꺼려하며, 심지어 비경쟁사에도 제공하기를 꺼려한다. 이러한 걸림돌을 극복하기 위해 벤치마킹 서비스 기관이나 산업 협회와 같은 독립적인 제3자에 의해 이루어지는 벤치마킹 설문조사에 참여하는 것을 고려할 필요가 있다. 이러한 기관들은 공급망과 관련된 지표를 정의하고 설문 참여 회사들과 협의해 필요한 데이터를 수집하는 업무에 전문화되어 있다.

필요한 데이터를 수집한 후에는 비교 대상과의 성과 차이를 분석한다. 선별된 비교 대상과의 성과에 대한 비교 분석 결과를 그래픽 형태로 제

그림 5.3 **레벨 1 주요 성과 지표**

주요 성과 지표		모집단 성과(5분위 수 표시)			
		주요 기회 영역	← 중앙값 →	BIC1	자사 수준
고객 관점	주문 요청 적시 납기율	▲	85.2%	98.3%	69.7%
	납기 확약 적시 납기율		▲ 91.4%	98.4%	87.1%
	주문 충족 리드 타임	▲	7.0일	4.2일	5.6일
	수요 급증 대응 유연성		101.1일▲	25.0일	90.0일
내부 관점	총 공급망 관리 비용 (매출에서 차지하는 비율)		▲ 7.1%	3.4%	8.1%
	제조원가(매출에서 차지하는 대비 비율)		70.6%	47.8%▲	46.7%
	공급 재고 일수	▲	70.4일	43.0일	109.6일
	현금화 사이클 타임	▲	73.3일	20.1일	160.5일
	순자산 회전율		1.7 ▲	3.4	2.2
	고정자산 수익률		80.1% ▲	243.4%	98.6%

▲: 샘플 기업의 성과.
자료: PwC PMG(Performance Measurement Group).

공하는 평가표를 통해 기회 영역을 포착할 수 있다(그림 5.3). 이를 바탕으로 성과가 상대적으로 낮은 원인을 조사하고 성과의 차이를 어떻게 줄일지를 결정해야 한다. 그리고 이 분석의 결과를 토대로 주요 프로세스 변경을 뒷받침할 수 있는 설득력 있는 비즈니스 케이스를 고안해야 한다.

▌공격적이면서도 달성 가능한 목표 수준 설정

모든 지표에서 탁월한 성과를 내기는 어렵기 때문에 모든 지표에 대해 너무 높은 목표를 설정하지 않도록 주의해야 한다. 회사 내 다양한 부서가 유기적으로 협업할 수 있고 건전한 경쟁을 장려할 수 있는 목표를 설정하는 것이 바람직하다. 회의적인 태도를 보이거나 고의적으로 데이터를 조작하는 등의 부정을 방지하기 위해서라도 목표는 달성 가능한 것이어야 한다.

성과 지표 간의 상충을 인정하는 것 또한 균형을 유지하기 위한 방법 중 하나이다. 특정 주요 영역의 목표 달성을 위해 다른 영역에서 낮은 성과를 감내해야 하는 경우도 있다. 납기 신속성으로 경쟁하는 회사의 사례를 보도록 하자. 관리자는 100% 주문을 48시간 이내에 납기 완료하는 것을 목표로 설정한다. 이 목표를 달성하기 위해 회사는 보유 재고의 수준을 높게 유지해야 하거나, 야간 운송을 위해 추가적인 비용을 지불해야 할 수도 있다. 따라서 재고 지표나 운송비 절감 지표에 대한 목표를 동시에 높게 설정하는 것은 비현실적일 수 있다. 경쟁적이거나 상충하는 지표에 대해 적절한 긴장을 유지하는 것은 효과적인 관리 도구가 될 수 있다. 하지만 완전히 달성 불가능한 목표는 종업원들의 업무 수행의 효율을 저해하거나 사기를 크게 저하시킬 수 있다는 사실을 명심해야 한다.

과거의 성과나 기준이 되는 성과를 기반으로 구체적인 백분율-수치를 개선 목표로 설정할 수도 있다. 이 방법을 통해 특정 기간에 특정 영역에 대한 성과를 측정하고 개선을 위한 목표를 설정할 수 있다. 다시 한 번

그림 5.4 최초 적시 납기 목표

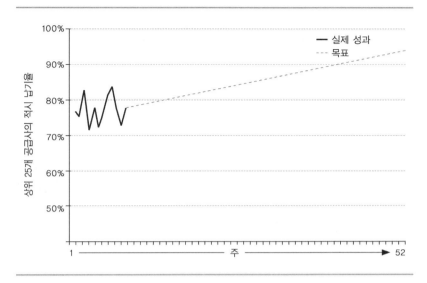

강조하지만 목표는 전략과 부합되도록 설정해야 한다는 사실을 잊어서는 안 된다. 많은 경우에 관리자들은 막연히 특정 수준의 성과가 달성 가능할 수도 있다고 생각하고 이 정도의 수준이 회사의 목표가 되어야 한다는 맹목적인 가정을 기반으로 목표를 설정하곤 한다. 그러나 이 성과 수준이 합리적이지 않거나 오히려 완전히 비현실적일 수 있다는 사실을 잊어서는 안 된다.

한 통신장비업체는 공급사의 적시 납기율 향상 프로그램에 착수했다. 이 회사의 구매 부서는 규모가 가장 큰 주요 공급사 25곳의 3개월간의 성과를 측정했으며, 이들의 적시 납기율이 70~80%에 지나지 않는다는 받아들이기 어려운 결과를 얻었다. 그리고 즉시 6개월 이내에 적시 납기율을 평균 95%로 끌어올리기 위해 월별로 3~4%를 향상한다는 하위 목표를 설정했다. 해당 목표는, 물론 설득을 통해 공급사들이 적시 납기율 개선을 위한 노력을 할 것이라는 가정을 기반으로 했다(그림 5.4).

하지만 6개월이 지났음에도 공급사들의 성과는 눈에 띄게 향상되지 않았다. 이유는 평균 적시 납기율 95%라는 목표 달성을 위해 필요한 구체적인 산출물이나 시간 계획이 실행 계획과 연관되어 수립되지 않았기 때문이다. 이와 더불어 추가적으로 고려되어 할 다른 이유가 하나 더 있다. 이 회사가 통신 산업의 납기 시간을 벤치마킹한 결과, 최고의 성과를 내는 회사들의 공급사들조차 평균 적시 납기율이 90% 이하라는 사실이었다. 이 업체의 공급망 담당 부사장은 "우리의 목표가 얼마나 무모했는지 깨달았다"고 말했다.

벤치마킹은 타사의 구체적인 사례에 대한 이해를 통해 회사의 시야를 넓혀 주는 역할을 한다. 단순히 어느 정도 수준의 성과를 창출하고 있는지, 그러므로 이론적으로 어느 정도 수준의 성과 창출이 가능한지를 가늠하는 것만으로는 충분하지 않다. 타사가 현재 수준의 성과를 창출하기 위해 구체적으로 어떤 활동을 수행했는지 이해할 필요가 있다.

위의 통신장비업체는 경쟁사가 공급사에 한 달에 한 번 신규 예측 정보를 제공하지만 주 단위로 예측치의 변경 내용을 공유한다는 사실을 알게 되었다. 또한 경쟁사는 제품 디자인 회의에 주요 공급사들을 초청하고 부품 통합을 촉진하기 위한 프로그램을 만들어 실시하고 있었다. 하지만 이 업체는 아직 이러한 활동들을 하지 않았다.

그림 5.5 **수정된 적시 납기 목표**

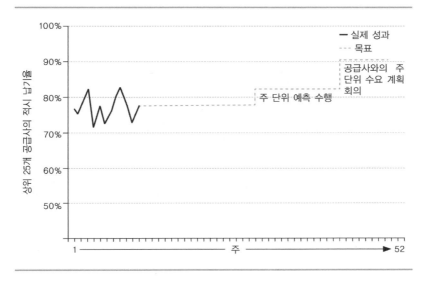

벤치마킹의 결과, 이 업체는 납기 성과를 높일 수 있는 여러 가지 활동을 도입하기로 했다. 그리고 공식적인 수행 프로그램을 수립하고 성과를 높이기 위한 목표를 구체적인 시간 계획을 작성해 통합하는 작업을 완료했다(그림 5.5).

특정 지표에 대해 현실적인 목표를 설정했다고 해서 무조건 성과가 나타나는 것은 아니다. 임직원들도 설정된 목표가 달성 가능하다고 공감해야 한다. 따라서 임직원들에게 적절한 자원을 제공하는 것이 매우 중요하다. 이러한 자원에는 추가적인 교육, 성과를 가시화할 수 있는 정보 시스템, 그리고 필요한 프로세스 변화에 집중할 수 있는 기존 업무 시간 이

외의 추가적인 시간 등이 포함된다.

5.2 공급망 성과 관리: 지표의 중요성

지표 선정과 각 지표의 목표 설정은 SCM 성과 측정 활동 중 일부분일 뿐이다. 성과 측정을 공급망 관리로 연계하기 위해서는 지표를 주기적으로 모니터링하고 이러한 지표들을 지속적인 개선 활동에 활용할 수 있어야 한다.

주기적인 성과 모니터링

효과적인 성과 모니터링을 위해서는 성과 측정 주기를 합리적으로 설정하는 것이 필요하다. 또한 임직원들이 목표에 대해 인지하고 얼마만큼 목표에 근접하고 있는지에 알도록 하는 것도 필요하다. 그뿐 아니라 성과가 저조한 부분을 빠르게 대처할 수 있는 경영진의 역할도 매우 중요하다고 할 수 있다.

▌추적 주기 설정

지표를 얼마나 자주 모니터링해야 하는가는 지표의 종류에 따라 달라진다. 비용 관리나 자산 관리 같은 가장 상위 수준의 지표는 월 단위 보고가 적합하다. 이를 통해 제공 가치가 낮은 지표에 대한 과도한 보고 활

그림 5.6 지표의 추적 빈도

실시간
● 적시 납기

일 단위
● 주문 충족률

주 단위
● 주문 충족 리드 타임
● 공급사 적시 납기

월 단위
● 공급 재고 일수
● 예측 정확도
● 신속 처리 비용
● 현금화 사이클 타임

분기 단위
● 공급망 비용

동을 피하면서도 동시에 문제가 심각해지기 전에 지표의 추세를 파악할
수 있다.

하위 수준의 지표는 변화가 예상되는 시점마다 자주 모니터링하는 것
이 바람직하다. 주문 충족률, 재고, 적시 납기율 같은 지표들은 주 단위,
심지어는 일 단위로 모니터링해야 한다. 반면 창고비나 운송비 같이 송
장별로 청구되는 비용은 월 단위로 추적하는 것이 효율적이다. 계약상에
기재된 부품 가격과 같은 변하지 않을 것으로 예상되는 지표의 경우에는
일주일에 한 번씩 측정하는 것은 비합리적이다. 급여에 갑작스러운 변동
이 있을 확률은 매우 낮기 때문에 인원수와 같은 지표 역시 잦은 모니터
링이 필요하지 않다. **그림 5.6**은 일부 지표의 추적 빈도를 나타낸다.

ㅣ 지표의 가시성 확보

조직 전체에 걸쳐 있는 모든 관리자들에게 지표와 성과 데이터에 대한
가시성이 매우 잘 확보되어 있다면, 관리자들은 목표 달성까지 얼마만큼

진척되었는지의 현황을 쉽게 파악할 수 있다. 그리고 이런 즉각적인 피드백을 통해 성과가 부족한 곳을 찾아내고 이를 수정하는 작업을 빠르게 할 수 있다.

한 데이터 저장 시스템 공급업체의 사례를 들어보자. 이 업체는 주문 충족 프로세스에 많은 문제점이 있었다. 동일 산업 내 대부분의 업체가 주문 충족에 평균 2일에서 3일이 소요되는 반면 이 업체는 평균적으로 25일이 소요되었다. 영업부 직원들은 주문을 추적하는 데 업무 시간의 25%를 낭비해야 한다는 사실에 불만이 가중되고 있었고, 그 결과 신뢰성 있는 납기를 제공하는 경쟁사들에게 고객을 빼앗기고 있었다. 그리고 고객들은 주문한 제품이 납기 완료되기까지 상당히 긴 시간이 소요된다는 것에 불만을 터뜨렸다.

이 문제점의 근본적 원인은 너무 많은 기능들이 서로 미루기를 한다는 것이었다. 주로 문제가 되는 프로세스는 고객 주문에 대한 가격 설정 부분과 이를 계약에 대한 협상 사이클로 이끌어내는 부분, 각 주문에 대한 납기 계획을 잡는 부분에 있었다.

이 회사는 주문 충족 프로세스의 리드 타임을 25일에서 2일로 줄이기 위한 작업에 착수했다. 우선 공지를 통해 직원들과 목표를 공유하고 주문을 추적하기 위한 계획을 수립했다. 이메일이나 웹사이트를 이용한 공지는 목표 성과에 대한 공유 효과가 낮을 것이라 판단한 CFO는 경영진의 사무실, 영업 지사, 선적장 등 아주 잘 보이는 곳에 거대한 스코어보드scoreboard를 설치하고 여기에 사이클 타임 점수를 매주 업데이트했다. 사이클 타임 지표에는 주문 충족과 관련한 모든 부서의 데이터가 포함되

그림 5.7 주문 충족 사이클 타임

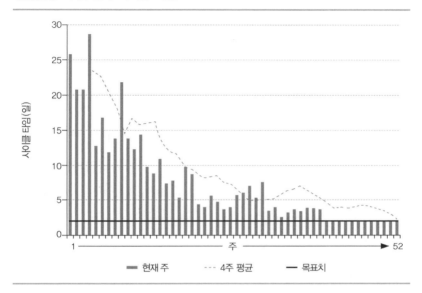

어 있었기 때문에 많은 직원들이 이 정보 수집에 참여했다.

프로젝트팀은 지표를 통해 주문 충족 프로세스와 관련한 활동들을 검토하고 각 기능끼리 미루는 것을 제거할 수 있었다. 하지만 너무 많은 사람들이 관련되어 있고 각 지연 사유를 수동으로 추적했기 때문에 주문 충족 프로세스가 더 지연되었다.

새로운 추적 시스템이 설치되고 운영되기 시작한 얼마 후부터 이 프로젝트는 좌초될 위기에 처했다. 프로젝트 팀원들은 "무엇인가 잘못되고 있다"고 빈번히 말하곤 했다. 데이터의 가시성을 높이는 것이 많은 사람들의 의욕을 저하시키고 변화에 대한 거부를 불러일으킬 것이라는 우려에도 CFO는 스코어보드를 계속 업데이트해야 한다고 주장했다. 일시적인 퇴보가 부정적인 추세의 징후라는 인식을 불식하고 조금씩 성과가 나타나고 있다는 사실을 알리기 위해 CFO는 최근 4주의 이동 평균을 두 번째 지표로 추가했다.

상당한 개선 효과를 보기까지는 그리 오랜 시간이 걸리지 않았다. 단 8주 만에 평균 사이클 타임은 10일가량 줄어들었고, 40주 후에는 확장된 목표인 2일도 가능해졌다(그림 5.7). 평가표는 중요 영역의 성과를 눈으로 볼 수 있게 해주었고, 그 후 회사의 고객 서비스에 대한 역량을 증명하는 강력한 영업 도구가 되었다.

┃ 능동적 성과 관리

평가표는 특정 시점에서의 KPI를 경쟁사 지표와 비교해 상대적으로 보여주는 반면, 대시보드는 좀 더 역동적으로 전체 기간의 지표를 원하는 관점에서 볼 수 있게 해준다. 또한 대시보드를 만드는 것 자체가, 회사가 성과 데이터를 기록하고 관리자에게 문제점을 경고해주는 프로세스를 자동화하도록 강제하는 촉진 방안이 될 수 있다. 또한 지표가 성과 트렌드trend를 예측하는 뷰view를 제공하도록 설계된다면 대시보드가 조기 경보 시스템의 역할을 수행할 수도 있다.

┃ 데이터의 정합성 확보

대다수의 성과 개선 프로그램은 시스템 지원이 필요하다. 이를 위해 내부적으로 시스템을 설계하고 구축할 수도 있고, 또 다른 대안으로 데이터웨어하우스data warehouse나 ERPEnterprise Resource Planning 모듈을 구입하거나 ERP에서 데이터를 분리할 수 있는 별도의 솔루션 구입 등을 고려할 수 있다.

적합한 시스템을 선택하기 위해서는 다양한 종류의 성과 데이터의 출처가 어디인지를 파악해야 한다. 그리고 여러 핵심 기능에 적용되는 개선 프로그램과 지표들이 회사의 관리 방식과 어떻게 연계되는지를 이해해야 한다. 또한 여러 카테고리에 대해서 각각 적용 가능한 성과 관리 도구를 이해하는 시간을 가져야 한다. 성과 관리 도구에는 보고체계, 기업 정보 수집, 계획·일정 관리에 대한 선진 분석 방법, 공급망 이벤트 관리, 공급망 성과 관리 등이 포함된다.

또한 적용된 개선 방법의 결과를 모니터링하기 위해 필요한 모든 데이터의 형태와 원천을 알고 있어야 하며, 이 모든 데이터에 접근이 가능해야 한다. 예를 들어 고객이 요청한 대로 적시에 납기가 완료된 비율을 모니터링하기 위해서는 주문을 받은 데이터와 고객의 자세한 요청 사항 정보, 예상 리드 타임, 납기 약속에 대한 데이터, 그리고 실제 선적 일자와 같은 정보를 수집해야 한다. 많은 기업들은 각각 분산되어 있는 다양한 시스템에 엄청난 양의 데이터를 보유하고 있다. 당신의 회사도 이와 유사한 상황이라면 각기 다른 원천에서 데이터를 수집하고 적절한 의사결정을 가능하게 하기 위해 응용 프로그램과 인프라가 필요할 것이다. 데이터 수집과 보고의 간소화를 위해서는 표준 데이터와 지표에 대한 정의를 활용한 데이터 수집과 보고체계에 대한 설계가 우선되어야 한다.

오늘날 정보 시스템은 방대한 자료를 수집하고 분석할 수 있지만 이를

지표 대시보드 예시

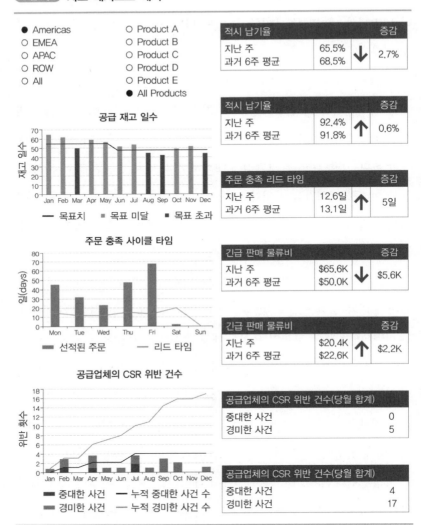

반드시 유용한 정보로 바꾸어야 의미가 있다. 대시보드에 현재 추적하고
있는 지표를 산정하기 위해 필요한 데이터들을 덧붙여 놓으면, 필요시에

문제가 되는 부분을 더 파헤치기 위해 이러한 상세 데이터들의 활용이 가능하다.

하지만 그 무엇보다 중요한 것은 성과 측정에 사용되는 시스템 데이터가 정확해야 한다는 것이다. 효과적인 성과 측정을 위해서는 그 하단에 근본이 되는 데이터베이스가 반드시 정확해야 하며 최신 정보여야 한다. 데이터가 정확하지 않으면 문제가 통제하기 힘든 수준에 이르거나 주주를 포함한 회사의 주요 구성원들에게 당신의 성과를 잘못 전달할 때까지 사전에 문제를 인지하기 어려운 위험을 안게 된다.

전체 관점으로 바라보기

지난 10년 동안 가장 큰 발전은 SCOR 지표를 포함한 산업 표준 공급망 지표들이 BI^{Business Intelligence} 기능의 일부로서 많은 선진 ERP 시스템에 반영되었다는 것이다. SCM 성과 관리 시스템을 하나의 모듈로써 구매하는 경우가 많아졌고, BI 플랫폼을 대체한 이 모듈을 통해 기존에 데이터베이스에 있던 정보를 활용해 표준 지표들을 산정할 수 있게 되었다. 그리고 이로 인해 수동으로 데이터를 수집하고 지표를 수동으로 산정하는 것이 사라졌다.

많은 조직들이 전사 성과 관리나 사업 성과 관리로 알려진 CPM^{Corporate Performance Management}라는 전체 관점의 전사 성과 관리 전략의 일부에 공급망 성과 관리를 포함시켰다.

CPM은 조직 전반의 사업 성과를 관리하고 모니터링하기 위해 사용되는 전체 프로세스와 방법론, 지표, 시스템 등을 일컫는다. CPM은 소프트웨어의 개념을 넘어서서 전사 성과 관리를 위한 프로세스, 적절한 프로세스 지표를 선택하기 위한 방법론, 지표를 관리하는 프로세스 등을 포함한다. CPM은 각각의 내부 운영 측면에서 분리된 포인트들을 연결하는데, 이는 CPM이 ERP와 공급망 관리, 고객 관리, 제품 생애주기 관리, 인력 운영HR 관리, 기업 정보 시스템 등에서 추출한 데이터를 조합해 활용하기 때문이다. CPM 솔루션은 주로 주요 성과 지표를 보여줌으로써 직원들이 전사 목표와 전략에 기반을 둔 개인별·그룹별 성과를 가늠할 수 있게 한다.

현재까지 관리 보고용으로 사용되는 데이터는 어느 정도는 주관적이었고 보여주는 방식에 어느 정도 영향을 받았다. 예를 들어, 유비쿼터스ubiquitous의 「월별 운영 리포트Monthly Ops Report」와 같은 많은 관리 리포트의 스프레드시트spreadsheet에 대한 의존도가 상당히 높았다. 보고를 위해 데이터가 스프레드시트에 수작업으로 입력·수집·검토·통합되어야만 했다. 이런 작업이 완료된 후에야 데이터 분석이 이루어지고 활용될 수 있다. 이런 식의 접근 방법은 집중적으로 데이터를 입력해야 하고 다루기 힘들며, 오류가 나기 쉽고 기업의 다른 여러 부문에 걸쳐 성과를 비교하는 데 활용하기 어렵다는 단점이 있다.

클라우드 컴퓨팅의 등장으로 CPM 솔루션은 빠르게 진화했다. 최근 CPM은 BI 기능과 전통적인 성과 관리가 결합되어 일정한 데이터와 정의를 기반으로 즉각적인 분석뿐만 아니라 운영 보고, 재무 보고, 임원 보고 등이 모두 가능하다. 또한 클라우드 기반 CPM은 하드웨어에서 독립적으로 사용할 수 있고 각각의 사용자 관점의 사용자가 필요로 하는 레이아웃으로 변경이 가능하다는 이점이 있다.

산업 표준을 사용하는 전사 성과 관리 자동화 툴을 통해 다양한 부문에서 데이터를 추출해 사전에 정의된 로직^{losic}을 기반으로 지표를 계산할 수 있다. 기업들은 장기적으로 성과를 비교할 수 있고 내·외부적 벤치마킹을 좀 더 간편하게 수행할 수 있다. 자동화된 맞춤형 리포트를 통해 관리자들은 자사의 전략적 방향성과 더 관련 있는 지표에 초점을 맞출 수 있다.

올바르게 계산하기

성과 측정 시스템은 비즈니스 전략과 연계된 지표, 산업 표준 정의, 논리적 체계와 깊은 연관이 있다. 만일 지표가 실제로 일어나는 현상을 반영하지 못한다면 오해를 불러일으킬 소지가 있다. 이그젝큐트로닉스 데이터Executronix Data라는 한 회사의 예를 살펴보자.

데이터 저장 장치 생산업체인 이그젝큐트로닉스 데이터는 전 세계의 데이터 센터를 대상으로 규격 솔루션과 주문 제작 솔루션을 판매했다. 최근 납기에 너무 긴 시간이 소요되고 납기 일자가 부정확하다는 고객들의 불만이 계속해서 접수되기 시작했다. 이는 굉장히 심각한 문제였다. 고객의 데이터 센터에는 장치 설치를 위해서 수많은 엔지니어들과 서비스 전문가들이 대기하고 있었다. 매일 하나의 주문이 연기된다는 것은 다른 업무에 해당 인력들을 활용하지 못한다는 의미였다.

이그젝큐트로닉스의 주문 충족 사이클 타임

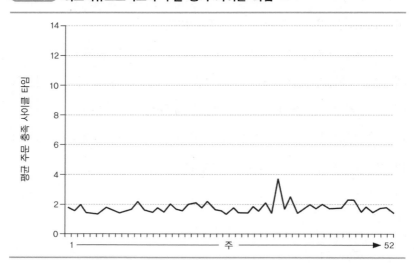

이그젝큐트로닉스의 주문 충족 사이클 타임의 변동성

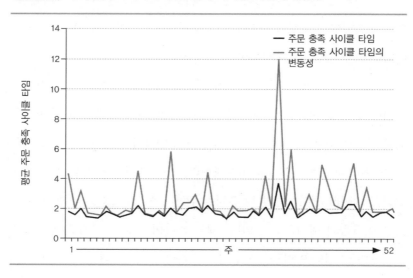

불만을 토로하는 것은 고객만이 아니었다. 이그젝큐트로닉스의 영업 사원들도 주문에서부터 주문을 충족시키는 프로세스와 주문의 상태를 업데이트하는 것에 어려움을 겪었다. 하지만 판매 운영 책임자는 이를 인정하지 않았다. 그는 주문 관리 데이터는 주 단위로 수집되고 고객에게 약속한 대로 주문 접수 후 2일 내로 규격품을 선적했다고 주장했다. 실제로 주별 보고에서 지난 52주간 평균 주문 충족 사이클 타임은 목표인 2일보다 훨씬 낮은 1.74일이었다. 그는 가끔 목표 일수를 상회하는 경우가 있었지만 그것은 일시적인 자재 부족 때문에 발생했다고 설명했다(그림 5.9).

이 문제의 근본 원인을 파악하기 위해, CFO는 특정 한 주의 평균 사이클 타임 이외에도 관련된 변동성을 검토하자고 제안했다. 그리고 그 결과는 매우 놀라웠다. 새로운 차트에서는 프로세스가 매우 변동성이 높아 3.2일 이상의 편차를 보인다는 것이 나타난 것이다.

그리고 이러한 새로운 관점은 관리팀이 좀 더 자세히 데이터를 살펴보도록 만들었다. 그리고 주문의 대다수는 정시에 선적되지만 그렇지 못한 주문들 중 많은 수가 선적 대기로 빠져 있으며 심지어 납기가 몇 주씩이나 늦어진다는 것이 밝혀졌다(그림 5.11).

이러한 관점의 데이터 분석은 판매 주문 관리팀에게 경각심을 불러일으켰으며 그로 인해 이들은 프로세스를 더욱 자세히 살펴보기 시작했다. 그리고 각각의 기능에 얼마나 오랫동안 주문이 머물러 있는지 각 부서에서 측정하고 이러한 지연 사유를 추적하고 있다는 것을 알아냈다. 주문 접수 부서의 경우, 주문이 접수될 때 불완전하거나 잘못된 정보를 가진

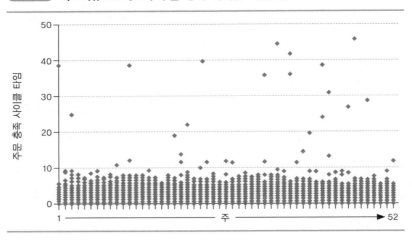

그림 5.11 이그젝큐트로닉스의 주문 충족 사이클 타임 분포

주문이 얼마나 자주 발생하는지, 고객 주문 정보에서 단종되거나 아직 제품 출시 준비가 되지 않아 공급이 불가능한 제품을 주문하는 경우가 얼마나 자주 있는지에 주목했다. 그리고 불완전하거나 부정확한 주문은 해당 부문으로 다시 되돌려 보내는 것이 문제를 해결하는 가장 최선의 방법이라고 생각하고 있었다. 결과적으로 한 가지 이상의 문제가 있는 주문들은 각 문제의 근본 원인을 파악해 해결하기 전까지는 동일 프로세스를 몇 번이나 다시 반복했다. 그 누구도 이런 반복되는 고리를 추적해 명백하게 원인을 파악하지 않았고 얼마나 많은 시간이 소요되는지에 대해서 인지하고 있지 않았다.

이그젝큐트로닉스는 주문 지연의 원인이 무엇인지 조사하는 복합 기능팀을 구성했다. 그리고 주 단위 지표 중 하나로 리드 타임의 변동성과 분포를 측정해 이상치를 쉽게 발견하고 문제를 빠르게 해결할 수 있도록 했다.

사례에서 알 수 있듯이 이 회사는 표면적으로는 모든 부문에서 제대로 하는 듯 보였다. 고객이 중시하는 것을 잘 알고 대응했으며 어떤 부분에서 성과를 내야 하는지에 대해서도 깊게 이해하고 있었고, 데이터를 수집하고 성과 모니터링을 하는 데 산업 표준 정의를 잘 활용했다. 하지만 이들은 더 큰 프로세스에 대한 성과를 추정하는 데 단순히 평균값을 사용하는 실수를 저질렀다. 이렇듯 지표에 대한 리포팅 결과에 대해 직원들과 고객이 부정적인 피드백을 보낼 경우에는 어떤 것을 측정할지에 대해서만 살펴볼 것이 아니라 측정한 것을 어떻게 나타낼지 다시 살펴보아야 한다.

지표의 효과가 나타날 수 있게 하기

공급망 지표를 효과적인 관리 툴로 활용하기 위해서는 다음과 같은 활동들이 반드시 수반되어야 한다.

▌계획과 예산에 숫자로 나타낼 수 있는 목표 반영

예를 들어 유통비 감축에 우선순위를 두는 경우, 명확한 비용 절감 목표를 반영해 예산 추정을 조정해야 한다. 그리고 이와 동시에 유통 네트워크를 재구성하거나 새로운 물류 서비스 제공업체를 사용하기 위한 비용과 자원도 예산 추정에 반드시 반영해야 한다.

▎ 의미 있는 목표 설정

목표는 개인과 부서(생산 라인별, 사업부별, 지역별 등) 레벨로 수립되어야 하며 이는 전사 목표와 연계되어야 한다. 예를 들어 운송비를 낮추거나 혹은 운송비 자체를 없애려는 목표가 있다면, 운송 센터의 목표는 긴급 운송의 비율을 일반 운송의 비율보다 낮추는 것이 될 것이다. 그리고 이러한 프로세스 변동 여부를 추적하기 위해서는 운송 회사의 실제 운임을 측정해야 한다. 또한 내부 프로세스상의 납기를 잘 지키는 활동 등 긴급 운송에 의한 프리미엄 운송비를 낮추는 활동들이 얼마나 잘 시행되고 있는지도 측정해야 한다.

▎ 진척도 추적

효과적으로 진척도를 추적하기 위해서는 잘 정의된 메커니즘과 프로세스가 적절하게 배치되어 있어야 한다. 이번 장은 "측정할 수 없는 것은 관리할 수 없다"라는 말로 시작했다. 예를 들어, 고객 주문 충족에 얼마만큼의 시간이 걸리는지 모니터링하고자 한다면 각각의 주요 프로세스 내 과정들이 반드시 시스템에 기록되어야 한다. 그리고 회사 내부에서 정의하는 주문 충족에 걸리는 시간의 개념과 고객이 정의하는 개념이 반드시 일치하도록 해야 한다.

▎ 예외 성과 파악

통제가 안 되는 프로세스를 찾아내기 위해서는 어느 하위 레벨에서 분석이 필요한지 반드시 알고 있어야 하며, 그 해당 레벨로 데이터를 측정해야 한다. 데이터를 나타내는 방식은 현 상황을 인지하는 통찰력에 큰 영향을 준다. 현재 주문 리드 타임이 필요 수준인지를 파악하기 위해서는 전체 프로세스를 대상으로 전체 주문을 보는 것보다는 각각의 개별 주문을 분해해 파헤쳐보는 것이 필요하다.

☞ **핵심 내용 요약!**

· 지표는 기업의 사업 전략과 연계되어 있어야 한다. 예를 들어 사업 전략이 혁신의 우수성을 확보하는 것이라면 혁신을 얼마나 잘하는지를 측정해야 한다.

· 성과 측정의 완결성을 확보하기 위해 균형 있고 포괄적인 지표를 선정해야 한다. 그리고 지표는 모두가 동일한 방법으로 측정할 수 있도록 명확해야 한다.

· 지속적인 개선을 도모하는 데 지표를 활용해야 한다. 구체적인 개선 계획을 세우고 이에 대한 목표는 공격적이면서도 달성이 가능한 수준으로 세우는 것이 필요하다.

· 달성 가능한 성과 수준을 파악하기 위해, 그리고 그러한 성과를 달성할 수 있게 하는 실행 방법을 이해하기 위해서 벤치마킹을 수행해야 한다.

· 모든 조직원들이 지표를 볼 수 있도록 가시성을 확보하고 이를 정기적으로 모니터링하라.

05 레노버: SCM 혁신을 통한 성장 가속화

우리는 글로벌로 확장해나가면서 '글로벌-로컬global-local' 전략으로 세계 주요 시장에서 우리의 기반을 더욱 강화했다. 마케팅과 영업을 현지화했을 뿐아니라 현지 제조 기반을 더욱 공고히 하고 R&D 투자도 진행했으며 현지 최고 인력들이 우리 경쟁 우위를 확보하고 성공적인 사업을 구축하도록 만들었다. 그리고 이러한 현지 역량 강화가 병행된 글로벌화를 통해 우리의 비즈니스 전략을 심도 있게 실행할 수 있었다. 현재 우리는 더욱 빠르고 더욱 효율적으로 최고의 혁신과 최고의 품질 그리고 최고의 고객 경험을 이끌어내고 있다. 이것이 바로 레노버Lenovo 차별화 전략이 가진 강점이다. 덕분에 우리는 전 세계에 있는 우리의 고객들을 더 잘 이해하고 더 잘 지원할 수 있다.

— 양위안칭Yang Yuanqing, 레노버 회장 겸 CEO

2012년 레노버는 미국 노스캐롤라이나 주州에 위치한 휘트세트에 생산 시설 건립 계획을 발표했다. 중국계 PC 대기업인 레노버의 첫 번째 미국 공장인 이 공장에서 향후 레노버의 상업용 제품라인인 씽크Think 컴퓨터가 생산될 예정이다.

레노버의 발표는 산업 전문가들로부터 많은 주목을 받았다. 지난 몇십 년 동안 대부분의 컴퓨터 회사는 아시아나 멕시코 등지의 저비용 지역에서 생산을 진행해왔기 때문이었다. 조금은 이례적이었지만 이는 고객에게 제품을 더 빠르고 안정적으로 제공한다는 레노버의 목표와 정확히 일치하는 결정이었다.

글로벌 제조 담당 부사장 존 이건^{John Egan}은 이에 대해 다음과 같이 설명했다.

> 일반적으로 생산을 미국에서 하는 것이 어렵다고 생각한다. 그러나 우리는 수익성만큼이나 유연성과 대응성을 중시하기 때문에 이러한 의사결정을 내리게 되었다. 공장이 고객과 가까운 곳에 위치해야만 공급망이 유연성과 대응성을 지원해줄 수 있다.

전통적인 사고방식에 얽매이지 않은 공급망 관리 덕분에 레노버는 세계 최대 PC 제조업체 중 가장 빠르게 성장하는 기업이 되었다. 노트북과 데스크톱^{desktop} 시스템으로 가장 잘 알려져 있는 이 중국 기업은 160개국에 2만 9000여 명의 인력을 보유하고 있다. 또한 중국 내에서 업계 1위로 PC 시장의 34%를 점유하며, 1만 5000여 개 이상의 소매점을 보유하고 있다. 2012년 3월 31일 기준 연 수익은 296억 달러이다.

신규 업체에서 급부상하는 기업으로

중국 외 지역에서 레노버가 잘 알려진 것은 불과 10여 년 전의 일이다. 처음에는 1984년 류촨즈^{Liu Chuanzhi} 외 10명이 설립한 '뉴테크놀로지 디벨로퍼^{New Technology Developer Inc}'라는 수입 컴퓨터를 유통하는 회사였다.

류촨즈가 이끄는 이 회사는 레전드 홀딩스Legend Holdings로 회사명을 변경하고 초기에는 힘겹게 사업을 유지해갔다. 그 이후 레전드는 사업을 전환해 IBM의 컴퓨터가 중국어 한자를 처리할 수 있도록 하는 한카드 Han-Cards라는 회로기판 제조 분야에 뛰어들었다. 한카드가 세상에 나왔을 때 마침 중국 내 컴퓨터 수요가 급증했고, 이로 인해 한카드는 큰 성공을 거두었다.

레전드는 이 기회를 놓치지 않고 중국 컴퓨터 제조 시장에도 뛰어들었다. 1990년대 초반, 외국 경쟁사들이 중국으로 진출하기 시작했고 레전드는 첫 번째 브랜드 컴퓨터를 출시했다. 그리고 레전드는 합리적인 가격과 혁신적인 제품으로 시장 점유율을 높여갈 수 있었다. 예를 들어, 중국 회사 최초로 컴퓨터에 펜티엄칩pentium chip을 내장했는데, 이 컴퓨터는 그 당시 경쟁 업체가 판매하던 컴퓨터보다 좋은 성능을 가지고 있었지만 저렴한 가격으로 판매되었다. 레전드는 단시간 내에 중국에서 가장 큰 컴퓨터 회사로 성장했고 전체 수익의 90%가 중국 시장에서 창출되었다.

중국 시장에서의 확고한 위치를 바탕으로 레전드는 세계 시장으로 눈을 돌렸다. 현재의 CEO인 양위안칭Yang Yuanqing이 사명을 레노버로 변경하면서 새로운 시작을 세상에 알렸다(Lenovo는 "Legend"의 앞 글자 "Le"와 "새로운 시작"을 의미하는 이탈리아어" Novo"의 합성어임).

그리고 2005년, 레노버는 1981년 시작된 IBM의 개인용 컴퓨터 부문을 인수했다. 점진적인 성장 대신 대담한 걸음을 내디뎠던 것이다. 그리고 그 결과 세계적인 입지와 생산 라인을 갖추게 되었고, 하루아침에 세계에서 세 번째로 큰 PC 회사로 거듭났다. '씽크'라는 브랜드명으로 노트북 제품은 씽크패드ThinkPad, 데스크톱 제품은 씽크케어ThinkCentre를 출시했고, 이는 전 세계의 대기업과 정부, 교육 기관에서 주로 사용되었다.

그러나 이러한 인수 과정에서 몇 가지 과제에 직면했다. 우선 레노버는 서로 다른 공급망 2개를 통합해야 했고, 또한 공급망의 가시성도 향상시켜야만 했다. 수요 공급 계획은 특히 어려워졌는데 이는 만성적인 재고 진부화 문제 때문이었다. 레노버는 빠른 성장과 혁신의 대명사라는 명성에 흠집을 내지 않으면서 이런 문제들을 해결해야만 했다. 하지만 신제품이 끊임없이 출시되고 제품 수명 주기가 6개월 정도로 매우 짧은 PC 산업에서 이는 해결하기 어려운 과제였다.

안정과 변화

새로 합병된 회사의 첫 번째 과제는 씽크패드를 지속적으로 생산하는 동시에 글로벌 비즈니스를 안정시키는 것이었다. 이는 질과 양 두 측면 모두를 고려한 오퍼레이션을 빠르게 확대시키는 것을 의미했고, 이러한 오퍼레이션을 이끌고 관리할 수 있는 경험 있는 전문가들이 필요함을 의미했다. 얼마 지나지 않아 레노버는 이러한 상황에 대한 선진 사례best practice를 잘 알고 실행할 수 있는 여러 경쟁사의 고위 경영진들을 채용했다.

▌통합 SCM 조직
새롭게 채용된 현재 북미 지역 사장인 게리 스미스Gerry Smith가 혁신을 주도했다. 그중 핵심은 중앙 글로벌 조직의 주요 공급망 기능을 통합한 것이었다. 게리 스미스는 다음과 같이 설명했다.

우리는 오퍼레이션에 대한 개선을 빠르게 진행할 수 있도록 주문부터 채권 회수까지 모든 기능이 통합된 단일 관리체계의 E2E 공급망이 필요하다. 이를 통해 얻는 가장 큰 이점은 실행 관점에서의 스피드와 민첩성, 가격 경쟁력, 품질 경쟁력의 확보이다.

▎지표 정리

SCM 조직은 초기에는 주요 프로세스와 지표 재평가에 착수했다. 인수할 당시 129개에 달하는 지표가 존재했으나, 그중 무엇이 중요한지 가늠하는 것은 불가능에 가까웠다. 게리 스미스는 다음과 같이 기록했다.

모두가 서로 다른 방법으로 평가했다. 아주 작은 부문까지도 자신만의 핵심 성과 지표를 가지고 있었다. 모두가 그들 스스로를 평가하며 '나는 목표를 달성하고 있는데 왜 내가 개선해야 되지?'라고 묻고 있었다.

프로세스 재평가 실시를 하고 2년 후, SCM 조직은 주요 지표를 제품 납기 성과, 현금 순환 주기, 품질, 자재 비용, E2E 공급망 비용 등 5개로 줄였고 이를 통해 어떻게 E2E 공급망이 성과를 내는지 한눈에 볼 수 있게 되었다.

지표 정리와 함께 SCM 조직이 추진한 것은 수요-공급 관리 프로세스의 점검과 수요-공급 분석에 공통 캘린더 도입, 책임과 책무에 대해 일관된 체계 정립 등이었다. 그리고 최근 도입한 글로벌 통합 사업 계획 시스템을 통해 수요의 급격한 변화에 대한 대처 능력을 더욱 강화했다.

보호와 공격

고위 임원들을 외부에서 영입함으로써 회사에 새로운 관점과 업계에 대한 깊이 있는 경험이 사내에 전파되었지만, 동시에 관리 기법의 상충이 발생했다. 기존 레노버의 관리 기법과 IBM의 관리 기법, 그리고 산업 내 경쟁업체들의 관리 기법 등 이 세 가지 관리 방법이 상충되었으며 이로 인한 문제는 경제 침체 때 더욱 분명하게 나타나 특히 씽크패드ThinkPad의 매출이 급격히 감소했다.

CEO인 양위안칭은 이를 해결하기 위해 통합과 성장을 위한 "준비와 공격" 전략을 제시했다. 이 전략은 핵심 고객군인 IBM으로부터 얻은 성숙 시장 고객뿐 아니라 중국 내의 기존 고객을 유지하는 것을 목표로 했다. 그리고 동시에 중국 이외의 신흥 시장으로의 확대를 꾀하며 새로운 성장 기회를 찾는 것을 목표로 삼았다.

┃ 관계 기반 고객

레노버가 직면한 과제 중 하나는 기존 IBM이 가지고 있던 글로벌 상업 고객 대상의 비즈니스를 유지·강화하는 것이었다. 이를 위해서는 이 비즈니스의 수익성을 높이고 향후 성장을 위한 포지셔닝을 추진하는 것이 필요했다. 이러한 "관계 기반 고객relationship customers"은 대부분 씽크 제품에 대한 충성심이 높은 대기업이나 공공 부문의 고객들이 주를 이루었다.

이 고객군에 대한 서비스는 주로 직접 판매 영업 인력에 의존했다. 직접 판매 영업 인력은 전화 고객을 담당하는 내부 인력과 직접 고객을 방문하는 외부 인력, 그리고 기술 인력으로 구성되었다. 주문과 사양 변경에 대해서는 전산으로 처리해 이러한 정보가 프로세스 중간에 누락되지 않도록 방지함으로써 고객들의 요구 사항이 생산 오더에 쉽게 반영될 수 있도록 했다.

관계 기반 고객들은 대응 시간과 납기 시간을 최적화하기 위해 주로 유통업체나 VAR(부가가치 재판매 업체)•과 같은 레노버의 비즈니스 파트너들을 통해 주문했다. VAR은 레노버 서비스에 추가적으로 자신들의 서비스를 제공함으로써 판매를 촉진시켰다. 그리고 판매된 레노버의 서비스와 제품에 대해서는 레노버로부터 보상받을 수 있도록 했다.

• VAR Value Added Reseller 컴퓨터와 여러 산업계에서 기존의 제품을 가져다 거기에 자신들의 가치를 부가해 새로운 상품이나 패키지로 재판매하는 회사들을 지칭한다. 이러한 예로, 어떤 VAR에서 IBM의 OS/390과 같은 운영체계를 유닉스 서비스와 함께 구입해, 건축기사들을 위해 설계된 자기들 고유의 유닉스 애플리케이션을 추가한 뒤, 그 패키지를 건축회사에 판매하는 것을 들 수 있다. 판매 및 설치 요건에 따라 VAR는 OS/390을 패키지의 일부로 제휴할 것인지, 제외시킬 것인지를 선택할 수 있다 — 옮긴이.

▌중국

레노버는 중국 시장에서의 수익성은 증가시키면서도 리더로서의 지위를 확대하기로 결심했고, 이에 대한 주요 전략으로 소매업체를 통한 판매 확대를 추진했다. 그리고 이는 큰 성공을 거두었다.

오늘날 레노버는 중국에서 브랜드 아이콘으로서 중국 전역에 1만 5000여 개라는 적지 않은 매장을 소유하고 있다. 작은 가게에서 거대 매장에 이르기까지 다양한 매장에서 노트북, 데스크톱, 올인원 PC뿐 아니라 스마트폰과 태블릿과 같은 모바일 기기까지 레노버의 전 제품을 고객들이 경험할 수 있는 기회를 제공한다. 레노버는 현재 서비스를 충분히 제공받지 못하는 지방에도 추가로 매장을 열 계획이다.

▌성숙 시장과 신흥 시장 내 거래 기반 고객

신흥 시장뿐만 아니라 성숙 시장 내 소비자들과 중소 규모의 회사들을 대상으로 하는 시장 또한 성장의 잠재성을 충분히 보유하고 있다. "거래 기반 고객"이라고 불리는 이 고객군은 제품의 가치와 유용성을 기준으로 보통 한 번에 하나의 제품을 소량으로 분할 구매한다.

레노버는 중국 시장 내 소매점 모델의 성공 경험을 바탕으로 유사한 방법을 인도에 도입했다. 레노버는 자사 독점 매장인 LES[Lenovo Exclusive Store] 매장과 LES 라이트[Lite] 매장 수를 빠르게 확대시키고 있다. LES의 후속 모델인 LES 라이트 매장은 상대적으로 적은 종류의 제품을 보유하며 매장 면적은 150~200제곱피트 정도이다. 2011년, 인도에서 LES와 LES 라이트의 매장 수는 1000여 개에 달했다.

듀얼 운영 모델

레노버는 고객들에게 혁신을 제공하기 위해 두 가지의 운영 모델을 개발했다. 게리 스미스는 다음과 같이 언급했다.

우리는 관계 기반 공급망과 거래 기반 공급망을 개발했다. 두 모델은 기본적으로 빠른 혁신과 고객 서비스에 초점을 맞춘다. 하지만 서로 다른 다양한 고객의 요구에 맞추기 위해 서로 다른 구조와 프로세스로 구성되어 있다.

▌관계 기반 공급망

초기 관계 기반 공급망의 자산 구조와 프로세스 구조는 IBM의 개인용 컴퓨터 사업부가 가지고 있던 "즉각 반응 모델Responsive Model"이었다. 레노버가 "대량 맞춤화"라고 일컬었던 컴퓨터 제품은 주로 대형 고객들의 특정 요구 사항에 맞게 제작되며, 주문 하나당 많은 수의 제품이 판매된다.

이러한 관계 기반 제품은 레노버 소유의 공장에서 전자제품 제조 서비스를 제공하는 파트너들에 의해 제조되고 조립된다. 생산 라인에서 나온 제품들은 납기 긴급성에 따라 항공 운송이나 해상 운송 중 하나를 선택해 고객에게 직접 배송된다.

레노버는 독특한 고객 요구 사항들을 만족시키기 위해 프로세스를 유연하게 만들면서도 여전히 E2E 공급망을 통해 대량생산을 했다. 레노버는 맞춤화된 소프트웨어를 원하는 고객을 위해 자사 이미지 기술 센터를 통해 소프트웨어 구성을 개발하고 구매한 시스템과의 호환성을 확보한 후, 이를 자사 컴퓨터 하드 드라이브에 인스톨install할 수 있도록 회사 내부와 전 세계에 있는 ODMOriginal Design Manufacture에 연계시켰다. 또한 메모리 확장이나 주변기기 장착과 같은 표준 시스템에 무언가 추가하기를 원하는 고객들을 위해서 미국 휘트세트에 있는 것과 같은 "후속 단계 센터"를 만들었다. 이 "후속 단계 센터"에서는 고객에게 제품이 발송되기 전 소프트웨어나 주변 장치, 고객 맞춤 물품 등의 제품 태그tag가 함께 포장된다. 두 경우 모두 고객은 오직 완제품만 보게 되며, 그 이면의 다양한 과정들은 볼 수 없다.

이러한 즉각 반응 운영 모델은 많은 장점이 있다. 우선 내부 생산 캐파 CAPA 비율이 높아 엄격한 품질 기준과 특정 고객의 요구 사항을 좀 더 용이하게 충족시킬 수 있다. 또한 생산 라인에서 캐파 스케줄을 잡기 위해 기다릴 필요가 없어 특정 제품에 대한 예상치 못한 수요 급증에 좀 더 신속하게 대응할 수 있다. 생산 라인에서 생산 스케줄을 기다릴 필요도 없다. 내부 생산을 통해 타 업체로 디자인을 이관했을 때 생길 수 있는 불량 발생의 위험을 피할 수 있다. 그리고 점점 더 상품화 추세로 가고 있는 이러한 산업에서는 더욱 중요한 핵심 자산인 지적재산권에 대한 보호도 좀 더 용이해진다.

레노버는 2011년 발생한 태국의 대규모 홍수로 인한 공급 중단과 같은 사고에도 유연하게 대처할 수 있었다. 글로벌 제조 담당 부사장 존 이건은 다음과 같이 말했다. "우리는 상업용 제품의 일부에 필요한 하드 드라이브를 얻을 수 없었다. 그래서 즉시 저용량 드라이브로 생산 변환이

필요했고, 내부 제조를 통해 이와 같은 변경 사항에 더욱 빠르게 대처할
수 있었다."

▌ 거래 기반 공급망

거래 기반 고객을 위한 컴퓨터는 "효율적인 운영 모델" 방식으로 생산·
납품된다. 이 모델은 ODM과 일부 내부 시설을 활용해 계획에 대량생산
을 진행하는 방식이다. ODM은 레노버의 지역별 수요 예측에 따라 일부
컴퓨터 모델을 생산하여 유통업체와 소매업체에 즉시 배송이 가능하도
록 재고로 보유한다. 이 효율적 운영 모델은 주로 중국과 대만에 위치한
ODM과 일부 중국에 위치한 내부 공장을 대상으로 시행되었다.

거래 기반 고객을 대상으로 하는 경쟁 시장에서는 적정량을 생산하고
배송하며 이를 계절별 시장 수요와 일치시키는 역량에 성공 여부가 달려
있다. 이를 위해 레노버의 판매 책임자와 수요 분석가는 매우 밀접하게
협업하며, 더욱 정밀한 수요 예측을 위해 소매 고객 정보에서 과거 정보
까지 다양한 정보를 활용한다.

▌ 컨버전스 포인트

각각의 공급망은 분리되어 운영되고는 있지만 원재료 조달과 부품 조
달부터 창고 운영과 제품 유통에 이르기까지 공통 영역에 대해서는 서
로 유기적으로 연결되어 있고, 레노버는 이를 통해 규모의 경제를 실현
한다.

또한 소비자나 비용 구조, 수입 구조, 세금 환경이 특이한 나라들의 경

우에는 공급망을 융합하기도 한다. 예를 들어 레노버는 브라질, 아르헨티나, 인도 현지에 상업용 제품과 개별 소비자 대상 제품 그리고 중소형 기업용 제품을 만드는 공장을 설립했다.

자산의 위치를 결정할 때 레노버는 두 공급망 모두 동일한 경험 법칙을 따르게 한다. 대부분의 제품은 중국에서 제조되지만 리드 타임이 매우 중요한 제품의 경우에는 고객에게 가까운 곳에 공장을 위치시켜 납기 시간을 줄이고 높은 물류 비용을 피할 수 있도록 한다. 이러한 이유로 레노버는 멕시코에서 데스크톱, 엔지니어링 워크스테이션workstation, 서버 등과 같은 부피가 큰 씽크 제품을 생산해 이를 남미와 북미로 운송한다.

그림 레노버의 하이브리드 생산 네트워크

🚢 11개 자사 공장의 위치(2013년 말 기준으로 12개)

🚢 중국 허페이 공장은 콤팔 전자와의 합작 회사이며, 일본 요네자와 공장은 NEC와 합작 회사임.
  레노버는 중국, 유럽, 남미 등지에 있는 24개 외주 공장에서도 생산되고 있음.

자료: 레노버.

이와 비슷하게 헝가리의 계약 생산업체는 같은 제품을 유럽으로 납품한다. 글로벌 제조 담당 부사장 존 이건은 다음과 같이 말했다. "우리의 목표는 고객 요구 사항에 맞춘 제품을 8일 이내에 공급하는 것이다."

오늘날 레노버는 생산 공장 8개를 보유하고 있으며 유럽과 중국, 남미 등지에 위치한 로컬 제조업체 24곳과 협업한다. 대만 ODM 업체인 콤팔Compal 전자와의 합작 회사Joint Venture: JV를 통해 데스크톱, 노트북, 올인원 PC의 생산 캐파를 늘리고 있다. 또한 NEC와의 합작 회사는 레노버가 일본에서 최고 PC 브랜드가 되는 데 도움이 되었다. 최근 레노버는 PC와 태블릿, 휴대 전화 제조업체인 CCE를 인수해 브라질에도 자산 영역을 넓혔다.

미래 성장

이러한 레노버의 성장은 단기간 내에 멈출 것으로 보이지 않는다. 경쟁사의 PC 매출은 급감하고 있는 반면, 레노버는 시장 점유율을 꾸준히 높이고 있다. 중국과 전 세계 상업용 PC 시장에서 강력한 기반을 가지고 있는 것이 주된 이유이다. 레노버는 최근 자신들의 이윤을 성장 기회에 재투자하면서 신흥 시장과 성숙 시장 내 일부 큰 성장 가능성에 초점을 맞추고 있다. 미국 시장이 그중 첫 번째 사례가 될 것이다. 레노버의 목표는 미국 시장에서 최고가 되는 것이고 노스 캐롤라이나의 새로운 공장은 이를 지원해줄 것이다.[1]

레노버 상승세의 원동력이 되는 혁신적인 제품들은 레노버의 성장 전략을 지속적으로 이끌 것이다. 레노버는 많은 이익을 다시 제품 개발에 투자하고 있으며, 이들의 R&D 부문 투자는 업계에서 가장 높은 수준이다. R&D 센터는 중국의 북경, 심천, 상해, 미국의 모리스빌, 노스 캐롤라이나, 일본의 요코하마 등에 위치하며, 24개월 이내에 출시가 가능한 콘셉트concept에 투자의 초점을 맞추고 있다. 이러한 R&D 센터를 통해 레노버는 매우 높은 수준으로 엔지니어링된 제품을 디자인하며 이를 통해 관계 기반 고객의 요구 사항을 쉽게 맞출 수 있게 한다. 또한 동시에 "아이디어 패드 요가IdeaPad Yoga(자유 자제로 꺾이는 노트북, 태블릿으로 변경 가능한 컴퓨터)"와 같은 새로운 형태의 제품도 실험하고 있다. 모바일 컴퓨팅에 대한 소비자의 요구가 증가됨에 따라 레노버 또한 스마트폰과 태블릿, 스마트 TV로 사업 영역을 확장 중이다.

그러나 R&D는 전체 중 일부에 불과하다. 혁신적인 제품을 끊임없이 공급하기 위해서는 시장에 제품을 공급하는 역할도 매우 중요하다. 존이건은 다음과 같이 이야기했다. "아이디어 패드 요가의 출시를 위해서는 새로운 상품과 새로운 공급자가 필요했다. 이로 인해 설계팀과 제품팀 간의 광범위한 협업이 요구되었다. 그리고 상하이 공장은 새로운 캐파를 준비해야 했다."

지속적인 평가와 적용을 통해 레노버는 공급망을 반응성·유연성·효율성이라는 매우 강력한 경쟁 우위의 원천으로 만들었다. 그리고 "보호와 공격"의 원동력으로서 레노버의 공급망은 향후에도 비즈니스 성공을 이끄는 주요 요인이 될 것이다.

제6장

벤치마킹

일류 기업의 경쟁 우위

The best-in-class performance advantage

SCM 성과가 우수한 기업이 재무적 성과도 뛰어나다는 것이 벤치마킹 결과에서
나타나고 있다. 이러한 일류 기업들은 차별화된 경쟁 우위를 확보하기 위해 계획
부터 조달, 생산, 납품에 이르기까지 전 과정을 관리하는 방법에 대해 지속적으로
연마해왔고, 공급망의 복잡성도 잘 관리해왔다. 이번 장에서는 일류 기업들이 공
급망을 관리하는 기법과 일류 기업이 되기 위한 개선 기회가 어느 정도 존재하는
지 살펴보고자 한다.

대다수의 기업들이 공급망 성과의 중요 포인트를 인지하고 있지만 일
류 기업들은 이것을 넘어 어떻게 공급망을 통해 비즈니스 성공을 이끌어
내는지를 알고 있다.

PwC의 PMG에서는 특별히 이 책의 연구 목적으로 일류 기업Best-in-class
companies: BICCs에 대한 연구를 진행했다(사례: SCM 성과 벤치마킹 참조).[1] 그
리고 이들이 다른 경쟁자보다 높은 이익 성장과 수익성을 창출한다는 것
을 발견했다. 설문 결과와 컨설팅 고객들과의 수년간의 경험이 이런 분
석 결과를 뒷받침해주고 있다.

PMG는 일류 기업들이 현금화 사이클 타임이나 총 공급망 관리 비용

과 같은 중요한 공급망 분야에서 뛰어난 성과를 통해 큰 가치를 얻는다는 것을 발견했다. 그리고 이러한 기업들의 선진 사례는 산업을 떠나 모든 기업에게 귀감이 될 만하다.

PMG는 연구를 통해 SCM 성과와 관련된 주요한 세 가지 사실을 발견했다.

- 우수한 공급망 성과는 뛰어난 재무적 성과와 연관되어 있다.
- 경쟁 우위는 계획, 조달, 생산, 납품에 이르는 전 분야의 전문성에서부터 나온다.
- 복잡성이 잘 관리되면 이는 경쟁 우위의 큰 원천이 된다.

6.1 공급망 성과와 재무적 성과의 관계

PMG는 연구를 통해 공급망 관리 역량과 재무적 성과 사이의 연관 관계를 밝혀냈다. 공급망에서 최고의 성과를 내는 기업들은 자신이 속한 산업 내 다른 기업들에 비해 주요 재무 지표에서 더 앞섰다.

PMG 설문조사 자료에 따르면,[2] 일류 기업의 경우 동일 산업 내의 다른 기업들 대비 연평균 매출 성장률은 50% 정도 높고 수익성은 20% 정도 높았으며, 자산 회전율도 산업 평균 대비 50% 정도 높았다(그림 6.1).

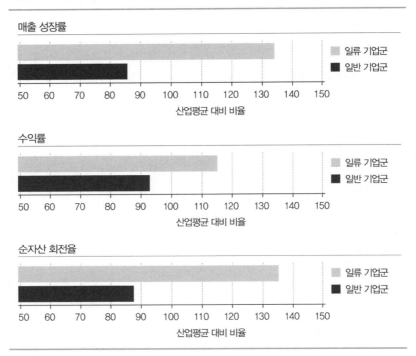

그림 6.1 매출 성장률, 수익률, 순자산 회전율

매출 성장률

일류 기업군
일반 기업군

산업평균 대비 비율

수익률

일류 기업군
일반 기업군

산업평균 대비 비율

순자산 회전율

일류 기업군
일반 기업군

산업평균 대비 비율

자료: *SC2 Book Analysis* (PwC Performance Measurement Group, 2012).

당연하게도 일류 기업들은 공급망 성과 역시 우수하다. 그렇다면 이들의 성과 우수성은 어느 정도일까? 그림 6.2는 다섯 가지 주요 지표에 대한 성과를 나타낸다.

- 고객 납기 요청 일자에 대한 납기 정확도가 우수하다. 일류 기업들은 고객의 요청 일자에 맞추어 납기 완료한 주문의 비율이 높고, 납기 확약 일자에 정확히 맞추어 납품하는 경우가 많다. 납기 우수성으로

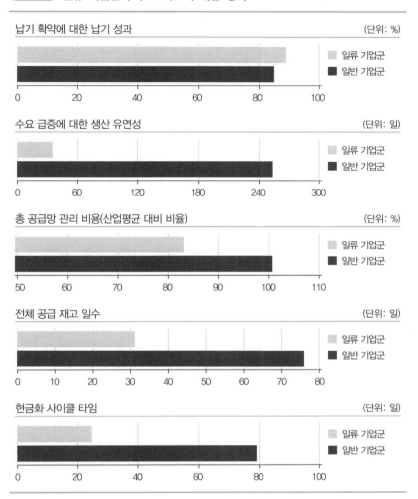

그림 6.2 일류 기업들의 주요 지표에 대한 성과

납기 확약에 대한 납기 성과 (단위: %)
- 일류 기업군
- 일반 기업군

수요 급증에 대한 생산 유연성 (단위: 일)
- 일류 기업군
- 일반 기업군

총 공급망 관리 비용(산업평균 대비 비율) (단위: %)
- 일류 기업군
- 일반 기업군

전체 공급 재고 일수 (단위: 일)
- 일류 기업군
- 일반 기업군

현금화 사이클 타임 (단위: 일)
- 일류 기업군
- 일반 기업군

자료: *SC2 Book Analysis* (PwC Performance Measurement Group, 2012).

인해 소비자의 만족도와 자사에 대한 충성도가 높아지며, 이는 매
출의 성장과 시장 점유율 확대에 도움을 준다.

- 수요 급증에 대응하기 위한 생산 유연성이 우수하다. 갑작스러운 수요 증가에 일류 기업들은 경쟁사들보다 6배 더 빨리 대응한다. 이는 일류 기업들이 노동력과 원재료, 생산 캐파와 같은 필요 자원을 확보해 생산량을 빠르게 증가시킬 수 있는 능력을 보유하고 있음을 나타낸다. 오늘날 급변하는 환경 속에서 유연성은 경쟁의 필수 요소로 자리매김하고 있다. 최근 설문조사에 따르면, 공급망 담당 임원들은 원가, 고객 서비스, 수익성과 동등하게 유연성을 중요시 여긴다.[3]

- 총 공급망 관리 비용이 낮다. 산업 평균 대비 총 공급망 관리 비용을 비교했을 때 일류 기업이 지출하는 비용이 중간 수준의 기업에 비해 15% 낮았다. PMG 조사에서는 균형적이고 포괄적인 지표를 사용함으로써 유연성 정도나 서비스 수준의 감소 없이 자산과 비용을 잘 관리하는 기업들의 사례를 찾아낼 수 있었다.

- 전체 재고 수준이 낮다. 일류 기업들의 재고 수준은 보통 한 달 치 정도이지만 다른 기업들은 그보다 2~3배 더 많은 재고를 보유한다. 재고 수준을 낮게 유지하면 현금 흐름이 크게 좋아진다. 납기 성과를 해치지 않으면서도 재고 수준을 낮게 유지하는 것은 공급망 관리가 뛰어나다는 증거이다.

- 현금화 사이클 타임이 짧다. 낮은 재고 수준은 짧은 현금화 사이클 타임과 연관이 있다. 현금화 사이클 타임은 지출된 현금이 이익으로 회수되기까지 걸리는 시간으로, 재고 일수에 매출 채권 회수 기간을 더해 계산한다. 일류 기업들의 현금화 사이클 타임은 3주 정도

이지만, 평균 기업들은 이보다 3배가 넘는 시간이 걸린다.

일류 기업들과 같은 산업 경쟁자들 간 성과 차이 정도는 지표에 따라 다르게 나타난다. 예를 들면 비용 측면보다는 재고 관리 측면의 성과에서 더 많은 차이를 보인다. 하지만 전반적으로 일류 기업과 다른 경쟁자들 간의 차이는 상당하다. 이는 일류 기업이 되고자 하는 기업들에게 열려 있는 기회가 어느 정도인지를 보여준다는 점에서 시사하는 바가 크다.

6.2 공급망 성과의 창출

공급망 성과 지표에서 일류 기업들은 경쟁자들 대비 뛰어난 성과를 나타낸다. 그 이유는 이들이 제품·서비스 제공과 관련해 가장 핵심이 되는 기법들을 끊임없이 연마하고 있기 때문이다.

PMG의 공급망 성숙도 모델Supply Chain Maturity Model은 일류 기업들과 기타 다른 기업들이 적용하는 공급망 기법에 나타낸다. 이 모델에서는 계획 프로세스부터 조달, 생산, 납기 프로세스에 적용되는 수많은 기법들을 각 성숙도 단계별로 나타낸다(그림 6.3).[4] PMG 벤치마킹 조사는 다음과 같은 단계로 이루어진다. 우선 참여자들은 그들이 속한 조직에 도입된 것과 가장 유사한 공급망 관리 기법이 어떤 것인지 알려준다. 그리고 이러한 응답을 통해 PMG는 참여 조직이 적용하는 기법들에 대한 성숙도

그림 6.3 **공급망 성숙도 모델**

과도기		성숙기	
1단계 기능 집중	**2단계** 내부 통합	**3단계** 외부 통합	**4단계** 크로스 엔터프라이즈 (Cross-Enterprise) 관점의 협업과 최적화
• 공급망 프로세스가 각각 분리되어 있고 데이터 흐름에 대한 이해도가 높으며 문서화가 잘 되어 있음 • 부서 수준에서 자원을 관리하고, 기능 단위로 성과가 측정됨	• 회사 전체 관점과 프로세스와 분석적인 관점에서 전사 프로세스와 데이터 모델이 지속적으로 측정되고 있음 • 기능 단위뿐만 아니라 기능들의 상호작용 관점까지 고려해 자원을 관리함	• 글로벌 공급망을 통해 전략 파트너들과 다음과 같이 협업함 – 공동의 사업 목표와 실행 계획 수립 – 공통 프로세스 적용과 정보의 공유 – 성과 지표의 정의, 모니터링, 개선을 수행함	• IT와 e-비즈니스 솔루션은 다음과 같은 협업 관점의 SCM 전략을 가능하게 함 – 참여 기업들의 사업 목표와 이와 관련된 프로세스의 연계 – 고객 요구 사항에 대한 계획 수립, 의사결정과 공급망 대응을 실시간으로 실행

를 평가하고 특정 기법과 성과와의 상관관계를 분석한다.

PMG의 분석은 공급망 성과가 우수한 회사들이 사용하는 기법에 초점을 맞추어 진행된다. 상대적으로 성숙도가 높은 3단계 또는 4단계 수준의 기법에 특히 더 초점을 맞춘다. 3·4단계 기법들의 도입 비율은 일류 기업이 일반 기업에 비해 훨씬 높다. 이번 장에서는 이렇게 성숙도가 높은 기법들을 "차별화 요소"라고 부를 것이다. PMG 조사에서는 이러한 차별화된 기법들이 성과 개선에 큰 영향을 미치는 것으로 나타났다. 이와 대조적으로 전체의 65% 이상은 "널리 사용되고 있는", 즉 산업 내에서 경쟁하기 위해 모든 회사들이 당연히 적용해야 하는 기본적인 기법을 적용하는 것으로 나타났다.

계획

모든 주요 공급망 프로세스에서 계획은 차별화 요소 중 가장 큰 부분을 차지한다. 일류 기업들은 조 더 성숙한 계획 프로세스와 계획 시스템을 개발하기 위해 많은 노력을 기울인다. 이를 통해 수요 예측의 정확성을 높이고, 고객과 공급사 네트워크에 관련된 활동들의 조정을 용이하게 하기 위함이다. 아래는 일류 기업들이 사용하는 차별화된 계획 기법이다.

- 장기 전략 계획 수립 시, 고객 및 공급자들과 더 심도 있는 협업을 많이 진행함
- 공급 계획 프로세스에 주요 공급자들을 통합함
- 고객 및 공급사와 함께 명확한 룰과 요구 사항들을 수립해 수요-공급과 관련된 예외 사항을 관리함
- 각 기능들의 상호 관계cross-functional 관점에서 수요-공급과 관련된 예외 사항에 대해 정의

PMG의 조사에서 흥미로운 사실이 발견되었다. 제품unit 단위의 예측 정확도의 경우, 일류 기업이 다른 기업보다 18%나 높게 나타난 것이다.

이를 통해 일류 기업들은 차별화된 계획 기법을 활용해 수요 예측을 함으로써 더 나은 성과를 낸다는 것을 알 수 있다.

계획 수립은 전체 공급망의 성과를 지휘하는 역할을 한다. 일류 기업들은 넓게 확장된 공급망에서 양질의 정보를 얻기 위해 계획에 집중한다. 더 중요한 것은 이러한 정보를 바탕으로 더 신속하고, 더 나은 의사결정을 할 수 있다는 것이다. 그리고 이러한 의사결정을 바탕으로 일류 기업들은 좀 더 향상된 유연성과 낮은 비용으로 더 좋은 품질의 서비스를 제공할 수 있다.

구매

계획 부분은 개선의 기회가 많은 반면, 구매는 기존에 가장 많이 발전된 분야이다. 설문에 참여한 기업들 중 15% 이상이 설문지에 나타난 구매 기법의 대부분을 적용해왔다고 응답했다. PMG는 다기능Cross-functional 구매팀을 활용하는 것이나 전체 구매 비용의 최소화를 위한 구매 전략 개발, 구매 프로세스 공급사 통합 등의 기법들은 현재 일반적으로 활용되는 기법으로 분류했다.

하지만 일류 기업들은 경쟁자들에 비해 뛰어난 수준의 구매 기법들을 보유하고 있다. 일류 기업들은 계획 단계에서와 마찬가지로 공급자들과의 협업 활동 수준이 높다. 이들 기업은 다음과 같은 방식을 통해 높은 수준의 협업을 이루어낸다.

- 실시간 정보 교환이 가능한 전자 데이터electronic data의 활용
- 예측 정보, 재고 현황, 생산 일정, 기술적 변화, 공급자 성과 측정법 등을 포함한 풍부한 자료를 공급사와 공유
- 가격 인하 압력을 가하기 위한 것이 아닌 비용 절감의 목적으로 프로세스 개선에 대한 협업 추진

일류 기업들이 주는 교훈은 명확하다. 많은 기업이 선진 구매 기법들을 도입하고 있는 현 상황에서 일류 기업들은 여기서 한발 더 나아가 실시간 공급사 정보에 대한 접근을 용이하게 하는 것뿐만 아니라 공급사에 자신들의 정보를 공유하며 비용 절감 활동에 공급사의 참여를 늘리고 있다. 그리고 이러한 노력을 통해 공급사와 끈끈한 관계를 유지하며 관계를 좀 더 효율적으로 만든다.

생산

생산 프로세스 개선의 역사는 길다. 이 때문에 설문에 참여한 기업들은 다수의 생산 기법들을 이미 적용하고 있었다. 거의 모든 기업들이 생산 사이클 타임 관리에 대한 시스템적인 방법이나 공장 내 재고 절감 등을 도입했고 이를 통해 차질 현황을 빠르게 파악해 생산 우선순위를 조정하고, 생산 상황에 대해 고객 및 공급사들과 의사소통을 하고 있었다.

반면, 일류 기업들은 생산 활동에 대해 풀 방식pull-based mechanisms을 더욱 광범위하게 적용한다. 일류 기업들이 적용하는 가장 차별화된 기법은

상품 기획과 제품 수명 주기 관리 부분에 생산 부문을 참여시키는 것이다. 일류 기업들은 DFM 기법과 대량 맞춤 생산mass customization과 후속 공정 지연 생산late-stage postponement과 같은 기법을 더 많이 활용했다. 그리고 이를 통해 일류 기업들은 경쟁자들보다 신제품 도입 시, 더 높은 신뢰성을 가지고 더 빠르게 더 낮은 비용으로 대량생산하는 것이 가능하다.

납기

지난 10년간 납기 신뢰성과 고객 서비스에 대한 커다란 관심이 지속되었기 때문에 납기 관련 핵심 기법들은 이미 많이 도입된 상태이다. 그리고 이러한 기법들은 주로 기본적인 거래 정보와 주문 현황 리포팅의 자동화, 납기 일자 확약 자동화 등과 같이 주문을 처리하는 것에 집중되어 있다.

일류 기업들은 고객 정보와 공급사 정보 그리고 벤치마킹 정보들을 공급망 위치footprint에 대한 의사결정에 포함시키기 때문에 납기 프로세스를 더 넓은 관점으로 바라볼 수 있다. 각 고객 분류에 따라 차별화된 공급망 서비스 수준과 정책을 적용하는 비율도 다른 기업 대비 3배가 높다. 또한 속도, 유연성, 제품 다양성, 비용, 신상품의 도입 등 각각의 고객군별로 다른 요구 사항에 맞게 특정 공급망을 조정한다. 2013 PwC 글로벌 SCM 조사에 따르면, 일류 기업이 평균 기업에 비해 40% 이상 많은 공급망 구성과 운영 모델을 운영한다고 밝혔다.[5]

이렇게 각 고객군에게 공급망을 맞춤화하는 것은 우수한 계획 프로세스와 함께 일류 기업 성공의 핵심이다. 이들은 공급망의 고전적인 트레이드 오프의 벽을 깨고, 더 우수한 서비스와 유연성, 낮은 비용과 운전자본 등의 성과를 이루어낸다.

SCM 전략과 조직 그리고 성과 관리

일류 기업들은 주요 공급망 프로세스에 영향을 미치는 기법들을 적용한다. PMG의 일반적인 경험에 따르면, 이들은 전사 전략과 프로세스, 조직, 협업, 성과 측정 등의 주요 영역에 연계될 수 있는 핵심 기법들을 좀 더 자주 선보인다. 기법들은 다음과 같다.

- 계획·조달·생산·납품·반품 전반을 통합하는 프로세스 아키텍처를 개발해 제품 개발부터 판매·마케팅·재무까지의 연계를 명확하게 나타낸다.
- 현금 순환 사이클 타임이나 총 공급망 관리 비용과 같은 주요 지표를 포함해 E2E 성과 측정 지표와 각 지표의 목표를 설정한다.
- KPI에 공급망 복잡성을 조정하는 인자를 포함하고 측정한다.
- 공급망 역량에 필요한 요구 사항을 정의하고, 이를 채용과 직원의 배치, 교육 계획 등에 결합시킨다.

일류 기업들은 공급망 성과를 사업 우선순위로 승격시킴으로써 공급망 성과를 더욱 명확하게 정의하고 관리한다. 이 기업들은 특정 기법을 활용해 E2E 공급망의 실행력을 향상시킨다. 이와 동시에 이러한 성과 수준을 지속적으로 유지하기 위해 앞서 이야기한 다섯 가지 핵심 원칙을 활용한다.

6.3 우수한 성과 창출을 위한 복잡성 정복

더 강력한 공급망 성과로 나아가기 위해 성숙한 단계의 기들을 적용하는 것도 중요하지만 최고가 되고 싶다면 반드시 잊지 말아야 할 다른 고려 사항이 존재한다. 그것은 최근 글로벌 비즈니스 환경에서 매우 중요하게 부각되고 있는 복잡성complexity이다.

복잡성의 정의

공급망 복잡성에는 세 가지 종류가 있다(표 6.1). 그렇다면 어떤 부분

표 6.1　공급망 복잡성의 정의

제품과 서비스	완성품의 품목 코드 수를 의미한다. 여기에는 신제품의 출시와 시즌의 변화 그리고 개별 포장 등이 포함된다.
공급망 구성과 구조	공급망에 포함된 노드node와 구조를 구성하는 요소들의 수를 의미한다. 여기에는 생산 공장의 수나 운송 거점 수, 주문 수, 고객 수 등이 포함된다.
공급망 관리 프로세스와 시스템	공급망에 적용되는 특정 IT 시스템의 수를 의미한다. 여기에는 주문 처리 시스템과 운영 컨트롤 시스템, 창고 관리 시스템 등이 포함된다.

의 복잡성이 가장 문제가 될까? 설문 응답자의 75% 이상이 제품 종류의 다양성과 직접 원재료의 다양성을 복잡성 발생의 가장 큰 요인이라고 응답했다.[6]

차별화를 이끌어내는 복잡성

일류 기업들은 표준 복잡성 인자를 경쟁사들과는 다르게 관리한다. 이들의 목표는 복잡성의 수준을 가장 낮게 만드는 것이 아니라 그들이 추진하는 사업 전략에 맞추어 복잡성을 관리하는 것이다.

▎제품

PMG의 연구에서는 제품과 서비스의 수가 공급망 성과에 매우 큰 영향을 주는 것으로 나타났다. 일류 기업과 그렇지 않은 기업은 제공하는 SKU[Stock-Keeping Units]의 수에서 큰 차이를 보인다.

설문 참가자들 모두 제품 증가에 가장 중요하게 영향을 미치는 요인이 한 해에 출시되는 신제품의 수라고 이야기 하는데, 일류 기업과 그렇지 못한 기업의 차이는 상당하다.[7] PMG 벤치마킹 결과에 따르면, 일류 기업의 신제품 출시 횟수는 경쟁자들 대비 절반 이하이다(그림 6.5).

기업들은 수익률 낮은 SKU를 축소해 현재 보유하고 있는 상품 포트폴리오를 합리화할 필요가 있다. 또한 새로 출시한 SKU가 최고의 실적을 내는 제품이 될 수 있도록 신제품 출시 프로세스를 잘 관리해야 한다.

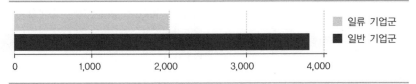

그림 6.4 완성품 품목 코드(SKU) 수

자료: *SC2 Book Analysis* (PwC Performance Measurement Group, 2012).

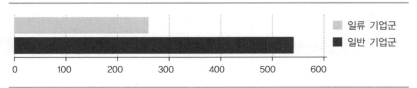

그림 6.5 신제품 출시 횟수

자료: *SC2 Book Analysis* (PwC Performance Measurement Group, 2012).

▎공급망 구성

일류 기업은 모든 복잡성을 감소시키려고 하지 않는다. 사실 이들은 평균 대비 훨씬 더 많은 생산 거점과 물류 거점, 고객을 보유한다(그림 6.6).

▎정보 기술 시스템

일류 기업들이 사용하는 시스템과 응용 프로그램의 수는 경쟁사 대비 더 적다(그림 6.7). 특정 시스템을 10개 보유하는 것이 꽤 많은 수를 보유한 것으로 보일 수도 있지만, 일반 기업들이 17개의 시스템을 사용하는 것에 비하면 이는 적은 수준이다. 공급망 내에서 사용 중인 시스템의 수

그림 6.6 **공급망 구성과 구조**

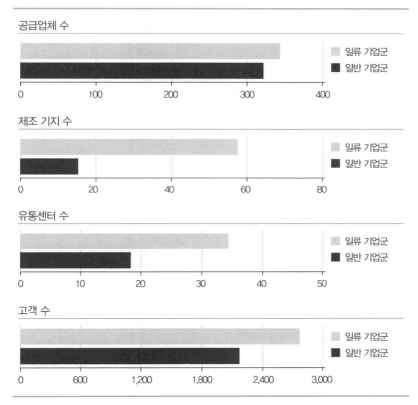

공급업체 수

제조 기지 수

유통센터 수

고객 수

자료: *SC2 Book Analysis* (PwC Performance Measurement Group, 2012).

그림 6.7 **특정 시스템과 애플리케이션의 수**

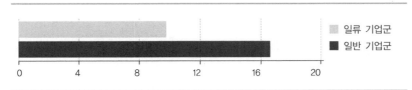

자료: *SC2 Book Analysis* (PwC Performance Measurement Group, 2012).

를 줄이는 것이 성과를 내는 것에 도움을 줄 수 있다.

요약하면, 일류 기업들은 복잡성을 크게 세 가지 방식으로 관리한다. 일반 기업에 비해 더 적은 신상품을 개발함으로써 포트폴리오상에서 SKU 수가 증가하는 것을 억제한다. 또한 사용하는 시스템 수를 간소화하여 보고와 통제 활동을 향상시킨다.

이와 동시에 일류 기업은 고객의 니즈를 기반으로 공급망을 구성한다. 그리고 경쟁력을 갖추는 데 수반되는 복잡성을 관리하기 위한 더 나은 기법들을 적용한다.

여기에 언급된 벤치마킹 정보는 공급망 성과의 중요성을 일깨우기 위한 좋은 사례이다. SCM 성과가 우수한 기업들이 뛰어난 재무 성과를 얻는다. 이러한 기업들은 공급망의 전략적 잠재성을 이해하고, 고객에게 제공되는 제품과 서비스를 위해 공급망 기법들을 연마해왔다. 최고가 되고자 하는 모든 기업에 이런 기법들은 앞으로 나아가야 할 방향을 제시한다.

공급망 성과 벤치마킹

공급망 성과에 대한 양질의 벤치마킹은 "애플 투 애플apple to apple 비교"를 기반으로 한다. 벤치마킹이 효과적이기 위해서는 기업들 간에 일관되게 적용할 수 있는 방식으로 벤치마킹을 정의해야 한다. 벤치마킹은 정량적(지표)이나 정성적(기법에 대한 측정)이 될 수 있다. 지표는 공식과 정보의 출처를 명확히 해야 하고 기법과 관련된 측정은 기법의 세부적인 특성을 기술해야 하며, 조직 내에서 얼마나 지속적으로 사용되었는지도 측정되어야 한다.

• 일류 기업 지수

공급망 성과가 우수한 기업들을 분류하기 위해 PMG는 다섯 가지 지표를 개발했다. 다섯 가지 지표는 납기 약속일에 대한 납기 성과와 생산 유연성, 총 공급망 비용, 재고 일수, 그리고 현금화 사이클 타임으로 구성된다. 이 지표들은 SCOR® 모델을 기반으로 한 것으로서 PMG 공급망 벤치마킹 설문에서 사용된 것과 동일한 방식으로 정의되고 계산된다.

일류 기업 평가 지표^{BICC index metrics}를 이루는 지표들은 SCOR 레벨 1의 지표들이며, 이는 SCOR 레벨 2와 레벨 3의 세부적인 질문에 대한 응답을 바탕으로 계산된 상위 지표이다. 예를 들어, 납기 확약에 대한 납기 성과의 산출은 요청일에 납기 완료된 오더의 수를 전체 납기 완료된 오더의 수로 나누어 계산한다.

일류 기업 지수 평가 지표

지표	정의	선택 이유
납기 확약에 대한 납기 성과	대 고객 지표로 약속된 일자에 납기 완료한 비율을 나타낸다.	고객 요청일 대비 납기 성과보다 납기 확약 대비 납기 성과에 대한 기업들의 통제 능력이 더 크다. 이 두 지표는 많이 다르다.
생산 유연성	다른 제약이 없다는 가정하에, 계획 대비 20%를 더 생산하는 데 걸리는 시간(일)	생산 유연성이 클수록 기업들이 시장 상황 변동에 더 빨리 대응할 수 있다.

지표	정의	선택 이유
총 공급망 비용	총비용은 주문 프로세스 비용, 원재료 구매 비용, 재고 관리 비용, 공급망 자금, 계획 비용, IT 비용 등 공급망에 관련된 모든 비용을 의미하며, 여기에는 급여, 수당, 부지, 시설, 일반 관리비도 포함된다.	E2E 관점에서 공급망 비용을 측정하는 최고의 방법이다.
현금화 사이클 타임	원재료 구입 시 지출되는 현금이 순환해 다시 기업에 현금으로 들어오는 데 걸리는 시간(일)	이 지표를 통해 매출 채권 수준, 매입 채무 수준, 재고 수준 등을 포괄적으로 파악할 수 있다.
공급 재고 일수	현재 보유 재고로 며칠 동안 수요를 충족시킬 수 있는가를 나타내며, 이때 사업의 주체가 현재 보유하고 있고 장부에 기재된 재고만 포함된다.	이 지표는 자산과 공급망을 얼마나 효율적으로 활용하고 있는가를 나타내며, 산업에 관계없이 모든 산업에 적용될 수 있다.

전체 설문 내용 중 정량적인 부분에는 공급망 운영에 대한 통찰력을 알아보기 위한 질문들도 포함된다. 그중 한 예로 예측을 수행하는 것이 선적일로부터 몇 주 전에 이루어지는지에 대한 질문을 들 수 있다.

• 노멀라이제이션

산업군별 생길 수 있는 편차를 없애기 위해 위의 5개 지표에 대한 기업들의 성과 평가 결과는 기업들이 소속된 산업군에 따라 노멀라이제이션normalization 작업을 거쳤다. 즉 개별 기업들의 성과 평가 결과를 각 지표의 산업 평균으로 나누어 산출했다. 예를 들어, 소비재 산업 내 어떤 기업의 납기 성과가 99%이고 전체 소비재 산업 평균 납기 성과가 90%라고 한다면, 이 기업의 납기 성과는 노멀라이제이션을 거쳐 99/90인 1.1로 산출된다. 그리고 일류 기업 지수$^{BICC Index}$는 노멀라이제이션을 거친 다섯 가지 지표들의 합으로 산정된다.

물론, 일류 기업 지수에 포함된 지표들이 모든 공급망 성과를 측정하는 데 적합한 유일한 측정 수단은 아니다. 예를 들어, 순자산 회전율이 평가 지표로 널리 사용되지만 이는 장·단기 부채·자산 비율과 같은 자본 구조의 영향을 받는 지표이기 때문에 일류 기업 지수는 이를 포함하지 않는다. 이와 유사하게 주문 충족 리드 타임도 포함되지 않았는데, 이는 기본적인 운영 모델이 무엇인가에 따라 성과의 차이가 매우 다양할 수 있기 때문이다.

PMG에 대하여

이 책의 벤치마킹 자료와 분석은 PwC 내부 기관인 PMG$^{Performance Measurement Group}$에서 진행했다. 공급망 성과 평가 지표의 디자인 전문가와 관리 전문가로 이루어진 PMG는 1990년대 SCOR 모델 개발의 주역을 담당했던 사람들로 이루어져 있다.

PMG는 지속적으로 전 세계 회사들을 대상으로 벤치마킹을 진행해 왔다. 그리고 이를 통해 공급망 성과의 최고 수준과 중간 수준을 정의하며, 공급망 기업에 대해서도 현재 우세한 기법들과 새로이 떠오르는 기법들을 알아내고 이와 관련된 복잡성 정도를 정의했다. 이러한 데이터는 저장소 repository에 축적되어 있기 때문에, 공급망 성과를 비교할 적절한 비교 대상군을 얻고자 하는 기업은 종합적인 평가 지표 데이터에 접근할 수 있다. 이때 기업들은 그 대신 자신들의 성과와 기법에 대해 묻는 심도 있는 내용의 설문에 대해 응답해야만 한다.

정보의 정합성을 확보하기 위해 PMG는 설문 참여자들이 응답하는 동안 활용할 수 있는 논리적 추정 기법들을 지원해주며, 제출된 모든 설문 결과에 대해 인증 과정을 거친다. 그리고 어떤 일정 수준 이상의 데이터를 제공한 기업들만 포함하며, 이상한 데이터 outlier는 전부 제외된다. PMG의 벤치마킹 정보는 최신 설문 결과로 정기적인 업데이트를 실행한다. 그리고 정보 보안을 위해 특정 회사의 정보가 아닌, 오직 전체 벤치마킹 정보만 공개된다.

☞ 핵심 내용 요약!

· 최고 성과를 내는 공급망을 가진 기업들은 주요 재무 수치에서 경쟁자들보다 뛰어난 성과를 낸다.
· 최고의 기업은 경쟁자들보다 항상 공급망에서 상당한 우위의 성과를 창출한다. 이는 고객에게 제품이나 서비스를 전달하는 데 매우 중요한 계획·조달·생산·납품에 관련된 기법들을 항상 연구하기 때문이다.
· 신제품 개발 프로세스를 통해 상품 분류 단위(SKU)의 수를 관리하는 것은 공급망 복잡성을 줄일 수 있는 가장 효과적인 기법이다.

캘리포니아 해변에 "지능형 하우스smart house"를 짓는다고 상상해보라. 당신은 집을 지을 때 최고의 전문가를 고용했다. 이 전문가들은 어느 곳에 집을 지어야 할지 결정했고 부엌, 침실, 미디어실 안에 있는 모든 것을 완벽하게 네트워크에 연결했다.

몇 달을 기다린 후 모든 배관, 난방, 연료, 전기 시스템이 완벽히 설치되었는지 보려고 당신은 이 꿈의 집으로 옮겨 왔다. 전문가들은 모든 것이 잘 작동되는지 검사하고, 이사 후에도 함께 머물면서 모든 것이 최상의 조건에서 작동되도록 한다.

전 세계에 있는 훨씬 크고 위험한 규모의 석유와 가스 산업을 대상으로 한다면 이 복잡성에 100배 혹은 1000배를 곱해야 할 것이다.

1926년에 설립된 슐룸베르거Schlumberger는 세계를 선도하는 석유 서비스 기업으로 그 위치가 시베리아 서부의 툰드라나 브라질의 심해라 할지라도 석유가스 회사들에게 매일매일 우수한 수송 서비스를 제공한다. 파리, 휴스턴, 헤이그에 본사를 둔 슐룸베르거는 원유 서비스 사업 분야에서 세계적인 기업이다. 직원이 11만 5000명 이상이며 전 세계 85개국의 유정에서 연간 수천 번의 서비스를 제공한다. 슐룸베르거의 설비와 직원들은 에너지 원료가 발견되는 모든 곳에서 활동한다. 2011년 슐룸베르거의 매출은 395억 4000달러이다.

슐룸베르거는 탐사부터 개발·생산까지 전 영역에 대해 서비스를 제공

슐룸베르거의 석유 생애주기상의 서비스

슐룸베르거의 서비스 제공 영역은 석유 생애주기의 세 단계인 탐사와 개발, 생산 부문이다.

탐사 석유 기업 내 과학자들이 지표 밑에 있는 석유 매장지 혹은 가스 매장지를 찾아내면 슐룸베르거와 같이 계약된 기업들에게 지표 밑의 모델을 구축하기 위해 다양한 지구물리학적 조사와 지질학적 조사를 요청한다. 슐룸베르거는 이를 매장지 특성 조사라고 부른다. 어디에 얼마나 많은 석유와 가스가 존재하고 생산에 경제성이 있는지를 파악하는 것이 이 단계의 목표이다. 매장지의 가능성을 제대로 가늠하기 위해서는 하나 혹은 그 이상의 탐사 유정이 필요하다.

개발 석유 회사 엔지니어들이 석유나 가스를 생산하기 위해 어떻게 부지를 개발하고 뚫을 것인지 디자인한다. 이때 목표는 생산 목표를 최대한 맞추기 위해 유정을 매장지에 가장 효율적이고 효과적으로 배치하는 것이다.

생산 슐룸베르거는 유정이 전체 생애주기 동안 지속적으로 생산할 수 있도록 다양한 서비스와 제품을 제공한다. 목표는 매장지의 석유 회수를 최대화하는 것이다.

자료: 슐룸베르거.

하며 이들의 고객은 세계적 석유 기업인 엑손모빌ExxonMobil이나 사우디 아람코Saudi Aramco 같은 국영 석유 회사와 체서피크Chesapeake 같은 독립 생산자들이다. 슐룸베르거는 원유 추출뿐 아니라 고객의 석유가스 저장 탱크에 대한 전체 생애주기 관리에 필요한 지식 노하우와 기술, 정보 솔루션 그리고 통합 프로젝트 관리 서비스를 제공한다.

슐룸베르거는 업계 최고 기업이다. 그 이유는 좋은 인력과 기술을 보유하고 있기 때문에 다양한 범위의 서비스를 제공할 수 있고, 광범위한 지역에 진출할 수 있으며 실행에 가장 강력하게 집중할 수 있기 때문이다.

▮ 새로운 유정 개발

쉽게 채굴 가능한 곳에 매장된 원유와 가스는 대부분 이미 개발되어 생산이 진행 중이다. 이 때문에 최근에는 채굴이 어려운 외진 곳의 개발이 늘고 있다. 하지만 그러한 곳에 있는 매장지를 찾고 태핑^{tapping}하는 데 따르는 도전과 어려움은 매우 크고, 또한 그에 대한 서비스를 제공하기 위한 인력과 장비, 기술, 원재료 등을 준비하고 구축하는 모빌라이제이션^{mobilization} 과정은 매우 복잡하다.

시추^{drilling} 작업이 일정대로 시작되지 못하면, 이러한 지연으로 인해 석유 회사에 발생되는 비용은 매출 기회 손실 비용을 제외하고도 해상에 설치된 각각의 해저 유전 굴착 장치당 하루에 적게는 50만 달러에서 많게는 100만 달러에 이른다. 이 때문에 슐룸베르거는 처음부터 모든 것을 올바르게 수행해야만 한다. 특히 채굴이 어려운 외진 곳에서 개발할 경우 이러한 도전 과제들이 특별히 더 위협적이다.

일반적인 해상 프로젝트의 경우, 석유 회사는 시추 전문업체와 이동식 해상 시추 장비에 대해 계약한다. 해저 유전 굴착 장치는 그 종류가 매우 다양하다. 해저 밑바닥에 기둥을 내려 선체를 고정시켜 작업하는 "잭업^{jack up}"이라고 불리는 플랫폼부터 드릴십^{drillship}이나 반잠수식^{semi-submersible}과 같이 좀 더 깊은 바다에서 시추 작업을 진행할 수 있는 플랫폼도 존재한다. 슐룸베르거는 시추 작업과 유정을 만드는 데 필요한 제품과 서비스를 거의 모두 제공한다.

선정된 위치에 시추 장비가 장착되면 시추가 시작된다. 여기서 설명하는 것은 시추 위치가 해저 밑바닥인 경우로 드릴 스트링^{drill-string}을 이용해

30피트가량의 드릴 파이프를 돌려 드릴 비트drill bit와 측정 기기들을 유정 속으로 운반한다. 시추가 진행됨에 따라 드릴 비트가 암석을 깎고 이러한 절단면이 분석을 위해 해수면으로 올려진다. 때때로 시추가 멈춰지고 유정에서 나온 암석의 구성 성분에 대한 물리적 파라미터parameter 분석이 이루어진다. 그 후 매장지를 발견하면 시추 장비를 구멍에서 제거하고 시멘트로 접착한 후, 케이싱casing으로 알려진 강철 튜브를 유정 안으로 넣는다. 이 모든 것이 완료되면 유정에 생산에 필요한 밸브와 게이지gauge가 장착되고 유정이 완료된다.

모빌라이제이션의 도전 과제

위에서 설명한 것은 일반적인 해상 유정을 시추하는 방법이다. 이제는 동아프리카 모잠비크와 같이 석유 가스 산업이 이제 막 발전하기 시작한 나라에서 초기부터 유정 개발을 한다고 상상해보자. 이때 슐룸베르거는 현지에 적절한 인력과 장비 그리고 인프라를 갖추어 유정 개발이 차질 없이 진행되도록 해야 하며, 더 중요한 것은 그렇게 함으로써 시추 작업이 어떤 작은 문제도 없이 시작될 수 있도록 해야 한다는 것이다.

실행의 성공을 위해서는 포괄적인 계획이 필요하다. 모잠비크 해안의 개발 기지 하나를 위해 계획은 6개월 이전부터 시작되어야 한다. 그래야만 제한된 인프라 환경 내에서 자원을 적절한 장소로 옮길 여분의 시간을 벌 수 있기 때문이다. 준비 상태가 적절한지에 대한 평가를 통해 슐룸베르거의 직원들은 주의를 기울일 필요가 있는 영역을 선별하고 그 문제

원재료와 자재 | OEM 설비 | 슐룸베르거

내·외부 구매 활동   물류 운송 인프라   인력 운영   시설

자료: 슐룸베르거.

들을 다룰 실행 계획을 수립한다. 이때 다뤄지는 영역은 구매, 물류, 인력 운영, 시설 등이다. 슐룸베르거의 글로벌 구매 담당 리더인 필 테이제이라Phil Teijeira는 다음과 같이 이야기했다. "준비 상황 평가는 오랜 세월에 걸쳐 형성된 슐룸베르거의 경험을 바탕으로 합니다. 제때에 확실히 실행되게 하는 것은 매우 중요합니다."

▎구매

일단 유정 운영이 시작되면 현장에서는 시추, 케이싱, 정보 수집, 압력 모니터링 등과 같은 다양한 활동이 수행되며, 이때 수많은 종류의 기술과 설비가 필요하다. 설비들 중 일부는 슐룸베르거의 제품 센터에서 직접 공급되고 일부는 외부 공급업체들로부터 공급받는다. 이때 외부 업체로부터 공급받는 설비의 경우 몇 달 전 미리 주문하는 것이 필요하다. 시추 작업에 사용되는 바라이트barite(중정석)과 같이 현지 소싱이 가능한 것들은 조달 리드 타임이 길지는 않지만 유정의 완전성^{well integrity} 확보를 위해 세부적인 품질 검증 프로세스가 필요하다.

▎물류

멕시코 연안 미국 걸프만 지역이나 스코틀랜드의 북해와 같이 유정이 이미 개발된 지역의 시추 작업의 경우에는 필요한 모든 인프라가 갖추어져 있다. 따라서 여기에서는 장비와 자재 운반을 위한 제3자 물류 서비스 제공 업체를 찾는 것이 어렵지 않다.

그러나 모잠비크 같은 외진 지역으로 갈 수 있는 물류업체는 그 수가 매우 적다. 이 때문에 슐룸베르거는 자사 물류를 보유하고 있으며, 이를 통해 트럭이나 차터• 항공기, 일반 항공기 등을 이용해 컨테이너, 파이프, 실험 기기 같은 것을 북쪽 모잠비크 수도인 카보 델가도^{Cabo Delgado}의 펨바^{Pemba}까지 고객이 정한 운영 일자에 맞추어 운반할 수 있도록 한다. 슐룸베르거는 자사 트럭을 활용하기도 하며 인프라가 구축되지 않은 곳에 도로를 건설하기 위해 민간 토목 회사들과 계약하기도 한다.

▎인적 자원

유전 현장의 인력 배치에는 더 큰 어려움이 존재한다. 일반적인 프로

• 차터 ^{charter} 운영 리스의 일종으로 주로 선박이나 항공기 등을 임대하는 리스계약으로서 중도해약이 가능하며, 유지·보수 관리는 임대자의 책임하에 이루어지고 리스료는 기간에 따라 다르다 — 옮긴이.

젝트에서는 인력을 현장 근처 지역에서 구한다. 이때 어떤 나라는 인력을 채용하고 교육하는 것이 다른 나라에 비해 훨씬 더 어려울 수 있다. 석유 가스 산업이 존재하지 않거나 교육 관련 인프라가 갖춰지지 않은 지역은 인력 자체가 제한적이기 때문이다. 이 때문에 슐룸베르거는 비자와 취업 허가증과 같이 인력의 재배치에 필요한 모든 것을 준비해 다른 지역에서 인력을 데려온다. 이들에게는 전 세계 1만여 명의 "빠르게 이동하는" 인력을 날마다 관리하는 것 자체가 물류의 큰 과제이다.

▌시설

각각의 석유 유정은 운영될 때 슐룸베르거 기지로부터 지원을 받는다. 슐룸베르거 기지는 엔지니어가 유정 현장에서 슐룸베르거와 고객들이 사용하는 장비를 유지·보수하는 곳이다. 큰 규모의 기지의 경우, 사무실과 창고, 작업장 등을 갖추고 있으며 약 700여 명의 숙련된 직원들을 수용할 수 있다.

슐룸베르거는 다수의 석유 가스 회사들이 시추 작업을 하는 곳은 어느 지역이든지 기지를 만들어 지원해준다. 비록 발견된 탄화수소의 양이 아직 충분하지 않은 곳이라도 외진 지역에 기지를 만들어 고객을 지원한다. 모잠비크의 경우, 슐룸베르거는 앙골라에 위치한 기지를 활용했으며, 임시로 몇 분기 동안 사용하기 위해 컨테이너를 만들었다. 그리고 이후에 다량의 가스가 발견되었을 때, 좀 더 영구적인 성격의 기지를 건설했다. 슐룸베르거는 몇 년에 걸쳐 탄탄한 기지 네트워크를 구축해왔고 현재 전 세계적으로 1000개 이상의 기지를 운영한다.

해상 굴착 장치offshore rig의 경우, 모든 인원들에게 자체적으로 숙박을 제공하지만 지상에 있는 직원들 또한 숙박 시설이 필요하다. 그래서 슐룸베르거는 사전에 집이나 아파트를 임대해놓아야 한다. 일부 외진 지역에서는 이러한 숙박 시설도 부족한 경우가 있기 때문에 슐룸베르거가 자체적으로 집을 지어야 할 때도 있다.

서비스 공급망을 작동하게 만들기

슐룸베르거의 다양한 제품라인을 포함해 원유 개발은 각각의 단계가 매우 복잡하다. 그리고 이는 고객 접점인 "지오마켓GeoMarket" 조직에 의해 매우 타이트하게 조정된다. 지오마켓 조직은 핵심적인 부분의 관리 기능과 인력 운영HR 기능, 재무, 인프라 지원 기능을 지원한다. 슐룸베르거에는 총 30개의 지오마켓이 존재한다. 지오마켓의 구분은 앙골라처럼 한 국가만을 포함하는 경우도 있고 유럽 대륙처럼 여러 나라를 포괄하는 경우도 있다.

❚ GSS

회사 전체에 걸쳐 있는 이러한 자원들을 조정orchestrating하는 것의 가장 핵심은 고객을 위한 가치 창출이다. 그리고 이것이 GSSGlobal Shared Service가 필요한 이유이다. 슐룸베르거의 "기능적 기간망functional backbone"의 역할을 하는 GSS 조직은 1만 2000여 명의 직원들로 이루어져 있으며 구매, 물류, 자재, 시설, IT, 계약 관리, 재무 백오피스back office, HR 관리 등의 기능을 담당한다.

GSS를 통해 서비스를 전 지오마켓의 모든 상품 라인에 제공함으로써 슐룸베르거는 전사의 업무 방식을 표준화하고 최적의 사례를 활용할 수 있다. 여러 기능들이 현장 운영에 제공하는 서비스의 품질을 향상시키고 비용의 효율성을 높여 궁극적으로 이런 지원을 통해 슐룸베르거가 고객에게 제공하는 서비스의 품질을 향상시킬 수 있도록 하는 것이다.

▌ 하나의 회사

GSS 모델은 슐룸베르거가 어떻게 "하나의 회사"로서 조직적인 민첩성을 이끌어내는지 보여주는 좋은 예이다. GSS의 리더인 스테판 비게 Stephane Biguet는 다음과 같이 말했다.

다른 회사들은 자회사와 내부 임원 회의에 대해 이야기합니다. 반면에 우리는 고객을 위한 일에 대해서만 이야기합니다. 이것을 막는 장애물은 존재하지 않습니다. 그저 수화기를 들어 전화를 걸 뿐입니다. 새로운 나라에 진입해야 할 때도 지구 반대편에서와 마찬가지로 같은 방식으로 이루어집니다. 따라서 의사소통이 훨씬 쉽고, 빠르게 표준 프로세스를 시행할 수 있습니다.

최첨단 기술과 기기 공급망

고객 현장에서 제공되는 서비스의 뒤에는 도구와 설비들이 존재한다.

그리고 이러한 도구와 설비는 슐룸베르거의 기술 개발 조직에 의해 만들어진다. 이 조직은 선행 연구부터 특허 기술 개발, OEM 통합, 제품 테스트까지 기술 개발 전체를 담당한다. 그리고 기술력을 바탕으로 슐룸베르거의 차별화를 위한 자원을 제공한다.

REMS^{Research, Engineering, Manufacturing, Sustaining}라고 불리는 이 조직은 연구, 엔지니어링, 제조 기술, 지속성에 대한 시야를 바탕으로 최첨단의 기술을 제공하며, 1만 명의 직원들로 이루어져 있고 회사 내 각기 다른 모든 제품라인을 기술적으로 지원할 수 있도록 만들어졌다. REMS에는 제조 센터와 엔지니어링 센터가 있으며 이 둘은 보통 서로 근접한 곳에 위치한다.

▍제품 개발

슐룸베르거는 장비 생산과 디자인을 자체적으로 하기도 하고 외부에 맡기기도 한다. 회사의 자체 R&D 센터는 브라질, 유럽, 사우디아라비아, 러시아, 노르웨이, 미국, 캐나다, 일본, 싱가포르, 프랑스에 위치하며 이곳에서는 자신들이 특허를 가지고 있는 장치와 설비를 설계하고 개발한다. 슐룸베르거는 가장 근접한 경쟁사 2곳이 투자하는 R&D 비용의 합보다 더 많은 비용을 R&D에 투자하는 것으로 잘 알려졌다.

예를 들어, 유전 밑바닥에서 전기 케이블을 통해 석유 매장지의 특성과 관련된 정보를 얻는 데 사용되는 기기인 물리 검층기를 살펴보자. 물리 검층기는 직경 33/8인치 관으로 노트북 컴퓨터 전자 장치의 10배가 내장되어 있을 뿐만 아니라 큰 압력과 진동 그리고 섭씨 150도의 고온에서도 작동할 수 있는 기기이다. 유럽과 아프리카 GSS 조직의 부사장인 마갈리 앤더슨[Magali Anderson]은 다음과 같이 말했다 "우리의 기기는 컴퓨터를 콘크리트 바닥에 1000번 떨어트리고 오븐에 넣는, 극한의 조건에서 작동할 수 있어야 한다."

슐룸베르거는 OEM으로 생산한 설비도 사용한다. "외부 완성"이라고 불리는 프로세스를 통해 공급사들은 엔진과 트랜스미션 같은 제품을 슐룸베르거의 엄격한 요구 조건에 맞추어 생산한다. 신뢰성과 안정성은 필수이기 때문에 공급자들은 철저한 검사 프로세스를 밟으며 품질과 신뢰성, 안정성을 평가받는다. 그냥 넘어가는 부분은 존재하지 않는다. 슐룸베르거의 검사를 마치면, 슐룸베르거의 엔지니어들은 각 공급사들과 함께 일하면서 설비가 지속적으로 슐룸베르거의 기준에 맞게 생산될 수 있도록 한다. 그리고 공급사들의 성과는 분기별 비즈니스 리뷰 과정을 통해 평가받는다.

▍제품 센터

슐룸베르거는 다양한 "제품 센터"를 통해 회사가 보유한 17개 제품라인에 대한 설비를 제공한다. 유정 서비스를 예로 들면 미국, 프랑스, 싱가포르에 있는 제품 센터의 지원을 받으며, 이들은 트레일러나 트럭에 장착되거나 해상 굴착 장치나 배[vessel]에 스키드[skid]를 장착하는 펌프, 시멘팅 장치 등의 설비를 제공한다. 이들은 설계와 소싱 그리고 생산을 담당한다.

제품 센터는 그들이 공급하는 모든 제품의 품질과 신뢰성에 대한 책임을 진다. 각 제품 센터는 현장으로부터 끊임없이 제품에 대한 피드백을 받는다. 그리고 이러한 피드백 결과를 현재의 문제 해결뿐만 아니라 미래를 위한 제품 디자인 향상에도 활용한다.

예를 들면 특정 유정 펌프에 사용되는 ISD[internal suction damper](내부 흡입 댐퍼)의 경우, 현장으로부터 얻은 심도 있는 피드백을 토대로 제품 센터에서 좀 더 가볍고 비용이 저렴하며 기능이 더 강화된 새로운 ISD를 개발했다.

내부 고객들의 관점을 확보하는 것은 그 무엇보다 중요하다. 압력 펌프와 화학 제품 부문의 공급망 관리자인 토미 마칼루소[Tommy Macaluso]는 다음과 같이 이야기했다.

우리는 제품 센터에 현장 경험이 있는 사람들을 주기적으로 고용한다. 그리고 이는 제품이 늦어지거나 현장에서 제대로 작동되지 않았을 때 고객이 어떻게 느끼는지를 제품 센터 내의 인력이 이해할 수 있게 도와준다. 이러한 과정을 통해 우리는 하나의 조직으로써 좀 더 완결성을 갖출 수 있다.

경쟁의 차별화 포인트: 인력

서비스와 기술도 중요하지만 슐룸베르거의 성공의 주요 열쇠는 바로 이들이 가진 인력이다. 슐룸베르거는 서비스 제공의 선도적인 경쟁력을 유지하기 위해 인력 부문에 엄청난 투자를 진행한다. 이들은 최고의 명석한 인력들을 찾는 데 그 어떤 고생도 마다하지 않으며 엄격한 교육과 경력 관리를 통해 그렇게 찾아낸 인력들의 역량을 더욱 개발하고 발전시킨다.

▎ 인력 채용

슐룸베르거는 한 해에 약 5000명이라는 엄청난 수의 엔지니어와 과학자를 채용한다. 제대로 자격을 갖춘 인력들을 찾아내기 위해 물리, 화학, 지구 물리 과학뿐 아니라 기계, 전기, 산업공학 학위를 소지한 학생들이 있는 최고의 대학들을 조사한다.

일반적으로 신규 채용된 인력들은 주요 입문 단계인 현장 엔지니어로 배치된다. 대학교 공학 프로그램은 일반적으로 유정 운영에 필요한 실제 지식을 가르치지 않기 때문에 현장 엔지니어로 배치된 신규 인력은 6개월에서 7개월 정도의 집중적인 교육 프로그램을 받는다. 슐룸베르거는 내부 승진 방식을 채택하고 있기 때문에 직무 순환 제도뿐 아니라 교육 프로그램도 기술과 경영 기법을 키우는 주요 역할을 하게 된다.

현장 엔지니어들은 보통 자신이 속한 지역이나 지오마켓 내에서 특정한 제품라인을 담당하는 운영 관리자로 승진한다. 예를 들면 동아프리카의 시추 작업 운영이나 호주의 석유 생산 운영을 담당한다. 이러한 운영 관리자는 자신의 책임이 있는 활동과 관련된 모든 것을 관리 감독한다. 마갈리 앤더슨은 다음과 같이 설명했다. "운영 관리자는 기본적으로 자신이 맡은 사업을 운영한다. 고객 관리부터 입찰서 제출, 입찰 확정, 조직 운영까지 모든 영역을 관리한다. 이는 마치 작은 회사 하나를 운영하는 것과 같다."

▎ 글로벌 인재풀의 개발

슐룸베르거의 목표는 현장 엔지니어, 서비스 관리자, 운영 관리자 등 여러 영역에 대한 글로벌 인재풀pool을 개발하는 것이다. 슐룸베르거는 현장 운영과 기술 개발 등에 대해 직접적으로 배울 수 있는 나라로 인력을 보낸다. 그리고 이러한 기술과 지식을 습득한 인력에게는 다른 지역에서 새롭게 도전하거나 본토로 돌아갈 기회가 주어진다. 슐룸베르거는 직원들에게 기회를 제공하면서 이와 동시에 진정한 다국적 기업만이 성취할 수 있는 인력의 다양성을 발전시킨다.

몇몇 운영 관리자들은 고위 관리자로 진급하기 위해 노력한다. 회사의 많은 고위 관리자들은 실제로 현장에서 출발했다. 필 테이제이라는 이에 대해 다음과 같이 언급했다.

슐룸베르거는 높은 잠재 능력이 있는 인력이 사업 전체에 대해 경험할 수 있도록 합니다. 예를 들어, 현장 엔지니어에게 HR이나 구매와 같은 업무를 경험하도록 하여, 이를 통해 고위 관리자로 진급했을 때 이미 모든 역할을 경험하고 모든 지역과 운영에 대해 이해하도록 합니다.

슐룸베르거는 전문성을 개발하는 데 직군의 제한을 두지 않는다. 구매 전문가와 물류 전문가, IT 기술자, 회계사 등과 같은 비엔지니어 직군들 또한 회사의 역량 강화 프로그램에 참여해야 한다.

▎고객의 기대 뛰어넘기

현재 활용되는 원유와 가스의 시추 기술이 다양하고 새로운 방식을 지속적으로 개발 중이라고 하더라도 질문은 여전히 존재한다. 수요를 충족시킬 만큼 자원은 충분한가? 국제 에너지 기구International Energy Agency는 에너지 수요가 2011년에서 2035년까지 35% 상승할 것이고, 원유, 가스, 석탄이 여전히 주요 에너지원이 될 것이라고 예측했다.[1]

이 수요를 충족시키기 위해서는 광범위한 에너지 자원이 필요하다. 신규로 발견된 원유와 가스 매장층 대다수가 비전통적인 것들이거나 채굴이 어려운 장소에 있다. 슐룸베르거는 늘 그랬던 것처럼 가장 최악의 상황에서도 처음부터 제대로 일을 하기 위해, 고객의 기대를 뛰어넘기 위해, 언제나 해왔던 대로 서비스·기술·인력에 대한 혁신을 지속적으로 집중할 것이다.

제7장

공급망의 혁신

Transform your supply chain

공급망을 혁신적으로 변화시키는 것은 사실 매우 어려운 과제이다. 이를 위해서는 고객과 공급자뿐만 아니라 기업의 조직, 지리적 여건 등을 바탕으로 각 기능들 간의 상호작용이 고려되어야 하기 때문이다. 또한 기업의 정상적인 경영 활동이 이루어지는 것을 전제로 공급망을 혁신해야 한다. 최고 경영진에서 각 기능별 담당 직원에 이르기까지 모든 인력이 잘 구조화된 접근법에 따라 공급망 혁신 노력을 수행해야 지속적인 성과를 얻을 수 있다.

지금까지 각 장을 통해 공급망의 다섯 가지 핵심 원칙(전략, 프로세스 아키텍처, SCM 조직, 협업 모델, 그리고 성과 측정 및 관리)에 대해 논의했다. 기업 경영에서 실제 전략적 이익을 확보하기 위해서는 사업 전략을 기반으로 이 다섯 가지 핵심 원칙이 결합되어 실행되어야 한다. 그렇다면 공급망을 더욱 경쟁력 있는 자산으로 변화시키기 위해서는 이러한 원칙들을 어떻게 결합해야 할까?

시중에서 기업의 혁신에 대해 기술한 수많은 유명 서적을 쉽게 접할 수 있다. 그러나 이런 많은 정보에도 불구하고 많은 기업들은 공급망 혁신에 대한 목표 달성에는 실패한다. 또한, 공급망 변화 노력이 오히려 기업 성과에 실제로 피해를 초래하는 사례도 있다. 이는 대부분의 기업이 공급망 혁신을 일반 다른 유형의 변화 과제처럼 다루는 경우가 많기 때문이다. 그러나 사실, 공급망 혁신에는 매우 독특한 어려움이 숨어 있다.

우선, 대부분의 공급망 혁신은 제품 관리, 영업, 연구 개발, 재무 등 조직 전반의 다양한 기능을 포함하므로 공급망 기능 조직의 개별 성과 개선뿐 아니라, 기업 전반에 걸쳐 나타나는 많은 변화들을 조율하면서 이루어져야 한다. 단지 일부 업무 기능만을 개선하는 데 초점을 맞춘 경우라 하더라도 그 개선의 영향은 전사 차원에 영향을 미칠 수 있기 때문이다.

개선된 표준 운영 모델을 생산 법인 20곳을 대상으로 적용하고자 하는 기업을 예로 들어보자. 각 법인별로 존재하는 다양한 기능 부서들(예를 들어 주문 관리, 자재 관리 및 유지·보수)을 포함한 약 100여 개 팀을 대상으로 각 부서별 업무 변화 방향성을 빠른 시일 내에 도출해낼 수 있을 것이다. 그러나 이는 변화의 대상이 회사 자체의 조직 내로 국한된 경우이다. 만약, 공급망에서 고객과 공급자들 간의 상호작용을 고려한다면 공급망 혁신 방향성을 수립하는 것은 훨씬 더 복잡하고 까다로워진다.

이와 더불어 공급망 혁신에서 또 다른 어려움은 반드시 기업 활동이 정상적으로 운영되는 상태에서 추진해야 한다는 것이다. 혁신 추진 방향에 맞춰 운영 프로세스, 조직 및 운영 지표 등을 재정의하는 바로 그 순간에도, 기업은 정상적으로 고객의 주문을 처리하고 공급자의 거래를 통해 제시간에 고객에게 제품과 서비스를 전달해야 한다. 이는 마치 자동차를 운전을 하면서 차 안에서 다른 일을 동시에 하는 것과 같다.

그림 7.1 **공급망 혁신 단계**

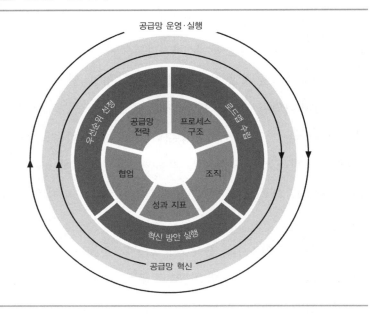

이러한 공급망 혁신의 어려움을 해결하기 위한 최선의 방법으로 다음의 4단계 접근 방법을 생각해보았다. 우선, 첫 번째 단계는 전략적 목표에 근거해 개선의 우선순위를 정하는 것이다. 두 번째 단계는 혁신 로드맵을 수립하는 것이다. 세 번째 단계는 혁신 방안 실행과 실행에 따른 변화를 관리 감독하는 것이고, 마지막 단계는 공급망 운영을 통해 지속적인 성과를 달성하고 유지하는 것이다(그림 7.1).

사실, 각 단계에 대해 매우 일반적이라고 느낄 수도 있다. 그러나 복잡한 상호작용이 발생하는 공급망을 혁신하기 위해 각 단계별로 요구되는 구체적인 핵심 요소들을 고려해볼 필요가 있다.

7.1 우선순위 선정

공급망 혁신은 기업 활동에 상당한 영향을 미칠 수 있고 기업에 막대한 투자를 요구할 수도 있다. 따라서 공급망 혁신에서 필요한 첫 번째 단계는 변화를 위한 명확한 우선순위를 정하는 것이다. 이는 변화의 수준, 조직에 미칠 잠재적 영향과 변화의 목적에 대한 전체 경영진의 의견을 종합적으로 반영해 결정되어야 한다.

여기서 확실한 한 가지 전제는 공급망 변화 논의에서 기업의 기본적인 운영 활동은 정상적으로 이루어지고 있다는 것이다. 만약 어느 기본 프로세스(예를 들어 제품 품질 보증과 같은)에 결함이 발생되거나, 공급자가 납기를 맞추지 못한다면 공급망을 혁신하기에 앞서 해당 문제점을 먼저 해결해야 할 것이다.

변화 수준에 대한 동의

공급망 혁신의 우선순위 선정에서 첫 번째 단계는 필요한 변화 범위와 변화 규모에 대해 경영진의 의견이 일치하는 것이다. 기업의 경영진은 공급망 혁신에 요구되는 자원, 거버넌스, 일정 등을 반드시 합의해야 한다. 일반적으로 경영 관리 관점에서는 공급망 혁신에 요구되는 시간과 자원 수준을 최소화할 수 있기 때문이다. 일반적으로 혁신 계획이 시행되기까지는 적어도 1년 정도 소요되며 이보다 더 오랜 시간이 소요되는 경우도 존재한다.

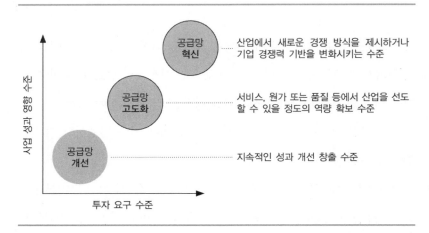

그림 7.2 공급망 변화의 유형

공급망 변화는 크게 다음의 세 가지 유형으로(그림 7.2) 분류할 수 있는데 스펙트럼의 가장 우측 상단에 위치한 것이 '공급망 혁신'이다. 이는 기업이 업계에서, 또는 어쩌면 세계에서 지금까지 존재하지 않았던 새로운 모습의 공급망 형태로 변화를 시도해, 기업 성과에 엄청난 효과를 가져온 정도의 공급망 혁신 수준을 의미하며, 잘 알려진 예로는 델Dell사의 주문생산 충족make-to-order fulfillment 모델과 P&G의 고객 기반 공급망consumer-driven supply chain 체계 등을 들 수 있다.

'공급망 혁신' 수준의 변화를 이루는 경우는 상대적으로 드문데, 이러한 현상[1]이 놀라운 일은 아니다. 이는 기업의 여러 핵심 운영 프로세스에 대한 동시 변화를 요구하며, 또한 수년에 걸쳐 막대한 자본 투자가 뒷받침되어야 하기 때문이다. 이는 기업 경쟁력 기반을 바꾸는 수준(예를 들어 원가 기반 모델에서 서비스 기반 모델로 기업 제품을 리포지셔닝^{repositioning}하는

어 원가 기반 모델에서 서비스 기반 모델로 기업 제품을 리포지셔닝repositioning하는 수준) 정도로 어려운 것이므로, 요구되는 변화의 규모에 따라 고위 경영 진들이 혁신 추진을 직접 관리 감독하고, 이사회에 정기적으로 현재 진행 현황 정보를 제공해야 한다.

공급망 변화 유형 스펙트럼에서 '공급망 혁신'의 반대편 끝에는 '공급망 개선' 영역이 위치해 있다. 이는 작고 점진적인 변화 수준을 나타낸다. 혁신적이라고는 할 수 없으나 개선을 통해 기업의 지속적인 성과 창출에 기여하므로 기업 활동에서 매우 중요한 역할을 한다. 일반적으로 현장 관리자에 의해 추진됨에 따라 개선 노력과 성과가 지속적으로 나타날 수 있고 추가 자원이나 예외적인 관리 감독이 필요하지도 않다.

대부분의 공급망 혁신 수준은 스펙트럼의 가운데 부분, 즉 '공급망 고도화' 영역에 속한다. 이는 '공급망 개선'과 '공급망 혁신' 사이에 위치하면서 시장 점유율의 확대, 이익의 증가와 운전자본 개선 등의 목표와 더불어 산업을 선도하기 위한 고도화된 공급망 구축을 위해 요구되는 공급망 전반의 업무 변화를 포함한다. 그 예로는 주문, 생산, 배송을 효율화하기 위한 제품의 재설계, 글로벌 공급망 프로세스 구축, 글로벌 생산과 지역별 생산 간 연계체계, 그리고 주문 충족 모델order-fulfillment model로의 변화 등을 들 수 있다. 공급망 고도화 실행을 위해서는 상당한 자원과 시간이 요구되므로 고위 경영층의 전략적 의사결정을 기반으로 추진하고 지속적으로 관리해야 한다.

이 장에서는 가장 일반적인 형태의 혁신, 즉 '공급망 고도화'에 초점을 맞출 것이나, 여기에서 제시되는 많은 시사점은 '공급망 혁신'에도 마찬

가지로 적용될 수 있을 것이다.

견고한 변화체계 구축

변화를 촉진하기 위해서는 공급망 체계가 시장 점유율, 수익성, 운전 자본 등 사업 성과에 기여하는 수준을 고려해, 현재의 공급망과 공급망 전략에서의 핵심 운영 프로세스에 대해 구체적인 성과 목표를 수립해야 한다.

공급망 변화 과정의 일환으로 많은 기업이 진단과 벤치마킹을 수행하는데 컨슈머 일렉트로닉 컴퍼니Consumer Electronic Company(이하 CEC)라는 이름의 평면 TV를 제조해 공급하는 가상의 기업을 예로 들어보겠다. CEC는 아시아 태평양, 유럽(중동 포함), 아프리카의 세 지역을 주요 판매 거점으로 두고, 25개국 이상의 시장에서 제품을 판매한다. 그리고 각 시장에서 고객은 크게 유통업체와 소규모 특수 소매업체 등 두 부분으로 분류된다. 대부분의 생산 시설은 아시아에 집중되어 있으나 동유럽에도 생산 공장을 두어 유럽 지역에 제품을 공급한다. 지역별 유통센터는 효율적 배송을 위해 각 주요 거점에 위치해 있다.

CEC는 고객 경험을 바탕으로 경쟁하므로 배송 납기가 매우 핵심적인 경쟁 요소임에도 타 시장 대비 상대적으로 마진이 높은 선진국 시장에서 배송 납기 프로세스가 표준화되지 않음에 따라, 시장 점유율과 장기 현금화 사이클이 악화되는 결과를 나타냈다. 외부 벤치마킹 자료에 따르면 CEC의 주문 충족 사이클 타임은 20일 수준이고, 납기 준수율on-time delivery

그림 7.3 공급망 실적과 사업 실적간 연계

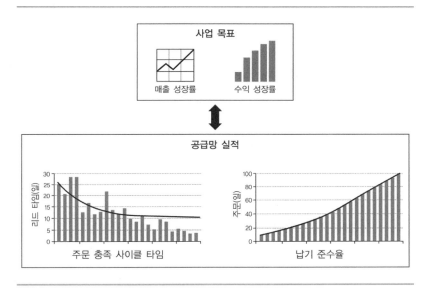

은 75% 수준인 반면, 주요 경쟁사들은 10일의 주문 충족 사이클 타임과 95%의 납기 준수율을 보인다.

벤치마크 수준에 도달하기 위해 CEC는 공급망 성과 지표에서 정량적·단계별 목표를 수립할 필요가 있다. 가령, "매 6개월 단위로 납기 준수율 5% 향상" 등의 목표 수립을 예로 들 수 있다. 또한, 혁신을 통해 잠재적인 투자 수익률을 개선하기 위해 납기 준수율 향상 등의 목표를 시장 점유율과 운전자본 개선 등에 대한 구체적인 재무 성과 목표와 연계시켜 관리해야 한다(그림 7.3).

개선 효과 측정 가능성의 확보

전통적인 변화 관리를 보면, 개선 방안이 구체화된 후 기업 내 일부 영역을 대상으로 하는 파일럿pilot 적용을 실행하는데, 파일럿 적용 시 대부분의 기업들은 구체화된 개선 방안에 대한 실제 가시적인 효과가 나타날 때까지는 회사 전체(사업장, 부서, 팀, 개인 등)로 확대 적용 계획을 수립하지 않는 경우가 많다.

그러나 이러한 접근 방식은 해결 방안에 대한 효과 측정 관점에서 중요한 문제점이 있다. 운영 역량 수준, 정보 시스템 등의 인프라, 그리고 업무 형태와 업무 부하 수준이 기업 내 대상별로 제각각 다르므로, 파일럿 방식을 통해서는 이러한 차이를 전체적으로 고려한 개선 효과를 측정할 수 없다. 따라서 이러한 모든 사항을 고려해 개선 효과에 대한 성과를 측정하기 위해서는 엄청난 양의 노력과 시간이 요구되어야 한다.

최근 이러한 문제를 해결하기 위해 개선 방안의 구체화와 성과 측정을 동시에 진행하는 방안이 고려되고 있다. 이는 개선 효과가 전 운영 조직에 걸쳐 정확히 측정되도록 하며, 오늘날 글로벌 공급망이 광범위한 지역의 수많은 법인과 다양한 구성원들을 통해 운영되고 있음을 고려할 때, 측정 가능성이 명확한 실행 계획은 시간과 비용 효율성 관점에서 필수 조건이라 할 수 있다.

▍조직 매핑

측정 가능성 확보를 위해 지역, 부서, 팀 그리고 개인을 포함한, 공급망 변화의 영향을 받는 가능한 모든 대상에 대해 명확하고 종합적인 파악이 필요하다. 이러한 활동에서 조직 매핑organizational mapping과 같은 구체적인 작업은 도움이 될 수 있다(그림 7.4). 세부 실행 계획의 수립 완료 시점까지는 완성하지 못하더라도, 조직도 작성은 가능한 빨리 시작하는 것이 좋다('혁신 로드맵 설계' 부분 참조).

변화 목적의 조직 매핑을 위해 우선 관련된 제품 특성(제품군과 제품 라인업)과 지리적 특성(지역, 국가, 생산 법인 등)의 구분이 필요하다. 그리고 개선 방안과 연계된, 즉 방안을 구체화하거나 또는 구체화된 개선 방안의 실행에 참여할 조직, 그리고 각 조직별 역할 등을 구분하도록 한다. 일반적으로 이러한 팀의 구분은 기업 내 영업, 구매, 주문 관리, 제조, 제품 관

그림 7.4 **변화 목적의 조직 매핑**

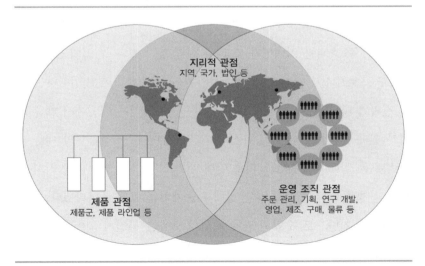

리, 엔지니어 등의 기능별 조직 구성 형태를 반영하는 경우가 많다.

▌조직 매핑의 시사점

많은 경우에서 조직 매핑은 초기에 예상했던 것보다 훨씬 더 많은 대상들이 공급망 변화에 따른 영향을 받는다는 사실을 경영진에게 일깨워준다. 예를 들어, 공급망 계획 프로세스의 개선은 기획 부서뿐만 아니라 제조, 구매, 물류, 재무, 상품 관리, 영업, 개발 부서에 이르기까지 수많은 조직에 대한 변화를 포함한다. 여러 개의 생산 라인, 여러 지역과 국가를 고려한 승수 효과乘數效果를 감안할 경우, 너무도 많은 조직 구성원들에게 영향을 줄 수 있으므로, 개선 방안을 수정하거나 또는 장기적으로 실행되도록 추진 계획을 좀 더 세분화해 실행할 필요가 있다는 것을 깨닫게 될 것이다.

한 가지 사례를 예로 들면, 한 장비 제조사는 12개월에 걸친 S&OP 프로세스 개선 실행 방안을 계획했고 이를 통해 판매 예측, 생산·공급 계획 부문에서 큰 효과를 기대했다. 그러나 현황 파악 결과, 기업의 문제점은 S&OP 프로세스가 아닌 영업 파이프라인의 관리 부실에 기인했다는 분석 결과가 나왔다. 이 회사의 20개 판매 법인 중 많은 법인에서 매출 기회가 실제 주문으로 바뀌고 나서야 고객관계관리CRM 시스템의 매출 기회 정보를 업데이트해왔고, 이로 인해 계획 수립에 필요한 매출 기회 정보가 실제 데이터와 맞지 않는 상태로 존재하는 문제가 나타났다. 잘못된 정보를 기반으로 수립된 판매 계획의 오류가 원인이 되어 S&OP 전체 프로세스의 비효율이 발생된 사례라고 볼 수 있다. 결국, 필요한 변화 수준이 처음 예상보다 훨씬 더 크다는 것을 해당 기업이 깨달았고 경영진은 그 개선 방법을 재구성했다. 이 기업은 생산과 공급 계획 효율화를 위한 개선 방안 수립 이전에 먼저 수백 명의 영업 관리 담당자들의 판매 예측 안정화에 중점을 두어야 했다.

7.2 혁신 로드맵 설계

일단 변화의 범위에 동의하고 변화에 대한 지지를 얻었다면 새로운 성과 목표를 달성하기 위한 구체적인 업무 계획을 수립하고 그 업무들을 실행하기 위한 방법을 정의해야 한다. 그리고 혁신 로드맵transformation roadmap을 통해 이 모든 내용이 자세히 나타나야 한다.

하나의 프로젝트나 실행안과 같은 단위 프로젝트 계획과 달리, 혁신 로드맵은 기업의 사업 목표를 달성하기 위해 무엇을, 어떤 순서로, 얼마 동안 실행할지 보여줄 수 있어야 한다. 로드맵을 통해 요구되는 주요 변화의 대상을 파악하고, 주어진 기간 내에 구체적인 성과 개선 목표를 반드시 달성하도록 추진 단계별 기한deadline을 명확히 확인할 수 있다. 또한 각 단계에 요구되는 선결 조건을 반영해 순서를 조정하는 것도 로드맵의 중요한 역할이다. 즉 혁신 로드맵은 전체 변화의 여정을 모든 사람들이 이해할 수 있도록 지원하는 강력한 도구이다.

견고한 로드맵을 위한 선결 조건의 정의

혁신 로드맵을 작성하기 전에 기업의 현재 사업 성과와 능력, 그리고 변화를 수용할 수 있는 역량을 충분히 파악해야 한다. 즉 미래를 계획하기 전에 현재 상황을 잘 알고 있어야 한다. 현재의 기업 수준을 파악하기 위해서는 다음의 두 가지 활동이 필요하다.

- 현 수준에 대한 원인 파악
- 업무 간 연계성에 대한 이해

현 수준에 대한 원인 파악

올바른 해결 방안을 설계하기 위해서는 어디에 차이와 문제점pain point 이 존재하는지 파악하고, 어떻게 공급망이 운영되는지에 대한 현황 분석을 통해 근본 원인을 확인할 필요가 있다. 공급망 프로세스상에서 많은 상호작용이 발생하므로 근본 원인을 파악하는 것은 쉬운 과제가 아니다. 또한, 정보의 수집이 현황 파악의 시작점은 될 수 있으나 이것만으로는 충분하지 않다. 왜 현재의 방식으로 업무를 수행하는지를 이해하기 위해서는 실제 현장에서 어떻게 작업이 이루어지는지에 대해 깊이 있게 조사해야 하기 때문이다.

제5장에서 공급망 성과 측정의 중요성과 벤치마킹의 유용함에 대해 언급한 바와 같이 자료, 보고서, 스코어카드scorecard 등을 통해 현황 파악

을 시작할 수 있다. 그러나 업무 프로세스가 어떻게 진행되는지에 대한 현황 파악 또한 매우 중요하다.

공급망은 궁극적으로 고객의 요구를 만족시키는 것이 목적이므로 고객의 경험은 현재의 공급망 수준을 분석하는 데 중요한 정보를 제공한다. 고객들은 회사의 상품과 서비스를 어떻게 이용하고 있으며 고객의 공급망에 대한 요구는 어떠한 모습으로 나타나는가? 고객들은 회사의 업무에 만족하는가? 그렇지 않다면 그 이유는 무엇인가? 또한, 그들은 계획 수립, 주문, 배송, 송장 처리 등에서 당신 기업과 거래 업무가 용이하다고 생각하는가?

고전적인 글이 된 "주문에 너 자신을 고정시켜라Staple Yourself to an Order"에 의하면, 모든 고객의 기업에 대한 경험은 그 기업의 주문 관리 사이클order-management cycle에 의해 결정된다고 한다. 고객의 시각에서 보았을 때, 주문 처리 프로세스는 고객이 주문할 때 시작되어 상품을 받았을 때 완료되므로, 주문의 발생에서 배송까지 나타나는 모든 고객과의 상호작용을 통해 고객의 좋은 경험 또는 나쁜 경험이 형성된다는 것이다.[2]

가상의 기업인 CEC사의 경우로 돌아가 보자. CEC사는 이미 자신의 성과를 경쟁사의 성과와 비교하기 위한 좋은 정보를 확보했다. 주문 충족 사이클 타임과 납기 준수율이 상대적으로 열위이며, 이는 시장 점유율과 운전자본 등의 성과에 영향을 준다는 사실을 알고 있다. 따라서 이제는 주문 처리의 지연과 납기 약속 불이행에 대한 근본 원인을 파악하기 위해 더 깊이 연구할 필요가 있다. 따라서 주문이 발생했을 때 그 주문이 어떻게 처리되는지 주문 처리 경로를 확인해야 한다.

주문 처리 경로의 확인을 위해 언제, 왜 주문 처리가 "멈추었는가stuck"와 공급망 내에서 재처리, 주문 철회, 중복 처리 등의 문제 발생 여부, 이로 인해 프로세스상에서 얼마나 많은 시간 지연이 발생되는지에 대한 수준을 확인해야 한다. 여기서 한 가지 중요한 질문이 있다. '왜 업무는 이런 식으로 진행되는가?'이다. 이 질문을 계속해서 반복한다면 언젠가는 "이는 우리가 항상 해왔던 방식이다This is how we've always done"라는 진짜 답을 찾게 될 것이다. CEC사 역시 신용조회 절차에서 주문 처리를 지연시키는 내부 정책을 비롯해, 불명확한 고객주문 처리 기준(주문 마감 시간 등), 주문 접수처와 공장 간의 정보 불일치, 그리고 전체 효율성을 저하시키는 조직 간 역량 차이 등을 포함해 모든 지연과 주문 처리상에서 발생되는 문제점에 대한 근본 원인을 조사해야 할 것이다

그런데 위와 같은 근본 원인 분석을 통한 현황 파악 범위는 배송 실적 부분에만 집중되어 있다. 따라서 현 수준 파악 대상 프로세스는 기존에 초점을 두었던 주문 납기 프로세스에서 프로세스 파악의 범위를 더욱 확대할 필요가 있다. 예를 들어, 재고 부족 문제가 발생한다면 기업은 재고가 빠르게 소진되는 근본 원인을 찾기 위해 좀 더 프로세스를 파악해봐야 한다. 어떤 경우는, 납품업체가 납기를 제때에 맞추지 못하는 문제가 발생했을 수도 있고, 또 다른 경우는 공장에 품질 문제가 발생했을 수도 있다. 또한, 예측이나 수요 관리 프로세스상에서 문제가 발생했을 수도 있다. 당신의 경우는 어떠한가? 수요와 공급의 균형을 맞추는 시스템은 적절히 작동하는가? 정보 시스템의 데이터를 올바르게 해석하고 이에 대해 적절한 조치를 취하고 있는가?

그림 7.5 **CEC사의 혁신 로드맵**

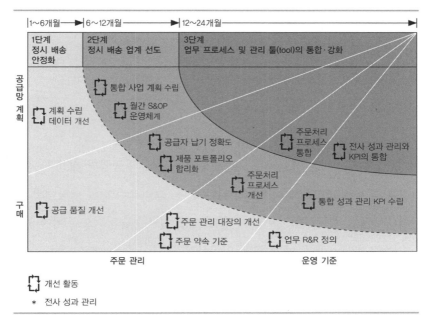

이러한 분석을 통해 개선 영역이나 개선 대상 업무 흐름을 명확히 파악할 수 있을 것이다. CEC사의 경우는 개선 영역을 크게 주문 관리, 구매, 공급망 계획·관리체계(조직 및 성과 측정)의 네 가지로 구분했다. 그리고 이 네 가지 개선 영역을 바탕으로 CEC사의 혁신 로드맵을 작성했으며 세 단계로 구성된 추진 계획을 다음과 같이 수립했다(그림 7.5).

로드맵의 효과를 높이기 위해서는 지속적으로 로드맵을 개발하고 관리해야 한다. 개선 활동을 실행하면서 얻은 교훈과 시사점을 통해 로드맵 다음 단계에서의 추진 방안, 또는 현재 진행 중인 몇몇 방안에 대한 변경이 요구될 수도 있기 때문이다. 따라서 이러한 변경점들을 로드맵에 반영해 업데이트하고 업데이트된 로드맵을 기반으로 업무를 추진하도록 해야 할 것이다.

개선 활동들 간의 연관성 파악

공급망에는 많은 상호작용이 존재하기 때문에 각 공급망 개선 활동에 대한 올바른 전제 조건이 정의되어야 한다. 그리고 이러한 맥락에서 어떠한 행동들이 동시에 일어나야 하며, 어떤 일들을 순차적으로 이어나갈지를 결정해야 한다. 제2장에서 언급한 바와 같이 주문, 제조, 물류 관리 등과 같은 실행 프로세스가 견고하지 않을 경우, 또는 기업이 경영 원칙과 같은 운영 기준enabler을 사전에 명확히 정의하지 않았을 경우, 계획 프로세스가 제 기능을 발휘하지 못하는 것과 같다.

다시 CEC사 사례에서의 주문 납기 개선 목표를 살펴보자. 실행, 계획, 운영 기준 등의 프로세스 혁신을 위해 기업은 개선 활동들 사이에 존재하는 상호 의존성을 명확하게 파악해야 한다. 가령, 신제품 출시와 연계된 업무들이 제대로 실행되지 않는다면 공급망 계획 프로세스를 재설계하더라도 기대했던 성과를 나타낼 수 없을 것이다. 따라서 변화의 핵심이 되는 인력들이 과거에 대상 프로세스를 정의하고 실행했던 경험과 노하우를 가지고 있는지, 또는 새로운 업무 프로세스가 새로운 정보 시스템과 잘 연계되어 있는지 등의 상호 의존성을 고려하는 것이 필요하다.

이러한 상호 의존성이 확인되면 이전에는 중요하지 않게 여겼던 활동들이 혁신에 매우 결정적인 역할을 할 수 있다는 점을 깨달을 수도 있다. CEC사의 경우, 개선 활동이 프로젝트 투자 수익률에 영향을 줄 수도 있다는 점을 파악해 이미 진행 중인 개선 활동들의 우선순위를 조정하거나 심지어는 그 활동을 취소하게 할 수도 있을 것이다.

이러한 상호 의존성을 고려해 혁신 로드맵의 단계별 추진 활동을 결정할 수 있다. CEC사의 개혁 로드맵은 세 단계로 이루어진다. 1단계 목표는 정시 배송 안정화와 시장 점유율의 회복이다. 이 단계는 재고 정보의 정확도 개선 활동도 포함한다. 2단계 목표는 정시 배송을 업체 최고 수준으로 끌어올리고 전문 소매업체(CEC사의 가장 중요한 유통 채널 중 하나)에 대한 시장 점유율을 올리는 것이다. 이 단계에서는 주문 프로세스 전반을 재정의하고 월간 계획 프로세스를 개선하며 업무 역할과 책임을 명확히 하는 활동을 포함한다. 3단계 목표는 강건하고 지속 가능한 운영체계를 구축하는 것이다. 두 시장(CEC사의 경우 유통업체와 소매업체) 간 주문 프로세스를 통합하고 계획 수립과 성과 관리를 위한 새로운 정보 시스템의 구축을 목표로 한다.

다섯 가지 핵심 원칙의 순차적 전개

성공적인 로드맵을 만들기 위해 기업은 다섯 가지 핵심 원칙을 올바른 순서로 전개하는 것이 중요하다. 물론, 이 다섯 가지 원칙 모두 공급망 혁신에 중요하므로 지속적이고 반복적으로 이 원칙들을 실행하는 것이 중요하나 몇몇 경우, 특히 변화의 시작 단계에서는 일부 원칙이 다른 원칙에 비해 중요하게 고려되어야 한다. 구체적으로 말하자면, 전략과 조직의 경우 기업 혁신의 초기 단계에서 매우 중요하다. 공급망 전략이 잘 정의되어 있지 않은 기업의 경우 사업 전략에 전혀 도움이 되지 않는 잘못된 운영 계획을 도출하는 경우가 많고, 공급망 관리 조직에 대한 명확한 책임이 정의되지 않은 기업의 경우 기업 혁신 활동이 완료되기도 전에 실패하는 사례를 쉽게 확인할 수 있기 때문이다.

▌ 전략

첫 번째 원칙은 공급망 전략의 집중이다. 이 원칙은 핵심 성과 목표와 사업 전략을 수행하기 위해 공급망이 어떻게 구성되어야 하는가를 강조한다. 따라서 다른 원칙들(프로세스 아키텍처, 조직, 협업, 그리고 성과 측정·관리)과 관련된 의사결정을 좌우하며 영향을 준다. 이는 혁신 전체의 토대가 되는 규칙이라 할 수 있다.

공급망 전략이라는 렌즈를 통해 핵심 공급망 성과 목표를 달성하기 위해 요구되는 변화 모습을 들여다볼 수 있다. 예를 들어 어떤 특정 기업의 공급망 전략의 경우, 시장 점유율의 개선이라는 목표 달성을 위해 배송 시간을 50%까지 단축할 수 있는 지역 생산과 배송 모델 추진의 필요성을 확인할 수 있을 것이다. 또한 이러한 변화가 다른 네 가지 원칙에도 영향을 준다는 사실을 파악할 수 있을 것이다. 공급망 전략에 따라 글로벌·지역별·국가별 조직에 대한 책임뿐 아니라 정보 시스템의 지원과 계획 수립 프로세스를 개선할 필요가 발생되기 때문이다.

▌조직

역량의 습득과 개발 또한 중요한 고려 사항이다. 일반적으로 새로운 업무 방식은 새로운 능력을 요구하므로 가능한 한 신속하게 업무에 필요한 여러 역량의 차이를 파악하는 것이 중요하다. 이를 통해서 신규 인력을 확충하고 기존 인력의 역량을 개발하는 기회로 삼을 수 있기 때문이다.

공급망 혁신은 영업, 제품 관리, 그리고 제품 개발을 포함한 많은 기능에서 강력한 수직형 조직 형태의 리더십을 요구한다. 이런 점에서 조직의 역할과 책임이 앞서 제시한 전략 다음의 핵심 원칙이 될 필요가 있다. 공급망 혁신 이후의 각 주요 공급망 운영에 대한 역할과 책임을 명확히 하기 위해서는 이를 결정할 수 있는 강력한 리더십의 구축이 선행되어야 하기 때문이다(제3장의 RACI 참조). 이러한 결정들을 통해 시작 단계부터 적절한 기능과 인력이 참여하도록 지원해줄 수 있을 것이다.

다섯 가지 원칙과 정보 시스템의 연계

공급망 성과를 높이기 위해서는 고객과 공급자를 포함한 기업 내·외부의 업무 프로세스와 데이터를 통합하는 것이 중요하다. 그러나 실제로 많은 기업의 경우 전략이 불투명하고 프로세스가 취약하며 필수적인 기술과 노하우가 부족하기 때문에 통합을 실현할 수 있는 정보 시스템을 공격적으로 강화하기가 쉽지 않다. 또는 제휴하고자 하는 기업 파트너들이 아직 통합에 대한 준비가 되지 않은 경우도 많다.

로드맵을 수립하는 데 IT 시스템의 역할을 이해하기 위해서는 현재 업무 수준에서 목표 수준까지 성과를 끌어올리기 위한 사다리를 형상화해볼 수 있다. 다섯 가지 공급망 규칙은 사다리의 측면 기둥을 의미하고, 정보 시스템은 밟고 오르기 위한 발판을 형성한다고 생각해볼 수 있을 것이다. 만약 사다리에 발판이 없다고 하면(즉 다섯 가지 원칙만 존재하고 정보 시스템은 없음) 어떻게든 올라갈 수는 있다 하더라도 엄청난 노력이 요구될 것이다. 그렇다면 이제 사다리를 지지하는 기둥이 없는(원칙이 없는) 발판(IT 시스템)을 상상해보자. 이 사다리의 경우는 오를 수 있는 방법이 전혀 없다. 이는 기업이 각 핵심 원칙을 고려한 문제 접근 없이 정보 시스템을 구축하고자 할 때 발생한다. IT는 별도의 독립체가 아닌 각 원칙에 종속된 대상이기 때문이다.

　다음의 연구 결과가 이를 뒷받침해준다. 공급망 계획 시스템을 대상으로 한 2002년도의 한 연구 결과에 따르면, 프로세스와 조직을 기반으로 구축되지 않은 정보 시스템을 활용한 기업의 경우 정보 시스템을 전혀 이용하지 않는 기업보다 오히려 더욱 좋지 않은 사업 성과를 나타냈다. 이는 최근의 모습에서도 나타나는데 특히 의사결정 지원 시스템 적용 사례 등에서 여전히 나타난다.[3] 기술은 운영 프로세스에서의 명확한 의사결정을 대신할 수 있는 대상이 아니라 의사결정을 위한 지원 도구일 뿐이다. 비록 최근의 클라우드 컴퓨팅이 공급망 관리에 대한 의사결정의 많은 부분을 대신하고 있으나 견고한 프로세스와 역량 없이 이러한 정보 시스템을 제대로 활용할 수 있는 기업은 없다.

7.3 변화의 실행

고객 주문에 대한 제품을 배송하는 등의 정상적인 기업 운영을 지속하면서도 공급망 변화를 실행할 수 있다면, 막대한 매출 증대 효과를 얻을 수 있을 것이다. 따라서 내재된 위험을 줄이면서, 예산과 일정에 맞춰 공급망 변화를 실행해나갈 수 있는 잘 구조화된 변화 추진 방법은 필수적이다.

정의-시험-전개 방법

여러 기업들과 업무를 진행하면서 정의-시험-전개^{Define-Test-Deploy} 방법이 공급망의 혁신적인 변화를 실행하기 위한 견고한 방법이 될 수 있음을 발견했다(그림 7.6). 그 운영 방법은 그림 7.6와 같다.

우선 '정의' 단계에서는 전문가 조직을 통해 현재 실적 차이의 근본 원

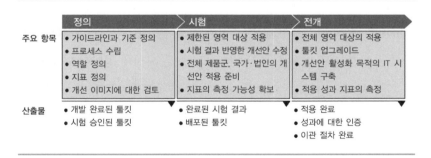

그림 7.6 구조화된 실행 및 전개 방법

	정의	시험	전개
주요 항목	• 가이드라인과 기준 정의 • 프로세스 수립 • 역할 정의 • 지표 정의 • 개선 이미지에 대한 검토	• 제한된 영역 대상 적용 • 시험 결과 반영한 개선안 수정 • 전체 제품군, 국가·법인의 개선안 적용 준비 • 지표의 측정 가능성 확보	• 전체 영역 대상의 적용 • 툴킷 업그레이드 • 개선안 활성화 목적의 IT 시스템 구축 • 적용 성과 지표의 측정
산출물	• 개발 완료된 툴킷 • 시험 승인된 툴킷	• 완료된 시험 결과 • 배포된 툴킷	• 적용 완료 • 성과에 대한 인증 • 이관 절차 완료

인을 해결하기 위한 구체화된 개선 방안을 정의한다. 그리고 이러한 방안들을 유형별로 분류해 로드맵상의 모든 개선 활동과 개선 프로젝트에 필요한 툴킷tool-kit에 담는다. 변화를 지속하기 위해서는 새로운 업무 방식 등에 대한 설명이 관련 운영 조직에 이해 가능한 세부 수준으로 기술되어 있어야 한다. 이는 실행 인력에게 요구되는 업무 역량이 명료하게 정의되어 있어야 한다는 뜻이다. 따라서 각 툴킷에는 세부적인 프로세스에 대한 설명, 지표metric, 운영 기준, 부여되는 책임 등이 예시와 함께 기재되어 전달될 수 있도록 한다.

'시험' 단계에서 전문가 조직은 각 툴킷에 대한 기술 적합성, 실현 가능성, 그리고 견고성을 시험하도록 한다. 기술적인 시험은 툴킷이 기대 성과를 가져오고, 공급망이 목표 수준에서 정상적으로 기능하는지를 확인시켜준다. 실현 가능성 시험은 새로운 업무 방식(예를 들어, 각각의 고객 주문을 수행하는 데 소요되는 상세 시간 등)을 적용하기 위해 얼마나 많은 업무 부하와 투자가 요구되는지 확인할 수 있다. 견고성 시험의 경우는 운영 조직이 개선안을 통한 업무 변화에 활용할 수 있을 수준으로 툴킷이 충분히 명확한지 여부를 확인시켜준다. 이 중에서 실현 가능성 시험과 견고성 시험의 경우 개선 효과 측정에 필요한 피드백을 제공한다.

마지막 '전개' 단계에서 운영 조직은 실제 변화된 업무를 실행하고 여기서 주어진 업무 변화를 추진하는 모든 팀은 사전에 정의된 단계에 따라 진행하도록 한다. 그림 7.7과 같이 전개 단계에서는 투입 계획(변화 실행을 위한 조직화), 실행(툴킷 내용 적용), 효과 인증(공표된 기일까지 효과 검증), 그리고 다른 부서로의 이관(변화에 대한 리더십을 프로젝트 조직에서 지

그림 7.7 전개: 시작부터 완료까지의 5단계 구성

1단계	2단계	3단계	4단계	5단계
투입 계획 실행에 요구되는 투입 인력과 자원에 대한 명확한 계획 수립	**실행 시작** 투입 인력과 자원의 현장 배치·투입	**실행 완료** 정의된 업무 변화 실행 완료와 개선 성과 측정	**효과 인증** 검증된 변화와 성과 인증	**실무 이관** 변화 관리 리더십의 실무 조직으로의 이관

속적인 실적 향상을 실행할 수 있는 실무 조직으로 이양)의 단계로 진행된다. 전개 단계의 목표는 완벽한 개선 방안의 실행이 아니라 수립된 성과 목표에 도달하기 위한 충분한 혁신 역량을 확보하는 것이다.

상향식 방식과 하향식 방식의 조화

성공적인 공급망 혁신을 위해서는 모든 직급의 참여가 중요하다. 공급망 조직 인력들의 업무 방식을 강하게 변화시키는 것만으로는 10개 또는 심지어 100개의 프로젝트팀이 존재한다 해도 절대 효율적일 수가 없다. 공급망 혁신에서 큰 성공을 거둔 기업들은 경영진의 하향식top-down 변화 방향성 제시와 직원들의 상향식bottom-up 업무 변화 참여가 조화를 이룰 때 최상의 결과를 낳는다는 것을 알고 있다.[4]

전통적으로 밀어붙이기push-only 업무 구조는 고위 경영진에서 현장의 상황을 고려하지 않고 수행 일정과 업무 방식을 지시하는 방식이다. 이와 반대로, 밀고 당기기push-pull 구조의 경우는 현장 관리자들이 업무를 주도한다. 따라서 관리 조직에서 주요 일정과 목표를 설정하는 동안 현장에서는 현장에 필요한 지원을 조달하면서 업무 추진 일정을 수립할 수 있다. 또한, 전문가 조직이 개선 방안을 수립하는 동안 현장 관리자들은 실행 이전에 개선 방안을 검토하고 이에 대한 피드백을 제공한다. 여기서 업무 프로세스에 대한 깊이 있는 지식이 있는 사람들로 구성된 전문가 조직에 대한 현장의 역할 감독이 매우 중요하다. 전문가 조직이 업무 변화에 대해 최고 수준의 노하우를 보유한 만큼, 기술적으로 훌륭하지만 불필요하게 복잡한 개선 방안을 수립할 가능성도 높기 때문이다.

현장 관리자들에게 권한을 부여한다고 해서 밀고 당기기의 효과가 나타나는 것은 아니다. 기업 인수를 통해 성장해온 오늘날의 많은 글로벌 공급망을 보면 공급망 관리 역량, 공정 능력, 인프라 등의 여러 가지 측면에서 서로 다른 시작점에 놓여 있음을 알 수 있다. 이러한 점에서 밀고 당기기 방식은 이러한 시작점의 차이를 인지하고 각 해당 조직이 빠르게 간극을 좁히기 위한 활동을 진행하도록 유도해줄 수 있다. 또한, 이 방식은 변화에 필요한 지식과 노하우가 전문가 조직 이외에서도 나타날 수 있다는 가능성을 고려한다. 따라서 다양한 지식 기반을 활용하도록 지원함으로써 전체 조직이 더 빠르게 학습하고 변화하는 데 도움을 줄 수 있다.

물론 이 밀고 당기기 업무 구조에도 어느 정도의 지침이나 운영 기준은 필요하다. 이러한 지침과 기준이 없을 경우, 제반 비용의 발생과 복잡성을 수반할 수 있으며 통합되지 않은 수많은 개별 프로세스와 정보 시스템을 낳을 위험이 있다(제2장 참조).

프랑스에 본사를 두고 운송, 전력 생산, 그리고 전력망에 주력하는 알스톰Alstom사의 예를 들어보자. 회사 내 운송 사업부인 알스톰 운송 부문 Alstom Transport은 철도와 관련된 많은 시스템, 장비, 서비스를 개발하고 판매하는 사업부이다. 고속 열차인 TGVTrain á Grande Vitesse와 차세대 초고속 열차인 AGVAutomotrice á Grande Vitesse로 유명한 알스톰사는 고속과 초고속 기차 분야에서 최고로 평가 받고 있다. 또한, 알스톰 운송 부문은 지하철과 트램 시스템 등 도시철도 분야에서 선도 제조사이며 이 회사의 제품은 상하이, 상파울루, 뉴욕, 런던을 포함한 전 세계 도시에서 수백만 명에게 사용된다.

알스톰사의 경우 제품 특성상 고객에 따라 요구 사항이 차별화되어 있으므로, 수주 후 설계engineer-to-order라는 운영 모델을 통해 고객 맞춤형 솔루션을 제공한다. 따라서 알스톰사가 제작하는 기차, 전철, 트램 등의 내·외장 설계에는 고객별 차별화된 사양이 적용된다.

2004년부터 2007년까지 알스톰 운송 부문은 이윤 증대와 시장 점유율 향상이라는 궁극적인 목표를 바탕으로 고객 프로젝트 납기 개선, 개발 기간 단축을 위한 혁신 계획을 수립해 실행했다. 이러한 노력은 전 세계 60곳에 걸친 약 800개의 업무 부서를 포함했으며, 당시 회사의 전무이자 프로젝트 챔피언이었던 버나드 고넷Bernard Gonnet은 다음과 같이 강조했다.

리더십 확보를 위해서는 상품 개발과 고객 프로젝트 납기에 대한 표준 프로세스 수립이 필요하며, 이를 위해서는 목표 표준과 각 운영 부서(설계·구매·제조·프로젝트팀과 같은)의 요구 수준 간 강한 연계가 중요하다.

고넷은 혁신 추진을 직접 관리 감독했다. 그는 다음과 같이 설명했다.

나는 우리의 운영 부서들이 어떤 문제들을 다루는지 확인하기 위해 그들이 위치한 모든 지역을 방문했으며, 파악한 문제들을 우리의 프로세스를 설계할 전문가팀과 의논했다. 이러한 강한 연계를 바탕으로 개선 방안을 제시했을 때 각 운영 부서에서 수용할 수 있는 수준이 된다는 사실을 확인할 수 있었다.

이 혁신 추진의 결과는 매우 인상적이었다. 철도 산업 최초로 제품 플랫폼과 표준 서브 시스템subsystem 등에 대한 개념을 제시했고 납기 사이클 시간의 단축과 개발 비용의 절감, 고객별 다양한 제품 요구 사양에 대한 설계 공유 강화, 품질 향상과 영업이익의 상당한 증대 등의 엄청난 성과를 이루어낼 수 있었다.

혁신 성과의 측정

공급망 혁신에 대한 결과를 평가할 때 대부분의 기업들은 단지 구체적인 숫자로 나오는 결과(사업 또는 운영 지표)에 집중하는 경향이 있다. 이는 직관적인 접근으로 보이지만 사실 미흡하다. 공급망 혁신 성과를 파악하기 위해서는 변화가 확실히 정착되었는지, 그리고 시간이 지나도 지속적인 성과를 창출할 수 있는 새로운 업무 역량이 직원들을 통해 확보되었는지 확인해야 한다. 이를 확인하기 위해 다음의 성과에 대한 네 가

그림 7.8 혁신 성과에서의 네 가지 관점

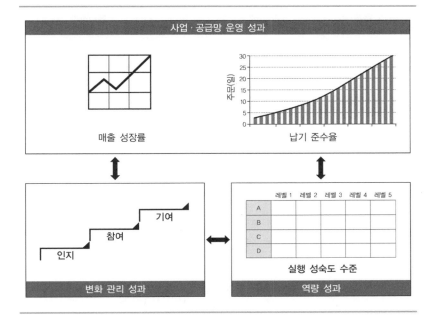

지 핵심 관점, 즉 사업 성과, 공급망 운영 성과, 변화 관리 성과, 역량 성과 등을 고려해볼 수 있다. 이들은 완전한 형태의 혁신 성과 모습을 제공한다(그림 7.8).

혁신 성과 관점

각각의 네 가지 혁신 성과 관점들은 각자 그 나름의 뚜렷한 지표를 가지고 있다(표 7.1).

표 7.1 **공급망 혁신 지표**

지표의 유형	관련 영역	예시
사업	- 손익, 대차대조표, 핵심 경영 성과와 실적	- 매출, 시장 점유율, 이익률, 운전 자본, 기업의 사회적 책임CSR 평가 결과
운영	- 공급망 전반에 대한 주요 성과 지표 KPI - 핵심 프로세스와 연관된 주요 공급망 성과 지표	- 주문 충족 사이클 타임, 납기 준수율, 현금화 사이클 타임 - 주문 처리 품질, 예측 정확도, BOMBill of Mmaterials, 출시 정확도 on-time release
변화 관리	- 지역별·부문별·부서별 주요 달성도	- kick-off 완료 여부, 실행 완료 여부, 성과 인증 완료 여부
역량	- 목표 수준에서의 프로세스 성숙도	- 조직·부서 성숙도(5점 척도 기준)

사업 지표business metrics는 공급망 성과에 따라 나타나는 기업의 핵심 경영 성과 등을 뜻한다. 이는 매출 증대나 수익 수준과 같은 손익 관련 성과 또는 운전자본의 개선 등을 포함한다. 그리고 사업 지표는 기업의 사회적 책임CSR과 같은 비재무적인 성과도 포함한다.

운영 지표operations metrics는 사업 지표에 의해 설정된 성과를 달성하기 위해 필요한 공급망 성과의 수준을 나타낸다. 공급망과 사업 목표 간의 연결을 공고히 하기 위해 운영 지표는 납기 준수, 주문 충족 사이클 타임, 공급 재고 일수, 공급망 관리 비용, 매출 원가, 순자산 회전률 등에 대한 측정치를 포함한다(제5장 참조).

변화 관리 지표change management metrics는 혁신의 각 추진 단계별로 명확히 정의된 일정 목표 대비 조직·부서의 현재 진행 수준을 보여준다. 이 지표를 통해 진행 속도와 단계별 추진 일정 등을 수립하고, 부서별로 어느 단계에서 진행에 어려움을 겪으며 지원이 필요할지 파악하는 등에 활용할 수 있다. 대부분의 지표는 단계별 일정에 대한 달성 여부를 확인하는 데 그 목적이 있는데 "차이 분석 완료", "실행 계획 수립의 완료," "적용 완료" 등의 예를 들 수 있다. 이러한 변화 관리 지표의 측정에는 체크 박스에 "완료"로 표시하기 이전에 구체적인 결과물 등의 점검이 필요하다.

역량 지표capability metrics는 조직이 장기간의 지속적인 성과를 창출할 수 있도록 요구되는 프로세스 역량의 확보 여부를 나타낸다. 검증된 프로세스 성숙도 수준 또는 모범 사례best practice 채택(또는 채택의 결여) 수준 등의 지표는 각 운영 부서가 필요한 역량을 얼마나 확보했는지 측정하고, 얼마나 더 확보해야 하는지 알려준다. 이는 많은 팀들이 역량을 확보하는 데 어려움을 겪거나 추가적인 교육·훈련을 통해 역량 확보가 가능한 업무 영역 등에서 지표로서 활용된다.

그러나 지표를 정의하는 것은 단지 시작에 지나지 않으며 지표로 나타나는 성과 결과에 대한 직접적인 책임을 부여하는 작업 또한 매우 중요하다. 관리 부서에서 공급망 전반의 모든 운영 지표를 총괄적으로 수집해 관리하지만 근본적인 성과 지표에 대한 책임을 성과와 관련된 각 업무 담당 관리자들에게 명확하게 부여하는 것이 중요하다. 예를 들어, 제조 부서장은 약속된 생산 계획을 맞추기 위해 충분한 유효 인력을 확보할 책임을 부여받고, 구매 부서장은 단일 공급업체에 대한 의존도를 줄이기 위해 개발 부서와 함께 신규 기술을 개발하는 데 대한 책임을 부여받는 것이다. 책임을 부여받는 입장에서는 매우 고통스러울 수 있으나 정의된 사업 혁신 성과 목표를 달성하기 위해 담당자별 명확한 책임 부여는 필수적이다.

알스톰 운송 사업부의 경우도 이러한 명확한 책임의 부여가 매우 중요하다는 원칙을 바탕으로 변화를 추진한 사례라 할 수 있다. 당시 프로젝트 챔피언이었던 고넷은 이와 관련해 다음과 같이 언급했다.

우리는 전 사업장에 대해 같은 완료 일정을 확정하고, 각 부서에 '역량 인증'이라는 한 가지 목표를 제시해 모든 운영 조직들을 압박했다. 이는 구성원들의 업무 태도를 변화시켰고, 운영 부서들의 과거 업무 방식에 변화를 가져왔다. 우리는 경영진에 목표를 제시하고 그 목표들이 각 하위 운영 조직에 단계적으로 구체화된 목표로 제시되도록 압박했다.

당시 알스톰사의 최고 목표는 현장 관리자들과 현장 내 각 운영 조직에 이르기까지 역량 인증이었으며, 1에서 5사이의 등급 수준에서 최소 3등급 이상에 이르렀을 경우에만 인증을 받도록 했다. 품질 부서가 주축이 되어 객관적인 제3자로서의 평가자 역할을 했으며 목표 수준에 이르렀는지의 여부를 결정했다.

가시성의 확보

변화를 가속화하기 위해 가장 효과적인 방법 중 하나는 전사에서 관련 모든 현장 조직에 이르기까지 변화의 진행 수준을 가시화하는 것이다. 차

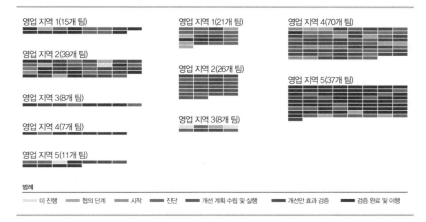

그림 7.9 팀별 진행 수준을 통한 변화 관리와 역량에 대한 가시성

영업 지역 1(15개 팀)

영업 지역 2(39개 팀)

영업 지역 3(8개 팀)

영업 지역 4(7개 팀)

영업 지역 5(11개 팀)

영업 지역 1(21개 팀)

영업 지역 2(26개 팀)

영업 지역 3(8개 팀)

영업 지역 4(70개 팀)

영업 지역 5(37개 팀)

범례

■ 미 진행 ■ 협의 단계 ■ 시작 ■ 진단 ■ 개선 계획 수립 및 실행 ■ 개선안 효과 검증 ■ 검증 완료 및 이행

트를 활용할 경우 특히 효과적일 수 있다(그림 7.9). 이러한 종류의 가시화 방법은 진척도가 높은 팀들의 성과를 다른 팀들과 공유하도록 할 수 있으며, 또한 선의의 경쟁을 통해 변화에 대한 동기부여를 일으키는 효과를 가져올 수도 있다. 그리고 가장 중요한 점은 조직 차원에서 가장 지원이 필요한 부서에 자원을 집중하도록 의사결정을 도와줄 수 있다는 것이다.

알스톰 운송 부문은 네 가지 혁신 수행 관점에 대한 개선 상황 파악과 부서 간 공유를 통해 가시성을 확보했다. 운영 지표의 경우 주요 고객 프로젝트의 진행 단계에서 목표 원가 대비 실제 개발 비용에 대한 지표를 포함하는 등의 고객 프로젝트별 가시성을 확보하도록 했다. 변화 관리와 역량 지표 또한 면밀한 성과 파악을 통해 신규 혁신 사례의 채택 수준을 5등급 척도 기준으로 측정해 가시성을 확보했다.

알스톰 운송 부문의 사례와 같이 잘 설계된 공급망 혁신 추진 계획은 경영 성과를 크게 개선할 수 있는 잠재력을 지닌다. 또한, 올바른 도구와 구조화된 방법을 통한 실행은 운영상의 손실을 최소화하면서 필요한 변화의 단계를 올바른 순서로 진행되게 할 것이다. 적절한 수준의 계획과 전체 구성원의 적극적인 참여를 통해 변화를 추진한다면, 기업의 목표 가치와 진정한 경쟁 우위를 반드시 이끌어낼 수 있을 것이다.

☞ 핵심 내용 요약!

· 많은 기업이 공급망 혁신을 일반 업무 개선과 같은 방식으로 추진함에 따라, 대부분의 공급망 혁신 노력은 실패하는 경우가 많다. 사실, 공급망 혁신에는 조직의 다양한 기능 간 상호작용이 중요하고 공급망 혁신 기간에는 기업 경영 활동을 중단할 수 없기 때문에 다른 변화 활동에 비해 훨씬 복잡하다.

· 가장 성공적인 혁신은 명확히 정의된 네 단계에 따라 역량을 집중하는 것이다. 먼저, 모두가 동의하는 성과 개선 목표를 수립하고, 혁신 로드맵을 작성하며, 변화를 실행해 최종적으로 공급망 운영을 통한 지속적인 성과를 유지해가는 것이다.

· 많은 기업은 성공적인 공급망 혁신에 요구되는 시간, 자원, 관리 감독의 중요성을 과소평가한다. 보통 이러한 요구 노력은 적어도 1년 이상 지속되어야 한다.

· 혁신에 필요한 다섯 가지의 원칙 중에서도 전략과 조직은 변화의 초기 단계에서 가장 중요한 원칙이다.

· 결과를 평가할 때 많은 기업들은 일반적으로 운영 지표, 즉 구체적인 숫자에만 집중한다. 그러나 지속적인 혁신 성과를 유지하기 위해서는 기업은 변화가 뿌리내리고 있는지, 그리고 인력들이 새로운 역량을 지속적으로 확보하는지를 확인하는 것이 중요하다.

제1장

1 Andrew Sentence, "Time for West to Adjust to 'New Normal'," FT.com, July 30, 2012. Accessed November 1, 2012. http://www.ft.com/intl/cms/s/0/9213e8a4-d4d4-11e1-b476-00144feabdco.html#axzz2Ay16urJX.

2 Bob Bruning, Matt Kaness, and Kevin Lewis, "Close Encounters," *PRTM Insight*, 2007.

3 Inditex Annual Report, 2011; "Fashion Forward," *Economist*, March 24, 2012.

4 PwC Performance Measurement Group.

5 Mithun Samani and Brett Cayot, *The Best of Both Worlds: Strategies for a High-Service, Low-Cost Supply Chain* (PwC, 2011).

6 Ian Mount, "Men's Clothing Firm Wants to Expand into Online Sales," *New York Times*, November 2, 2011.

7 Tropicana company website, http://www.tropicana.com/#/trop_grovetoglass/grovetoglass.swf

8 Pamela Cheema, "The Right Prescription: Dr Reddy's Laboratories Discusses Their Complex Supply Chain," *Logistics Week*, July 5. 2011.

9 Michael Porter, *Competitive Advantage* (New York: Free Press, 1998).

10 Stephanie Clifford, "Nordstrom Links Online Inventories to Real World," *New York Times*, August 23, 2010.

11 Porter, *Competitive Advantage*.

12 Peter Vickers and Charles Thomas, "Reducing Exposure," *PRTM Insight*, 2009.

13 Shoshanah Cohen and Joseph Roussel, *Strategic Supply Chain Management*, (New York: McGraw-Hill, 2004), p.16.

14 Takahiro Tamino, *Nissan Production Way and Build-to-Order Systems: Comparative Study to Toyota System*, July 3, 2010.

15 "3D Printing: The Shape of Things to Come," *Economist*, December 10, 2011.

16 *Next-Generation Supply Chains: Efficient, Fast, and Tailored*, Global Supply Chain Survey 2013(PwC, 2012), pp.12~13.

17   Scott Constance et al., "Pot of Gold," *PRTM Insight*, 2010.

18   PwC Performance Measurement Group.

19   Dirk De Waart, "Be SMART About Risk Management," *Supply Chain Management Review*, 2007; Mark Crone, Jeff Holmes, and Kyle Hill, "Ounce of Prevention," *PRTM Insight*, 2009; "10Minutes on Business Continuity Management," PwC, 2012.

20   Reinhard Geissbauer and Shoshanah Cohen, "Globalization in Uncertain Times," *PRTM Insight*, 2009; Reinhard Geissbauer and Michael D'Heur, *Global Supply Chain Trends 2011: Achieving Flexibility in a Volatile World* (PRTM, 2011).

21   David J. Doorey, "The Transparent Supply Chain: From Resistance to Implementation at Nike and Levi-Strauss," *Journal of Business Ethics*, May 19, 2011, p.103, pp.587~603.

22   Jean-Lén Vandoorne, "Danone Bounces Out of the slump," *Danone 09 Economic and Social Report*, 2009, pp.43~51.

23   *Insight from the Boardroom 2012: PwC's 2012 Annual Corporate Directors Survey* (PwC, 2012), p.23.

바스프

1   Erich-Christian Oerke, "Crop Losses to Pests," *The Journal of Agricultural Science*, Vol.144, Issue 01(February 2006), pp.31~43.

제2장

1   PwC Performance Measurement Group, *SC2 Book Analysis*, 2012.

2   Suzanne VanGilder, "Manufacturing IKEA Style," Surface and Panel. http://www.surfaceandpanel.com/articles/cool/manufacturing-ikea-style.

3   *Supply Chain Operations Reference Model*, Revision 11.0(Supply Chain Council, October 2012).

4   Michael Giguere and Glen Goldbach, "Segment Your Suppliers to Reduce Risk," *CSCMP's Supply Chain Quarterly* (Quarter 3, 2012). http://www.supplychainquarterly.com/topics/Global/20121001-segment-your-suppliers-to-reduce-risk/. Accessed November 2, 2012.

5   Sanjiv Sharma, "How to Manage and Mitigate Risk Using S&OP," Institute of Business Forecasting and Planning, May 10, 2011. http://www.demand-planning.com/2011/05/10/how-to-manage-and-mitigate-risk-using-sop/

6 Angharad H. Porteous, et al., "Maturity in Responsible Supply Chain Management" (working paper, Stanford Global Supply Chain Management Forum), Stanford University, October 10, 2012.

7 Shoshanah Cohen and Mark Hermans, "A Blueprint for Green," *PRIM Insight*, Third Quarter 2008.

8 Xerox Green World Alliance, "Managing supplies responsibly," Xerox Corporation, 2010. http://www.xerox.com/digital-printing/latest/GWAFL-01UA.pdf.

9 Nathaniel Rowe, *The State of Master Data Management 2012* (Aberdeen Group, May 2012).

10 Marcus Messerschmidt and Jan Stüen, "Hidden Treasure, A Global Study on Master Data Management"(PwC, November 2011).

에실로

1 "Supply Chain: L'Atout Cache D'Essilor," *Essilook*, June 2010

제3장

1 Russell Goodman, "IBM's Integrated Supply Chain Creates Strategic Value Throughout the Enterprise," *Global Logistics & Supply Chain Strategies*, December 1, 2006.

2 Johnson & Johnson, About J & J, Our Company, http://www.jnj.com. Accessed December 6, 2012.

3 Pier Luigi Sigismondi, "Winning Through Continuous Improvement," presented at the Unilever Investor Relations Conference, November 2012.

4 Nick Martindale, "Scrubbing Up Well: An Interview with Marc Engel," *CPO Agenda* (Spring 2010).

5 http://www.unileverusa.com/mediacenter/pressreleases/2012/UnileverSupplyChain BreaksintoWorldTop10.aspx

6 *Next-Generation Supply Chains: Efficient, Fast, and Tailored*, Global Supply Chain Survey(PwC, 2012).

7 Based on an interview conducted by Shoshanah Cohen with Carlos Garcia, May 15, 2012.

8 *Delivering Results: Growth and Value in a Volatile World*, 15th Annual Global CEO Survey(PwC, 2012).

9 Dan Gilmore, "The Integrated Supply Chain Organization," *Supply Chain Digest*, June 5, 2008.

10 Shoshanah Cohen and Joseph Roussel, *Strategic Supply Chain Management: The Five Disciplines for Top Performance* (New York: McGraw-Hill, 2004), p.120.

11 *Next-Generation Supply Chains: Efficient, Fast, and Tailored,* Global Supply Chain Survey 2013(PwC, 2012).

하이얼

1 Haier press release, December 16, 2011, http://www.prnewswire.com/newsreleases/haier-ranked-the-1-global-major-appliances-brand-for-3rd-consecutive-year-eurom onitor-135722313.html. Accessed March 11, 2013.

2 Tarun Khanna, Krishna Palupu, and Philip Andrews, "Haier: Taking a Chinese Company Global in 2011," *Harvard Business Review* (2011).

제4장

1 Kevin O'Marah, "Collaborative Execution: Speed, Innovation, and Profitability," *SCM World*, March(2012).

2 Shoshanah Cohen and Joseph Roussel, *Strategic Supply Chain Management: The Five Disciplines for Top Performance*, First ed.(New York: McGraw-Hill, 2004), pp.39~48.

3 Shoshanah Cohen and Joseph Roussel, *Strategic Supply Chain Management: The Five Disciplines for Top Performance*, First ed.(New York: McGraw-Hill, 2004), pp.151~152.

4 Michael Giguere and Glen Goldbach, "Segment Your Suppliers to Reduce Risk," *Supply Chain quarterly* (CSCMF, Q3 2012).

5 Based on an interview conducted by Shoshanah Cohen with Jose Luis Bretones, June 27, 2012.

6 *Creating a Collaborative Enterprise: A Guide to Accelerating Business Value with a Collaborative Framework* (Cisco Systems, 2009), p.20.

7 Kevin O'Marah, "Collaborative Execution: Speed, Innovation, and Profitability," *SCM World* , March(2012), p.10.

8 Michael Riley and Ashlee Vance, "Inside the Chinese Boom in Corporate Espionage," *Bloomberg BusinessWeek,* March 15, 2012.

9 "The Wheels of Change: Questions & Answers with Ed Melching," *Inbound Logistics*, January(2011).

10 같은 글.

11 http://www.shutl.co.uk/feedback, accessed January 3, 2013.

12 "Supply-Chain Management: Growing Global Complexity Drives Companies into the 'Cloud'," *Knowledge@Wharton*, January 12, 2011.

카이저 퍼머넌트

1   "The 2012 Long-Term Budget Outlook," The Congressional Budget Office, June 2012.

2   "Another American Way," *Economist*, April 29, 2010; see www.economist.com/node/16009176

3   "Kaiser Permanente Leads Nation in Cost Effectiveness Measures," Kaiser Permanente, October 10, 2011.

4   Michael Darling and Sandy Wise, "Not Your Father's Supply Chain," *Materials Management in Health Care*, April(2010).

5   GS1 US, a member of GS1, is an information standards organization that provides unique numbering and identification systems, bar codes, Electronic Product Code-based RFID, data synchronization, and electronic information exchange. The GS1 family of standards includes the GS1 Global Trade Item Number (GTIN) for identifying products, the GS1 Global Location Number (GLN) for identifying locations, and the GSI Global Data Synchronization Network (GDSN) for sharing standardized product information.

6   Jeff Ferenc, "How Are Your Nurses Spending Their Time?" *Hospitals and Health Networks Magazine*, May(2010).

제5장

1   *Supply Chain Operations Reference Model*, Revision 11.0(Supply Chain Council, October 2012), p. i. 5.

2   Robert S. Kaplan and David P. Norton, "Using the Balanced Scorecard as a Strategic Management System," *Best of HBR* (Harvard Business School Publishing Corporation, July 2007), p.2.

3   Supply Chain Council, p. i. 5.

레노버

1   Shara Tibken, "Lenovo Exec: We Didn't Realize How Big Touch Would Be," CNET, December 5, 2012. http://news.cnet.com/8301-1001_3-57557355-92/lenovo-

exec-we-didnt-realize-how-big-touch-would-be/

제6장

1   See also *Next-Generation Supply Chains: Efficient, Fast, and Tailored*, Global Supply Chain Survey 2013(PwC, 2012).

2   PMG selected the 48 companies from a database of hundreds with the broadest and deepest data in various industries for use in this study. PMG chose only those submissions that contained complete quantitative, qualitative, and complexity data. Additionally, PMG included only those submissions that met all data validation screens for submission quality. Twelve of the 48 were considered BICCs.

3   *Next-Generation Supply Chains: Efficient, Fast, and Tailored*, Global Supply Chain Survey 2013(PwC, 2012).

4   Return and Enable, the fifth and sixth of the six major processes, are not included in the PMG benchmarking analysis.

5   *Next-Generation Supply Chains: Efficient, Fast, and Tailored*, Global Supply Chain Survey 2013(PwC, 2012).

6   To facilitate the comparison of complexity management across different companies, PMG normalized the data, dividing each factor by billions of dollars of cost of goods sold (COGS). The number of manufacturing sites, for instance, represents not the actual number of sites but the number of sites per billions of dollars in COGS. PMG used COGS instead of revenue to eliminate the variability connected with margin.

7   For the purposes of this discussion, new product introductions are defined as the number of new finished-product item codes added during the previous fiscal year.

슐룸베르거

1   *World Energy Outlook 2012*, International Energy Agency, November 12, 2012, p.51.

제7장

1   "Operational Innovation: Fortune Favours the Brave," *Economist Intelligence Unit* (2007).

2   Benson E. Shapiro, V. Kasturi Rangan, and John J. Sviokla, "Staple Yourself to an

Order," *Harvard Business Review,* July(2004).

3   Jakub Wawszczak and Mark Hermans, "Gaining a Competitive Edge with Supply Chain Planning," *Signals of Performance: Supply Chain* (PwC Performance Measurement Group, 2002).

4   Joseph Roussel and Peter Vickers, *Capability Driven Operational Transformation: A New Approach to Large-Scale Change Management* (PRTM, 2008).

참고문헌

BOOKS, ARTICLES, SURVEY REPORTS, AND REFERENCE WORKS

Economist. 2011.12.10. "3D Printing: The Shape of Things to Come."

Bruning, Bob, Matt Kaness and Kevin Lewis. 2007. "Close Encounters." *PRTM Insight* (First quarter): I-9.

Cheema, Pamela. 2011.7.5. "The Right Prescription: Dr Reddy's Laboratories Discusses Their Complex Supply Chain." *LogisticsWeek.*
http://logisticsweek_com/feature/2011/07/the-right-prescription-dr-reddy%E2%80%99s-laboratories-discusses-their-complex-supply-chain/

Clifford, Stephanie. 2010.8.23. "Nordstrom Links Online Inventories to Real World." *New York Times.*
http ://www.nytimes.com/2010/08/24/business/24shop.html?_r=0

Cohen, Shoshanah and Joseph Roussel. 2004. *Strategic Supply Chain Management.* New York: McGraw-Hill.

Cohen, Shoshanah and Mark Hermans. 2008. "A Blueprint for Green." *PRTM Insight* (Third Quarter): 2-8.

Constance, Scott, et al. 2010. "Pot of Gold." *PRTM Insight* (First quarter): 1-5.

_____. 2009. *Creating a Collaborative Enterprise: A Guide to Accelerating Business Value with a Collaboration Framework.* Cisco Systems.

Crone, Mark, Jeff Holmes and Kyle Hill. 2009. "Ounce of Prevention." *PRTM Insight.*

_____. 2012. *Delivering Results: Growth and Value in a Volatile World.* 15th Annual Global CEO Survey. PwC.

De Waart, Dirk. 2007. "Be SMART About Risk Management." *Supply Chain Management Review.*

Doorey, Dick. 2011.5.19. "The Transparent Supply Chain: from Resistance to Implementation at Nike and Levi-Strauss." *Journal of Business Ethics 103,* pp.587~603.

_____. 2011. *Global Supply Chain Trends 2011: Achieving Flexibility in a Volatile World.* PRTM.

Geissbauer, Reinhard and Shoshanah Cohen. 2008. "Globalization in Uncertain Times." *PRTM Insight* (Fourth Quarter), pp.2~7.

Giguere, Michael and Glen Goldbach. 2012. "Segment Your Suppliers to Reduce Risk." *CSCMP's Supply Chain Quarterly* (Quarter 3). Accessed November 2, 2012, http://www.supplychainquarterly.com/topics/Global/20121001-segment-your-suppliers-to-reduce-risk/

Gilmore, Dan. 2008.6.5. "The Integrated Supply Chain Organization." *Supply Chain Digest.*

Goodman, Russell. 2006.12.1. "IBM's Integrated Supply Chain Creates Strategic Value Throughout the Enterprise." *Global Logistics & Supply Chain Strategies.*

Haier press release, December 16, 2011. Accessed March 11, 2013. http://www.prnewswire.com/newsreleases/haier-ranked-the-1-global-major-appliances-brand-for-3rd-consecutive-year--euromonitor-135722313.html.

Gouillart, Francis and Mark Deck. 2011. "The Craft of Co-Creation: Taking B2B Collaboration to a Whole New Level." *PRTM Insight* (Second quarter), pp.1~6.

_____. 2012.3.24. Inditex Annual Report, 2011; "Fashion Forward." *Economist.*

_____. 2012. *Insights from the Boardroom 2012: PwC's 2012 Annual Corporate Directors Survey.* PwC.

Jacka, J. Mike and Paulette Keller. 2009. *Business Process Mapping: Improving Customer Satisfaction*, 2nd ed. Hoboken: John Wiley and Sons.

Kaplan, Robert S. and David P. Norton. 2007.7. "Using the Balanced Scorecard as a Strategic Management System." *Harvard Business Review.* http://hbr.org/2007/07/using-the-balanced-scorecard-as-a-strategic-management-system/ar/1

Martindale, Nick. 2010. "Scrubbing Up Well: An Interview with Marc Engel." *CPO Agenda* (spring). http://www.supplybusiness.com/previous-artcles/spring-2010/features/interview-scrubbing-up-well/?locale=en

Messerschmidt, Marcus and Jan Stüen. 2011.11. "Hidden Treasure: A Global Study on Master Data Management." PwC.

Mount, Ian. 2011.11.2. "Men's Clothing Firm Wants to Expand into Online Sales." *New York Times*.

_____. 2012. *Next-Generation Supply Chains: Efficient, Fast, and Tailored.* Global Supply Chain Survey 2013. PwC.

Oerke, Erich-Christian. 2006.2. "Crop Losses to Pests." *The Journal of Agricultural Science.* Vol.144, Issue 01, pp.31~43.

O'Marah, Kevin. 2012.4. "Collaborative Execution: Speed, Innovation, and Profitability." *SCM World.*

_____. Our Company, Johnson & Johnson. Accessed December 6, 2012, http://www.jnj.com/connect/about-jnj/.

_____. 2007. "Operational Innovation: Fortune Favours the Brave." *Economist Intelligence Unit.*

Porteous, Angharad H. et al. 2012.10.10. "Maturity in Responsible Supply Chain Management." Working paper. Stanford Global Supply Chain Management Forum, Stanford University.

Porter, Michael. 1998. *Competitive Advantage.* New York: Free Press.

Riley, Michael and Ashlee Vance. 2012.4.15. "Inside the Chinese Boom in Corporate Espionage." *Bloomberg Business week.* http://www.businessweek.com/articles/2012-03-14/inside-the-chinese-boom-in-corporate-espionage

Roussel, Joseph and Peter Vickers. 2008. "Capability Driven Operational Transformation: A New Approach to Large-Scale Change Management." PRTM.

Rowe, Nathaniel. 2012.5. "The State of Master Data Management 2012." Aberdeen Group.

Samani, Mithun and Brett Cayot. 2011. "The Best of Both Worlds: Strategies for a High-Service, Low-Cost Supply Chain." PwC.

Sentence, Andrew. "Time for West to Adjust to 'New Normal'." Accessed November 1, 2012, http://www.ft.com/intl/cms/s/0/9213d8a4-d4d4-11e1b476-00144feabd co.html#axzz2Ay16urJX.

Shapiro, Benson P., V. Kasturi Rangan and John J. Sviokla. 2004. "Staple Yourself to an Order." *Harvard Business Review* (July-August), pp.113~121.

Sharma, Sanjiv. 2011.5.10. "How to Manage and Mitigate Risk Using S&OP." Institute of Business Forecasting and Planning. Accessed January 7, 2013. http://www.demand-planning.com/2011/05/10/how-to-manage-and-mitigate-risk-using-sop/

_____. 2012.10. Supply Chain Operations Reference Model, Revision 11.0. Supply Chain Council.

"Supply-chain Management: Growing Global Complexity Drives Companies into the 'Cloud'." *Knowledge@Wharton*, January 12, 2011. http://knowledge.wharton.upenn.edu/article.cfm?articleid=2669

Tamino, Takahiro. 2010.7.3. "Nissan Production Way and Build-to-Order Systems: Comparative Study to Toyota System."

_____. 2012. "10Minutes on Business Continuity Management." PwC.

_____. 2013. "10Minutes on Supply Chain Flexibility." PwC.

_____. Tropicana Products, Inc. Accessed January 7, 2013. http://www.tropicana.com/#/trop_grovetoglass/grovetoglass.swf.

_____. Unilever Supply Chain Company, Unilever. Accessed December 6, 2012. http://www.unilever.ch/karriere/einstiegsmoeglichkeiten/supply-chain_company/

_____. "Unilever supply chain in top 10 wereldwijd." Unilever. Accessed January 7, 2013. http://www.unilever.nl/media/persberichten/2012/unileverSupplychain intoplowereldwijd.aspx.

Vandoorne, Jean-Lén. 2009. "Danone Bounces Out of the Slump." *Danone 09 Economic and Social Report*. pp.43~51.

VanGilder, Suzanne. "Manufacturing IKEA Style." *Surface and Panel*. Accessed January 7, 2012. http://www.surfaceandpancl.com/articles/cool/manufacturing ikea-style.

Vickers, Peter and Charles Thomas. 2009. "Reducing Exposure." *PRIM Insight* (Fourth Quarter), pp.24~32.

Wawszczak, Jakub and Mark Hermans. 2002. "Gaining a Competitive Edge with Supply Chain Planning, Signals of Performance: Supply Chain." Performance

Measurement Group.

_____. 2011.1. "The Wheels of Change: Questions & Answers with Ed Melching." *Inbound Logistics.* http://www.inboundlogistics.com/cms/article/the-wheels-of-change-questions-and-answers-with-ed-melching/

Xerox Green World Alliance. 2010. "Managing supplies responsibly." Xerox corporation. Accessed January 7, 2013. http://www.xerox.com/digital-printing/latest/GWAFL-01UA.pdf.

INTERVIEW

Christine Altimore (Kaiser Permanente), interview with Shoshanah Cohen and Julia Heskel, August 29, 2012.

Magali Anderson (Schlumberger), interview with Joseph Roussel, Marc Waco, and Julia Heskel, September 24, 2012.

Andreas Backhaus (BASF), interview with Joseph Roussel and Julia Heskel, August 8, 2012.

Stéhane Biquet (Schlumberger), interview with Joseph Roussel and Julia Heskel, September 20, 2012.

Jose Luis Bretones (McDonald's), interview with Shoshanah Cohen, June 27, 2012.

Claude Brignon (Essilor), interview with Joseph Roussel and Julia Heskel, August 7, 2012.

Natasha Cherednichenko (Schlumberger), interview with Joseph Roussel and Julia Heskel, October 3, 2012.

Henry Comolet (BASF), interview with Joseph Roussel and Julia Heskel, November 12, 2012.

John Egan (Lenovo), interview with Shoshanah Cohen and Julia Heskel, November 28, 2012.

Brooke Fan (Kaiser Permanente), interview with Shoshanah Cohen and Julia Heskel, August 29, 2012.

Greg Frazier (Avnet), interview with Shoshanah Cohen, June 26, 2012.

Carlos Garcia (Korn/Ferry International), interview with Shoshanah Cohen, May 15,

2012.

Liang Haishan (Haier), interview with Joseph Roussel, Lillian Wang, Craig Kerr, Helen Zhang, and Julia Heskel, October 17. 2012.

Michael Innes (Kaiser Permanente), interview with Shoshanah Cohen and Julia Heskel, August 29, 2012.

Eric Javellaud (Essilor), interview with Joseph Roussel and Julia Heskel, July 16, 2012; September 16, 2012; and September 21, 2012.

Laurel Junk (Kaiser Permanente), interview with Shoshanah Cohen, August 10, 2012; and August 29, 2012.

Lim Chin Chye (Haier), interview with Joseph Roussel, Lillian Wang, Craig Kerr, Helen Zhang, and Julia Heskel, September 3, 2012; and October 16, 2012.

Tammy Macaluso (Schlumberger), interview with Joseph Roussel, Marc Waco, and Julia Heskel, October 25, 2012.

Traci May (BASF), interview with Joseph Roussel and Julia Heskel, November 23, 2012.

Geoff Meinken (Stanford University), interview with Shoshanah Cohen, September 30, 2012.

Carl Mount (Yum! Restaurants International), interview with Shoshanah Cohen, June 29, 2012.

Temara Peet (Schlumberger), interview with Joseph Roussel, Marc Waco, and Julia Heskel, October 4, 2012.

Robert Schlaefli (Exalt Communications), interview with Shoshanah Cohen, July 2, 2012.

Gerry Smith (Lenovo), interview with Shoshanah Cohen and Julia Heskel, September 4, 2012.

Phil Teijeira (Schlumberger), interview with Joseph Roussel and Julia Heskel, September 24, 2012.

GéardTourencq (Essilor), interview with Joseph Roussel and Julia Heskel, September 21, 2012.

Xiao Hui (Haier), interview with Joseph Roussel, Lillian Wang, Craig Kerr, Helen Zhang, and Julia Heskel, October 17, 2012.

Gray Williams (Oclaro), interview with Shoshanah Cohen, June 28, 2012.

Yang Qiaoshan (Haier), interview with Joseph Roussel, Lillian Wang, Craig Kerr, Helen Zhang, and Julia Heskel, October 17, 2012.

Zou Xiwen (Haier), interview with Joseph Roussel, Lillian Wang, Craig Kerr, Helen Zhang, and Julia Heskel, October 17, 2012.

지은이

쇼산나 코헨 Shoshanah Cohen

미국 스탠퍼드 대학교에서 산업공학을 전공하고 보스턴 대학교에서 기술전략 부분으로 석사학위를 받았으며, 하버드 대학교 MBA를 졸업했다. PRTM 매니지먼트 컨설팅에서 시니어 파트너로서 PRTM의 글로벌 공급망 혁신 분야의 리더를 역임했다. 현재는 미국 스탠퍼드 대학교 경영대학원과 산학협력을 맺고 있는 글로벌 서플라이 체인 매니지먼트 포럼Global Supply Chain Management Forum의 의장을 맡고 있다.

조지프 루셀 Joseph Roussel

미국 루이지애나 주립대학교와 벨기에 브뤼셀 대학교, 미국 터프츠 대학교의 프레처 스쿨을 졸업했다. PRTM 매니지먼트 컨설팅에서 SCOR® Model 개발에 참여했으며, 현재는 PwC의 전략·오퍼레이션 분야의 파트너를 맡고 있다.

옮긴이

PwC 컨설팅

PwC는 전 세계 157개국 약 19만 5000여 명의 인력으로 구성된 경영컨설팅, 회계감사, 세무자문 서비스를 제공하는 최대의 전문가 조직으로 구성된 종합 컨설팅 회사이다. 경영 전략에서 실행까지 경영 전반에 걸쳐 산업별 전문 지식과 풍부한 경험을 바탕으로, 고객 가치 창출을 최우선으로 생각하며 최상의 서비스를 제공하고 있다.

PwC 컨설팅 코리아는 류승우 대표를 비롯하여 약 500여 명의 전문가들이 전자, 자동차, 금융, 제조, 서비스 등 다양한 산업 분야에서 전략, 마케팅, 연구개발, 생산, 구매, 원가 절감 등 경영 혁신 전반의 전문 서비스를 제공하고 있다.

최고의 SCM 전문 컨설팅 그룹 PwC PRTM의

SCM 전략과 실행

지은이 ┃ 쇼샨나 코헨 · 조지프 루셀
옮긴이 ┃ PwC 컨설팅
펴낸이 ┃ 김종수
펴낸곳 ┃ 서울엠
편   집 ┃ 조인순

초판 1쇄 발행 ┃ 2015년 2월 10일
초판 2쇄 발행 ┃ 2020년 10월 15일

주소 ┃ 10881 경기도 파주시 광인사길 153 한울시소빌딩 3층
전화 ┃ 031-955-0655
팩스 ┃ 031-955-0656
홈페이지 ┃ www.hanulmplus.co.kr
등록번호 ┃ 제406-2015-000053호

Printed in Korea.
ISBN 978-89-7308-172-1 13320